JN084910

A GREAT PLACE TO WORK

What Makes Some Employers So Good (And Most So Bad)

働きがいのある会社とは何か

「働きがい理論」の発見

ロバート・レベリング 著

斎藤 智文
伊藤 健市
訳 岡田 寛史
佐藤 健司
楠奥 繁則

晃洋書房

A Great Place to Work:
What Makes Some Employers So Good (And Most So Bad)

by

Robert Levering

日本語版の発行に寄せて
――著者ロバート・レベリングとの交流――

ロバートに初めて会ったのは、2005年3月8日で、場所は当時のグレート・プレース・ツー・ワーク・インスティチュート（以下GPTWI）のサンフランシスコ本部だった。

この前の年からロバートが創業したGPTWIのことは十分に調べあげていた。私はGPTWIが提唱していたGPTWモデルとGPTWのフレームワークに賛同し、これらは時代や国によって違えることのない普遍的なものであると確信していた。これらを日本で普及することで、バブル経済崩壊以降停滞していた日本企業の復活と成長に資することができるのではないかという期待を胸に、GPTWIと業務提携、つまりGPTWIの持つリスティングの技術と「働きがいのある会社」を実現するコンサルティング技術を、日本で展開するライセンスを得ることを目的とした覚悟の訪問であり面談だった。気合い十分に訪問したが、ロバートは「世界中から多くの人が訪ねてきてくれたが、日本人で初めて来てくれたのがあなただ」と言い、とてもフレンドリーに歓迎してくれた。初対面で、GPTWのコンセプトやモデルだけではなく、ロバート・レベリングという人に魅了された。

私がGPTWに関心を持ったきっかけは、2004年10月にノースカロライナ州ケーリーに本社があるSASインスティチュート（以下SAS）の訪問だった。SASは本当に素晴らしい会社で、初めは他社に例をみない800人を超える規模の従業員の子供の託児所を持っている会社として注目したのだが、実際に訪問してみると、それだけではなかった。多様な方法で従業員が心理的にも物理的にも安心して働ける環境づくりを徹底して行っている会社で、大いに感銘を受けた。こういう会社なら、誰もが働く喜びと働きがいを感じることができるだろうと思った。

SASが、フォーチュン誌が1998年から発表している「100ベストカンパニー・ツー・ワーク・フォー」（最も働きがいのある会社100選）に毎年選ばれていることは、訪問する前から知っていた。実際に訪問してみて「なるほど」と思ったが、一方で「これほどの会社が1位ではないということは、米国にはSASに匹敵、あるいはSASをも超える働きがいのある会社が存在するということなのか」という思いに至り、フォーチュン誌のこのランキングを徹底して調べることになった。そして、ベストセラー作家のロバート・レベリングを知り、GPTWIを知ることとなった。

私は一般社団法人日本能率協会の事務局員として、さまざまなプロジェクトを担当していたが、1986年からは国内外の企業視察プログラムも担当してきた。1989年から2005年までは、ほぼ毎年米国や欧州の主要企業を訪問して、交流する仕事に力を注いだ。1990年代の前半まで、日本企業が参考になる魅力的な訪問先を探す情報媒体として、ずっと机の上に置いて、頻繁に読んでいた本がある。それは、光文社から1986年5月に出版された『アメリカン・ベスト・カンパニー100』で、この本がロバートとミルトン・モスコウィッツ、マイケル・カッツの3人が書き1984年に出版された『アメリカで最も働きがいのある会社100選』の訳本であった。私の1990年代前半における米国企業研究の柱になった書物である。

ロバートは、元々ジャーナリストとして徹底した職場調査を行ってきた人である。1984年に出版され45万部を超えるベストセラーになった『アメリカで最も働きがいのある会社100選』と1993年に発行された同書の改訂版を書くために、それぞれ3年半の年月をかけて、土日以外はほとんど休みもなく、全米の会社を訪問したという。その後は米国にとどまらず欧州、中南米、アジアなどさまざまな地域の会社を訪問して研究を続けてきた。間違いなく彼ほど世界各国の多くの会社に直接訪問して、従業員や経営者の生の声をヒヤリングし、職場のダイナミクスを調査した人は、世界のどこにもいない。私も海外の著名な会社を250社程度は訪問しているが、ロバートはその10倍どころではない数の会社に足を運んでいる。そして、現場第一線の社員の声を数え切れないほど聴いている。その努力はすさまじい熱量であり、途方もないほどの圧倒的規模の調査実績である。ロバートと共に、アメリカ国内、ブラジル、イタリア、日本などのいくつもの会社を訪問する機会があったが、職場の実態を知ること、会社全体としてどういう文化を持つのかを理解するためには、そこで働く多くの従業員の本音を聞かなければ分からないことを、改めて認識することができた。経営者や人事部の話を聞いてるだけでは、本当のことは分からない。〝レベリングイズム〟とも言うべき職場とその集合体である会社全体の研究に対する考え方と方法論は、まず従業員の本当の声を聴くこと、そして、会社の方針や制度・仕組みが従業員にどのような影響を与えているかを精査すること、この両方を丁寧に行うということである。従業員に対する問いかけとして最も有意義なものは「あなたの会社が働きがいのある会社である理由はどういうところですか」というものである。いい会社の従業員は、その理由を嬉しそうにいくつも語り始める。残念ながら、日本企業ではヒヤリングでもアンケートでも「うちの会社は働きがいのある会社などではない」から始まり、会社の批判を始めることも多い。経営トップは、いかに従業員を大切にしているかという心意気を自慢し、人事部は、よくできた制度面の自慢をすることが多いが、どちらも従業員の働きがいに有効かどうかは分からない。

アメリカ人は、日本人以上にランキングが好きな国民のように思う。フォーチュン誌は、1929年に創刊され、今では世界120カ国500万人の経営者やビジネスマンに読まれている人気と社会的影響力を兼ね備えたビジネス誌である。月刊誌で、年に最も多く売れる号が、全米企業の売上高ランキング「フォーチュン500」と「ワールド・モスト・アドマイヤード・カンパニー（世界で最も称賛される会社）」、そして「100ベストカンパニー・ツー・ワーク・フォー」の三つであると聞いたことがある。読者がいかにランキング好きで魅力に思っているか、という証であろう。

GPTWIもこのフォーチュン誌のランキングのおかげで知名度が上がったわけだが、ロバート自身は特にランキング好きなわけではない。ランキング化して発表したいと持ちかけてきたのはフォーチュン誌からで、ロバートらにランキングの発想はなかった。ランキングではなく「働きがいのある会社」のリストを発表する、ということにこだわっていた。ロバートは「もちろん、いくつかの要素で違いや差はありますが、米国の場合、100のリストに入る会社は、どこも素晴らしい会社です。100位でも立派なものですよ。みんな気にしていますが、順番はあまり意識しないほうがいいです」と言っていた。

ロバートに2005年3月に初めて会った後、翌4月には同じサンフランシスコで年次で開催されているカンファレンスで会った。この時はGPTWIブラジルのトップをはじめ、いろいろな人を紹介してもらった。3月の初対面では、こちらの考えと日本における普及計画をプレゼンしただけで返答は保留されたが、このカンファレンスの前後の日の話し合いでライセンス契約の内諾を得ることができた。そして、10月の調印に先駆けて9月には本部で本格的な研修を受けることになった。この時には日本の専門誌でGPTW特集を組んでもらうことになっていたので、そのためのインタビューなどをさせてもらった。

2006年4月にはボストンで開催されたカンファレンスで会い、この時にミルトン・モスコウィッツさんを紹介してくれた。そして、ボストンから日本に直行ではなく、途中でサンフランシスコ本部にも寄って改めて話し合った。そして6月にはコンサルティング研修を受講するために1週間ほどサンフランシスコに滞在し、その際にも会うことができた。9月には世界各国でGPTWのリスティングを実施・発表しているアフィリエイト（業務提携組織）の責任者会議がブラジルのリオ・デ・ジャネイロで開催された。真剣な会議の後、サッカー好きなロバートも一緒にマラカナンスタジアムでクルゼイロの試合を観戦した。そして、ロバートを中心に世界各国のスタッフと共に、ケムテックなどブラジルの働きがいのある会社を3社訪問した。ロバートは、休憩中の従業員によく話しかけていた。

2007年は、1月に日経ビジネス誌の取材をする記者の方に同行して、ロバートと共にネットアップなどシリコンバレーとその周辺の会社を数社訪問する機会を得た。ロバートが何を見て、どういう問いかけや質問をするのかを実際にそばにいて学ぶことができた。4月にはロサンゼルスでカンファレンスが開催され、ここでも世界中のスタッフと共にロバートに会った。さらに6月には日本に来ていただき、日本における普及のためにシンポジウムを開催、ロバートに「グッド・ジョブ！」と言われ嬉しかった。リクルート・エージェント、アサヒビールなど日本のランキング上位の会社を一緒に訪問した。9月にはイタリアのモンツァでアフィリエイト会議が開催された。この時の会議では、私自身が皆の前で40分くらいのスピーチをさせていただき、世界のメンバーの一員になれた実感を得ることができた。例年通り、この時もスイスに本社があるノバルティスのイタリア法人など働きがいのある会社を共にいくつか訪問した。

2008年は4月にセントルイスでカンファレンスが開催された。この時はSASの共同創業者でCEOのジム・グッドナイト氏がゲストの一人だったので、私にとってはとても大きなインパクトのあるカンファレンスだった。この時はセントルイスで働きがいのある会社として有名なエドワード・ジョーンズを訪問した。前年のイタリアのモンツァで行ったスピーチを聞いていたGPTWIメキシコの役員が2008年6月にメキシコのモントレーで開催された中南米全体のカンファレンスにキーノートスピーカーとして私を招待してくれた。もちろんロバートも参加しているので、メキシコの地でも会うことができた。メキシコ流に夜遅く開催された表彰式では、私もロバートと一緒にランキング上位の会社の方々への記念品のプレゼンターを務めた。

２００８年は9月と10月にもサンフランシスコ本部でロバートと話す機会があった。その後も連絡を取り合うことはあったが、直接会って話したのは、今のところこれが最後である。ＧＰＴＷＩジャパンの仕事は大きなビジネスで、ライセンスを持つ組織だけが活動できる。私は２０１０年にその組織からは離れているので、ＧＰＴＷＩが実施するリスティングやコンサルティングなどの活動をすることはできない。ロバートも２０１５年にＧＰＴＷＩの経営権を譲渡し、今は自分が創業したＧＰＴＷＩの外にいる。しかし、ロバートは経営権を手放したとしてもＧＰＴＷモデルの開発者であり、ＧＰＴＷＩの共同創業者である。私はただの賛同者にすぎないが、ロバートとその仲間たちが普及してきたＧＰＴＷモデルとその精神を伝えることで、ほんの少しでも日本企業がよい方向に向かう手助けをしていきたいと願っている。

いつも思い出すのは、ロバートだけではなく、ＧＰＴＷＩのスタッフも、とてもフレンドリーで優秀な人ばかりだったことである。皆が"We are dedicated to building a better society by helping transform their workplaces（私たちは職場の変革を支援し、よりよい社会の実現に貢献します）"の理念にコミットして、社会活動家のように仕事に没頭していた。ロバートがＧＰＴＷＩの支柱で、すべての活動の中心にいたのは紛れもないことだが、組織ヒエラルキーや役割分担上の肩書は持っていなかった。組織運営に関しては、優秀でＧＰＴＷモデルを完全に理解しているスタッフに任せていた。もちろん報告は受けていてロバートの意向は反映されていたと思うが、具体的なライセンスの交渉やその後のデューデリジェンス、契約実務やアフィリエイトに必要な研修に関しては、すべてプレジデントとグローバルマネジメントチームの責任者とスタッフが担当した。

ＧＰＴＷＩの原点は、この*A Great Place to Work*（本訳書の原本）である。初版は１９８８年に発行され、さらに１９９０年にはペーパーバック版が刊行されたが、ＧＰＴＷモデルの基本的なコンセプトは、この時点ですでに完成されていて、その後の30年にも及ぶ、広くグローバルに展開した膨大な調査は、この本で提示されているコンセプトを強力に補強するものであったと思う。

本著は、さらに２０００年にＧＰＴＷＩの活動理念を普及するためにＧＰＴＷＩが自社発行している。この訳本に掲載されている「序文」は１９８８年版に掲載されたもので、「２０００年版への序文」は、その時のものである。さらに今回はこの日本語版のためにも短い序文を寄せていただいた。日本でもGreat Place to Workモデルの普及をするために、ＧＰＴＷＩの許可を得て、２００７年6月に抄訳本を作成したことがあるが、このたび完全版の訳書を上梓できることは、私にとっても喜びに堪えない。

A Great Place to Work は、経営学領域の歴史的名著である。１９８８年版が7万５０００部を超える販売数と聞いているが、米国ではそれだけの数の読者が読んでいるということである。これだけでも日本企業の経営幹部と「働きがいのある会社」や「最高の職場」づくりに対する認識に差がついてしまっている。

本著の第1章で、働きがいのある会社の従業員が共通して語る内容として、以下の5点をあげている。これはまだ「信頼」という最大のキーワードが入っていないので、ＧＰＴＷモデルまでは遠い。

①親しみやすい会社
②政治的駆引きがない会社
③公平な扱いが受けられる会社
④仕事を超えた価値を感じられる会社
⑤家族のような会社

しかし、第2章では、すでに後のGPTWモデルの原型が示されている。この章では「信頼」が、いかに重要であるかが熱く語られている。「信頼がある会社」の特徴として、「経営者と従業員の関係」、「従業員と仕事との関係」、「従業員同士の関係」の重要さを強調している。GPTWモデル（働きがい理論）のコアとなるコンセプトの発見であり、誕生である。

図1がGPTWモデルで、**図2**がその中身を解説する五つのディメンションである。

この日本語版が刊行されることになったのは、まぎれもなく伊藤健市先生のご尽力の賜物である。じっくり読み込んだ上で「この本で展開されている内容は、色褪せたものではなく、今こそ取り上げて、多くの日本人に読んでもらいたい」という連絡をいただいた。多くの訳書を上梓し、米国の経営史と企業研究の大家でいらっしゃる伊藤先生は、ずいぶん前からGPTWの活動の必要性を理解し応援をしてくれた恩人でもある。2017年5月に上梓された『やりがいの

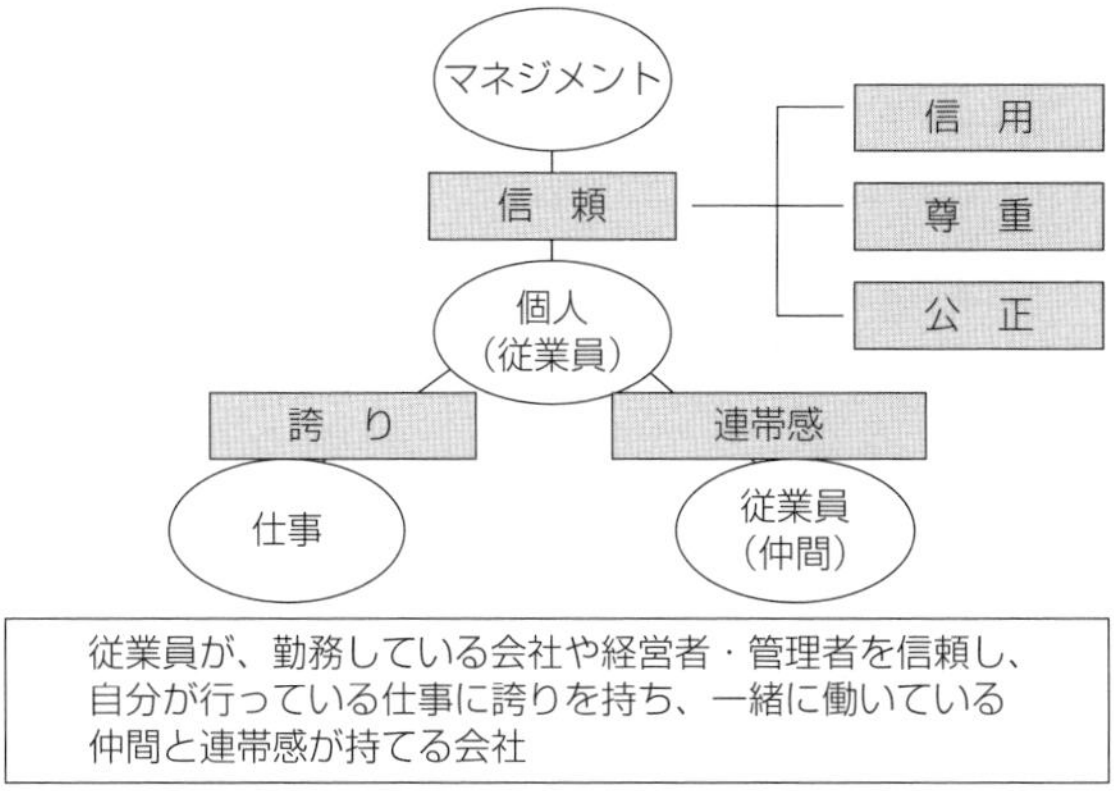

マネジメント
信　頼
信　用
尊　重
公　正
個人
（従業員）
誇　り
連帯感
仕事
従業員
（仲間）

従業員が、勤務している会社や経営者・管理者を信頼し、
自分が行っている仕事に誇りを持ち、一緒に働いている
仲間と連帯感が持てる会社

図1　GPTWモデル（働きがい理論）

TRUST（信頼）

■Credibility（信用）
・率直で円滑な双方向のコミュニケーションがとれている
・目標達成のために、人材とそのリソースの調整ができている
・インテグリティを重視し、一貫性を持ってビジョンを遂行している

■Respect（尊重）
・従業員の専門性を高める支援を行い、従業員に敬意と感謝を示している
・従業員に影響を与える重要な意思決定では、常に従業員と共に検討している
・従業員を人として大切に扱い、個々の生活や家庭を尊重している

■Fairness（公正）
・従業員に対して公平な報酬を提供している〈公平〉
・採用や昇進・昇格においてえこひいきをしないように心がけている〈中立〉
・差別がなく、従業員が会社に対して意見や不満を伝えられる制度が整っている〈正義〉

■Pride（誇り）
・自分の仕事と役割に誇りを持てる
・会社やチーム、グループが推進する仕事に誇りが持てる
・組織が提供する商品・サービスや社会貢献活動、社会から受けている評価に誇りが持てる

■Camaraderie（連帯感）
・従業員が自分らしくいられる環境が整っている
・好意的で、人を歓迎する雰囲気がある
・「家族」や「チーム」といった連帯感が育まれている

図2　5つのディメンション

ある仕事」と「働きがいのある職場』』（晃洋書房刊）は、モチベーション論の力作で、ＧＰＴＷモデルに関して多くのページを割いて論じている。アカデミックな論文として日本で唯一と言ってよいＧＰＴＷの研究書でもある。私の大学図書館の推薦図書として２０１７年から欠かさず指定させていただいているが、是非多くの人が精読されることをお勧めしたい。

伊藤先生は、この本の著作権が１９８８年に出版したときの出版社ではなく、現在はロバートが所有していることを調べられた。連絡をとると、ロバートは日本語版の出版を二つ返事で許諾してくれただけではなく、日本語版の出版をとても喜んでくれた。そして、現実に世に出せるようになったのは晃洋書房のお陰である。この本の価値を理解してくださった代表取締役の萩原淳平氏と編集部の丸井清泰氏に心からお礼を申しあげたい。

本書が、日本企業の働きがい向上支援のための〝再スタートの起爆剤〟になること、アカデミックの世界ではＧＰＴＷモデルが「組織行動論」領域の研究対象として大きく進展し、それがまた日本産業界における「働きがいのある会社」の林立に貢献していくことを期待している。トップマネジメントはもちろん、人事部、経営企画部、広報部に在籍される方々、そして人と職場のマネジメントを担う全国の大勢の管理職の皆さん、さらに大学や研究所の研究者、組織を学ぶ学生の皆さん、そして、就職先や転職先を探している方々に是非深くじっくり読んでいただきたい。

斎藤智文

2022年日本語版のための序文

1988年に *A Great Place to Work* が出版されて以来、約40年の間にビジネス界は大きく変化した。企業はかつてないほど大きなグローバル競争に直面し、技術革新は事実上すべての産業を破壊してしまった。同時に、世界的な不況、気候変動、戦争、そして最近では新型コロナウイルス感染症（COVID-19）の大流行など、大きな経済的惨事がすべてのビジネスに影響を及ぼしている。

そして、これらの要因はすべて、世界中の職場にも影響を及ぼしている。従業員も雇用主も、一つの会社で終身雇用されることはますます少なくなってきて、そのために、企業は優秀な人材を獲得し、維持するために、良い職場環境を創ることが不可欠になっている。この問題は、多くの社員が自宅で仕事をするようになったコロナ・パンデミックの結果、さらに緊急性を増している。*The Great Workplace*（2010年刊、伊藤健市・斎藤智文・中村艶子訳『最高の職場』ミネルヴァ書房、2012年刊）の共著者であるマイケル・バーチェルは、企業は今、〝適切な人材を惹きつける磁石のように機能する文化〟を構築しなければならない、と述べている。

より多くの企業が、優れた職場文化を持つという評判を高める必要性を認識しているが、このことは、世界中にある「働きがいのある会社」リストの普及にも表れている。職場の評判がいかに重要なものになっているかを示す一例である。5年前、フォーチュン誌の「最も働きがいのある会社100選」に応募した企業は約1000社だったが、昨年は4000社以上が応募し、自社の評価を求めていた。同様に、5年前、私が設立したGreat Place to Work Instituteは、45カ国にオフィスを構えていたが、現在では世界75カ国で事業を展開している。

優れた職場は、優秀な従業員を惹きつけるだけでなく、常に財務的なパフォーマンスも優れている。多くの研究が、職場の質と業績の間に密接な関係があることを示している。例えば米国では、フォーチュン誌の「100選」に選ばれた上場企業の財務リターンは、過去25年間、類似企業の3倍以上になっている。その理由は自明で、職場を楽しんでいる社員は、より高いパフォーマンスを発揮するからである。

本書では、「働きがいのある会社」に必要な要素を解説している。これらの要素は、過去半世紀にわたって変わっていない。本書の初版が出版されたときと同じように、職場の質は経営者と従業員がどのような関係を築いているかで決まる。

そして、最も重要なのは、その関係における信頼度の高さである。これは、私が数年間、全米のさまざまな業種の数十の職場で従業員をインタビューして得た知見である。その後、日本からブラジル、フィンランドからインドまで、世界中の職場でインタビューを続けている。そして、本書で語られている原則を繰り返し確認してきた。「働きがいのある会社」というのは、世界共通の概念である。世界中のどのような業種のどのような組織でも、素晴らしい職場環境を創ることは可能である。

ロバート・レベリング

April 21, 2022

以上が、日本語版に向けてレベリング氏が書き下ろしてくださった序文である。自ら創業したＧＰＴＷＩを5年前に離れ、現在はサンタクルーズ・マウンテンに居を構え、悠々自適の生活かと想像していたが、ドキュメンタリー映画を製作していて、今年中には完成させると張り切っておられる。そんな氏に依頼した日本語版への序文だが、示唆に富んだ指摘はさすがなものの、読者諸氏には少し物足りないのではないだろうか。幸いなことに、原著には１９８８年版、２０００年版、そして、この日本語版と三つの序文がある。とりわけ２０００年版への序文は、本書の価値をより深く理解してもらうのに適した内容となっている。レベリング氏の許可を頂いたので、やや煩雑に思われるかもしれないが、これを以下に掲載させていただく。

A Great Place to Work は、十数年前に初めて書店に並んだときよりも、実は今のほうがタイムリーであるという稀有な本の一つである。

この本が出版されて以来、私は職場の変化を目の当たりにする機会に恵まれた。ミルトン・モスコウィッツとともに、１９９３年に１９８４年に出版した『アメリカで最も働きがいのある会社１００選』の改訂版を出版し、１９９８年からは毎年フォーチュン誌の記事として、本当に素晴らしい職場について書き続けている。また、過去半世紀にわたり、Great Place to Work Instituteの仕事を通じて、コンサルタントの観点から「働きがいのある会社」の現象を見てきた。この仕事では、ブラジル、カナダ、韓国、メキシコ、イギリスなど、アメリカ以外の国の会社の職場のダイナミクスを調査することができ、特に興味深いものだった。

多くの変化がある一方で、私が目にしたものはすべて、本書で概説されている基本的なコンセプトを補強するものであった。特に*A Great Place to Work* の主要な発見である「経営・管理層と従業員の間の信頼が、最も優れた職場の主要な特徴である」という点については、まったくその通りである。このメッセージは、１９８８年当時と変わらず、今日もなお重要であるため、私は本書が再出版されることを嬉しく思っている。

そこで、この本を今日読むための文脈を提供するために、過去10年間に職場に押し寄せた大きな変化のいくつかに注目して概説しておきたい。

最初の大きな変化は、ミルトンと私が『アメリカで最も働きがいのある会社１００選』の第2版の候補企業を訪問していた１９９０年代初頭にピークに達した品質運動[訳注]〔組織全体を巻き込むＴＱＭと、工程内の不良を発見し排除するシックスシグマを各社が導入した〕であった。品質運動は、少なくとも個々の作業グループのレベルでは、職場の大幅な改善につながることが多く、他の経営ブームとは大きく異なるものであった。品質運動の実践者たちは、自分たちの仕事をどのように行うかについての意思決定に、労働者が直接関わるべきであると説いた。

ＱＣサークルのような手法でこのようなことが行われると、従業員は尊重されていると感じ、信頼度が向上したのである。イリノイ州モリーンにあるディア・アンド・カンパニーの農機具工場の組立ラインで働く人たちにインタビューしたときのこと。ある作業員は、ＱＣサークル会議の結果、次のように報告している。「毎朝、工場の入口で脳の働きを止める必要がなくなりました」。これは、私がプレストン・トラック（第10章参照）で聞いた〝その仕事をする人が、他の誰よりもその仕事を知っている〟という前提で経営が行われるようになってからの労働者の発言と同じである。

残念なことに、リエンジニアリングの流行は、品質運動の後追いから始まった。フレデリック・テイラーの科学的管理（第6章参照）のように、リエンジニアリングは、単にプロセスを改善すれば生産性を達成できるという信念に基づいていた。リエンジニアリングが前世紀最大のマネジメントの失敗の一つであったことは、周知の通りである。リエンジニアリングは、あらゆる階層の従業員から一貫して抵抗され、その言葉自体が、リエンジニアリングに伴うレイオフ（「ダウンサイジング」と呼ばれる）とすぐに同一視されるようになったのである。リエンジニアリングの創始者であるマイケル・ハマーとジェームス・チャンピーも、自分たちの発案が「人的要素」を考慮に入れていなかったことを認めている。

リエンジニアリングから生まれたもう一つの短命な経営ブームがある。多くの勤勉な社員（特に中間管理職や専門職）がリエンジニアリングによって仕事を奪われたため、企業は、忠実な社員には雇用の保障が与えられるという暗黙の「社会契約」を破ったとして、メディアで頻繁に取り上げられるようになったのである。これに対して、多くの経営コンサルタントが〝エンプロイアビリティ（雇用される能力）〟を提唱した。雇用の保証はもはやできないのだから、従業員が会社を辞めたときに雇用されるようなスキルを身につける機会を提供すべきだというのだ。

エンプロイアビリティは、旧来の社会契約に取って代わるものとして宣伝されたが、ほとんど支持されなかった。労働者は、エンプロイアビリティを、自分が消耗品であることに満足するための皮肉なコンセプトだと考えたのだ。企業は、従業員を簡単に解雇できるようにするために、研修プログラムを一つか二つ導入するつもりだった。エンプロイアビリティは、賢明な上級管理職にとっても同様に難しい問題だった。競争相手のために人材を育成するようなプログラムに資源を投入することに難色を示した。雇用可能な人材が、新しく身につけた技術で他にどこへ行くというのだろう。モトローラの元ＣＥＯロバート・ガルビンは、１９９６年にインダストリー・ウィーク誌の記者に対して、エンプロイアビリティという概念は「一過性の知的流行」であり、すぐに消えていくだろうと述べたとき、多くのビジネスリーダーの意見を要約していた。「モトローラでは、忠誠心のない世の中になり、長期雇用者がいなくなるという提案には反対だ」と述べている。

１９９０年代後半、失業率が歴史的な低水準に達すると、エンプロイアビリティの不条理がいっそう明らかになった。企業は、労働者を獲得し、維持するために狂気の沙汰のように奔走していた。また、すでに雇用している従業員を維持するために、多大な努力をすることもあった。このような環境下で、企業が「忠誠心は死んだ」と説くのは自殺行為であった。

リエンジニアリングとエンプロイアビリティは失敗だったかもしれ

ないが、どちらも今日のあらゆるビジネスが直面している新しい力に対する論理的な反応であった。加速するグローバル競争とインターネットの爆発的な普及に代表される絶え間ない技術革新は、企業に絶えざる改善を要求し、さもなければ衰退していく。同時に、世界中の企業が労働力不足に陥っており、特に今日の技術的に高度な仕事に必要な熟練労働者の不足が顕著になっている。その結果、トップ企業は労働力の質で競合他社と差別化する必要がある。そのため、人材獲得競争は、市場シェア争いと同じくらい熾烈なものとなっている。

では、この戦場で企業はどうすれば勝てるのか。それは、今働いている社員が、そしてこれから働こうとする社員が、起きている時間を過ごしたいと思うような、本当に魅力的な職場を創ることである。つまり、「働きがいのある会社」をつくること。これこそが、今世紀に入った今、私たちが置かれている状況である。そして、本書が出版当時よりもさらにタイムリーなものとなっている理由でもある。

本書は、「働きがいのある会社」を定義し、そのダイナミクスを説明するだけでなく、「働きがいのある会社」づくりに真剣に取り組む人たちに、多くの教訓を与えることができる。また、より良い職場環境を創るための努力を台無しにする、よくある落とし穴についても書かれている。

例えば、現在多くの企業が、業界や地域社会で「選ばれる雇用主」になることを全社的な目標として掲げている。しかし、確かに価値のある目標だが残念なことに、上級経営幹部はこの問題を人事部に丸投げし、人事部はほとんど反射的に福利厚生の充実を推奨してしまう。

表面的には、このアプローチは理にかなっている。良い福利厚生は、良い職場環境を創るのに役立つからである。しかし、本書が指摘するように、良い福利厚生だけでは、優れた職場は生まれない。ミルトンと私は、『アメリカで最も働きがいのある会社100選』の記事を書くために調査をする中で、このことの劇的な証拠を目の当たりにしてきた。参加企業を評価するために、私たちは Great Place to Work Trust Index という、本書に書かれているコンセプトに基づいて行われる従業員調査を使っている。毎年、同じ業界の企業で、少なくとも書類上ではほぼ同じ福利厚生を持つ企業の例を見ることができる。しかし、ある会社の従業員は、競合他社の従業員よりも、はるかに自分たちの会社を高く評価しているのである。

なぜだろうか。第I部で述べたように、働きがいのある会社の第1の特徴は、経営陣と従業員との信頼関係であり、人事方針や人事施策ではない。

さらに言えば、福利厚生の修正は、今日の人事部の父であるエルトン・メイヨーのアプローチを現代風に置き換えたものである。第7章では、メイヨーのアプローチがいかに個人の満足度を重視するあまり、高い信頼性を生み出すために必要な、より基本的な問題の多くに対処できていないかが説明される。実際、福利厚生の改善だけでは、「働きやすい会社」を創るのがせいぜいで、「働きがいのある会社」を創ることはできない。

後者の場合、経営幹部が直接関与し、優れた職場環境を育成することが組織の明確な目標であり、利益をあげる、高品質の製品やサービスを提供するといった他の明確な目標に匹敵するものであると主張する必要がある。さもなければ、従業員には、「小細工経営」（第9章参照）の一種と映るだろう。

過去20年間における最も心強い進展は、最高の職場の数が増えていることである。HP、フェデックス、ゴールドマン・サックスなど、本書で紹介した企業は、毎年「ベスト100」にランクインし続けている。サウスウエスト航空とその素晴らしい「サウスウエスト・スピリット」、シノバス・ファイナンシャルとその「カルチャー・オブ・ハート」のように、素晴らしい事例が次々と現れている。また、ここ数年、明らかにひどい職場を素晴らしい職場に変えた企業（例えば、アラガスコやコンチネンタル航空など）の驚くべき物語も目にするようになった。第10章で取りあげたプレストン・トラック輸送（1993年にイエローフレイトに売却）の物語と同様である。

その他、特筆すべき進展が二つある。第16章では、上級経営幹部が不当に潤うという最近の傾向の影響について、最初の分析を行っている。大企業の経営トップは、今や数百万ドルの報酬を日常的に受け取っている（CEOの年間報酬は2500万ドルが当たり前になっている）。そして、一握りのプロ経営者が、個人的・経済的なリスクを負うことなく、超富裕層の仲間入りを果たしている。この傾向は、ESOP（税制優遇自社株配分制度）やストックオプション制度の普及によって、多くの企業、特に多くのハイテク新興企業に富が行き渡ったことで部分的に偏ったものになっている。しかし、第16章で述べたように、経営者の富裕化傾向は、職場や社会全体に極めて悪い影響を与えるもので、憂慮すべき、そして大部分が正当化できないものである。

最後に、第17章は、企業業績と進歩的な人事施策との相関関係を示す研究を記録した最初の取り組みの一つである。この数年間で、多くの著名な研究者がこの分野に参入し、何十もの研究を行った。そのほとんどすべてが、本章で述べたのと同じ結論に達している——優れた人事施策は、確実に収益に貢献するということである。同様に重要なことは、その逆、つまり、良い人事施策が収益を悪化させるという結論を出した研究がほとんどないということである。

この文章を書いている今、私は職場の将来についてこれまで以上に楽観的な見方をしている。20年前にミルトンと私がこの分野の研究を始めたとき、「働きがいのある会社」というのは明らかに例外的な存在だった。フェデックスのフレッド・スミスやHPのデイビッド・パッカードのような並外れたビジネスリーダーのビジョンの結果であることが多かった。今日、より多くの上級管理職が、優れた職場環境を育成することはビジネス上不可欠であると確信している。しかし、それ以上に重要なことは、産業革命以来、ほとんどの職場で見られるようになった無神経で卑屈な経営姿勢に、従業員がもはや我慢できなくなったということである。

現在の好景気と労働力不足が、多くの企業が「働きがいのある会社」のバスに乗っているからであることは明らかである。しかし、経済状況が厳しくなれば、一部の企業はバスから飛び降りるだろう。しかし、職場のポジティブなトレンドは企業全体に深く根付いている。多くの企業が、最高品質の製品やサービスを生み出すかどうかに選択の余地はないと考えるように、素晴らしい職場環境を創ることがビジネスを行うための必要条件であると考えるようになるのは、そう遠くないかもしれない。

本書は、どんな企業でも「働きがいのある会社」になれることを証明している。本書から得られる教訓は、CEO、経営・管理層、そして従業員に「働きがいのある会社」を創るためのインスピレーションを与えてくれるはずである。このような努力は、私たちの社会生活を豊かにするだけではない。社会全体がその恩恵を受けることになるのである。

訳注　１９９０年代に入り、日本企業が長年取り組んできた品質手法を、米国で多くの企業が取り入れるようになった。米国でこの動きをリードしたのは、日本の手法を研究していたW・エドワーズ・デミングとジョセフ・M・ジュランの二人である。組織全体を巻き込むＴＱＭ（トータル・クオリティ・マネジメント）と、工程内の不良を発見し排除するシックスシグマが主流であった。１９９０年代初頭、レベリング氏たちが調査した１００社以上の企業のほとんどが、この二つのシステムのどちらか、あるいは両方を導入していた。その10年前には、品質運動の方法論を導入している企業は皆無に等しかった。

序文

いい職場は、そこで働いている人の生活を精神的に豊かにするという理由だけでも調べてみる価値はある。結局のところ、誰もが快適でない職場環境よりも快適な職場環境のもとで働く方を選ぶ。ほとんどの人は起きている時間の大半を仕事に費やしているのであるから、快適な職場環境が重要な問題となる。

同時に、職場の性格は非常に大きな社会的意味合いをもっている。私たちは全員ひどい職場の症状——個人のストレス、肉体的・精神的な健康の蝕み、低い生産性——を良く知っている。いい職場がある社会、つまり人が仕事に関心を示さないよりも関心を示す社会の方が、誰にとっても住みやすい場所であろう。

それゆえ、いい職場のダイナミクスを分析しようとか、その基本的な特徴を確かめようとする人がいなかったのが不思議である。ビジネスジャーナリストは職場をなおざりにする傾向がある。彼らは、従業員ではなく、投資家や経営者のために記事を書いている。個別企業に関する詳細な記事ですら、そこで働けばどういった気持ちになるかをめったに描かない。読者である投資家はそんなことには関心を示さない。投資家にとって最重要な問いは、特定企業の株を買うべきか、売るべきかである。当然のことながら、職場の環境が問われることはない。

現代のエコノミストも職場を話題にするのを避けている。エコノミストは、一国のマネーサプライ、GNP、貯蓄率などといった、数字や数学の公式に帰着する問題を注視するのを好む。アダム・スミスとはなんと大きな違いがあることか。彼の傑作『諸国民の富』は、18世紀のイギリスにおけるピン製造工程の詳細な記述で始まる。あるいは、カール・マルクスとも大違いであることか。彼の著書『資本論』には、19世紀の織物工場の労働条件について数多くの名句がある。

経営者と組合主義者の両グループが職場に目を向けている。でも、両グループとも最高の職場という現象を見ようとはしない。ただし、そこにはまったく異なった理由がある。

経営コンサルタントやビジネススクールの教授たちは、人事管理からモチベーション理論に至る、職場の問題に関する数え切れないほどの本と論文を書いている。でもそれは、自分たちの仕事に活用できる情報を欲しがっている経営層に向けて書いている。しかし、さまざまなテクニックあるいは方針が、全体として整合性がとれているのかどうかを見ようとする試みはめったにない。さらに、多くの場合あるテクニックが成功するか失敗するかを大きく左右する、経営者の根底にある姿勢にはほとんど関心は向けられていない。

経営に関する文献で急増しているジャンルは、あまり述べられたことのない私たち対彼らというスタンスである。つまり、私たち（経営者）はどのように彼ら（従業員）にしてほしいことをさせるか、である。それで、職場環境の改善は、それがもう一つの目的——労働生産性の向上——の手段である場合に限って正当化される。本書で詳細に論じるように、職場に関係するもので暗黙の内に操作可能な倫理観は職場関係をゆがめる。

経営者も従業員であるという明白なポイントがこの方程式でも欠けている。経営者の生活も、その部下の生活と同様、職場に影響される。緊張と敵意に満ちた職場環境は、関係者全員に悪い影響を与える。それはトップよりもボトムにいる人たちにより悪い影響を及ぼすかもしれないが、悪影響を及ぼすことに変わりはない。かつてなく肥大した最終収益を追求するよう求められるのは経営者だけでなく、非管理職従業員もそうである。

組合主義者は経営者と異なり、従業員の目線で職場を見る。組合は無神経な企業にとっては苦悩の種であったし、数え切れないほどの不正を正してきた。それにもかかわらず、組合主義者がいい職場についての論議にほとんど貢献していない理由は理解できる。組合は満足のいく仕事環境が生み出したものではないからである。組合主義者は、対決を通してわずかな利益を得ようとして、そのエネルギーの大半を費やしている。労働争議は確かに最高の職場にもある。だが、敵対的な闘いが最高の職場の唯一の現実ではない。

それにもかかわらず、何がいい会社にするのかに関する明確なコンセプトから利益を得られるグループがあるとするなら、それは組合運動である。急速に組合員数が減少しているのは、組合にビジョンがないことを反映している。１９５０年代半ばには、アメリカの労働者の約40％が組織されていたが、今日〔１９８０年代〕、労働協約下で働いているのは20％足らず〔２０２０年現在では10・８％〕である。組合運動は、何に反対しているかではなく、何のために闘っているかをより明確に説明する必要がある。若年労働者の大部分は、ただ組合があるだけではいい職場を創出できないことを十分理解するだけの知識は有している。組合は、半世紀も前のもののように聞こえるレトリックに背を向ける多くの人々を惹きつける前に、組合自体がいい職場の創出という目的にどうかかわるのかを示す分析を開発する必要があるかもしれない。

マルクス主義者と社会主義文献の大部分は、表向きは従業員の目線で書かれている。アメリカには、20世紀への転換期のシカゴにあった食肉缶詰工場労働者を題材にした、アプトン・シンクレアの身の毛のよだつ物語『ジャングル』に始まる、社会主義活動の長い伝統がある。経済と政治のシステムを根底から覆す変革を求める人は、しばしば賛同者を募る第一義的な手段として職業生活の悲惨な現状を指摘してきた。資本主義は生来的にひどい職場を生み出すことを強く主張し、労働者の解放には資本主義制度の打倒が必要と論ずる者もいる。これに関し二つ指摘できる。一つ目は、ポーランドのグダンスクにある造船所労働者が劇的に示しているように、資本主義だけがひどい職場を独占しているわけではない。二つ目は、いい職場環境を創るには権力、利益、そして所有の分割と関連した組織内での大きな構造変化を多くの場合必要とするにしても、いい職場は資本主義制度のもとでも可能であるという証拠を本書は提供する。

もし本書にイデオロギー上の偏見があるとするなら、それはガンジー主義者の偏見である。つまり、手段が目的を決定する。最高の職場では、手段が目的なのである。人がどう扱われるかが重要なのである。いい職場環境の創出が、会社の正当な目的とみなされる。これは、会社の唯一合法的な目的を利益の増大とする伝統的なビジネスに関する仮説と対照的である。最高の職場では、これら二つの目標は両立するとみなされる。それどころか、優良企業は、可能な限り最高に近い職場を創ることで財務面で良好な業績を達成する能力が強化できる、と論じるであろう。しかし、優良企業は、いい職場が必ずしも金儲けのための単なる戦略ではないと強く主張する。まったく逆である。金を儲けるために従業員の生活を窒息させるよりも、いい職場は利益を従業員の生活を向上させる手段と見るのである。

最後に、本書はこうした見方の練習帳である。本書はいい職場のモデルを説明する。その類似性を検討する。心理学者であれば、不健全な精神のモデルか、あるいは健全な精神のモデルのいずれかからパーソナリティに接近できる。心理学の主要な学派は、これら両モデルのどちらかに基づいて治療する。同じことは職場についても言える。職場を考察した人たちは、これまでは何が間違っているか、それを直す方法といった点に注力してきた。逆のアプローチをとる時が来た。つまり、正しい職場とそこから学ぶ方法に注力する時が来たのである。

目次

第Ⅱ部　約束したことを実行する

第Ⅲ部　経営思想が邪魔をする理由

第Ⅳ部　2社のケース・スタディー

第Ⅴ部　すべてを合わせる

第Ⅵ部　職場と社会

凡　例

・本書は、ロバート・レベリング（Robert Levering）著の*A Great Place To Work: What Makes Some Employers So Good (And Most So Bad)*（Avon Books, 1988）の訳である。ただし、謝辞と参考文献一覧は割愛した。同書の版権はすでに出版元になく、直接著者から翻訳許可を得たことをここに明記しておく。

・傍点は原著ではイタリックになっていることを示す。なお、原著イタリックのうち、書籍・雑誌・新聞を指すものは、その限りではない。

・「　」は原著では〝〟となっていることを示す。——については、原則としてそのまま表記している。［　］は著者の追記、（　）は原著の、〔　〕は訳者の注記である。

・原著で引用されている書籍について、邦訳がある場合はそれを明記した。ただし、引用文の訳出に際し、邦訳書は参照した場合もあるが、すべて訳し直している。

・人名・企業名はVroom（ヴルーム）を除いて「バ」行で対応した。

序章　働きがいのある会社を求めて

約6年前、私はオフィス、工場、そしてカフェテリアで、『アメリカで最も働きがいのある会社100選』を執筆するための従業員インタビューを始めた。同書のタイトルが示唆しているように、共著者のミルトン・モスコウィッツとマイケル・カッツ、そして私はアメリカで最高の企業を識別しようとしていた。すべて合わせると30の州にある約125社を訪問し、その職場について何百人もの従業員と話をした。

とりかかった当初、最高の職場を見出せるか確信はなかった。経営ジャーナリストと労働ジャーナリストとしての10年以上の経験に基づく私の印象では、ほとんどの会社が働きがい（や働きやすさ）という点ではかなりお粗末であると感じていた。私は会社、特に巨大企業で働くことは、ファウスト的な取引――悪魔に魂を売り渡した代償としての雇用保障あるいはお金――を意味すると思い込んでいた。この信念は、一流の航空会社で40年間働いた父が、その労働生涯について話すのをふと耳にした幼い頃に得たものであった。私自身の仕事経験では、職場環境を改善できるかどうかについて、さらに幻滅しか得られなかった。私の最長雇用期間（6年）は、サンフランシスコの週刊新聞社で働いたものであった。この新聞社の離職率は年間約100％であった。ある時点で、非管理職スタッフ全員が労働条件と雇用保障の欠如に対しストライキを打った。結局、私は、別の従業員がこれまでよりも少ない給料でさらに多くの仕事をするのを拒否したために首を切られたことに異議を唱え、解雇された。

数人の友人あるいは知人も、同じような――あるいはもっとひどい――経営者とのぶつかり合いを報告していた。でも、この種の対立やぶつかり合いはまれであった。典型的なのは何気ないコメントに示される、仕事での疎外感だった。私がよく知っているほとんどの人は、自尊心に影響を与えかねない不愉快な妥協を最終的にしている自分に気づいているし、それも仕事の一部と割り切っていた。

多くの社会評論家が以上の個人的な印象を補強してくれた。そのベストセラー『仕事！』で、スタッズ・ターケルは、100人以上にインタビューし、その仕事上のキャリアについて話をしてもらっている。インタビューを受けた人々は、「日々の屈辱」で満ちた職場を描写している。特に気が滅入るのは、ターケルがインタビューした人々の大部分が、自分たちはいい仕事をしたいと話している点である。つまり、自分の仕事に誇りを感じたいのである。しかし、こうした切なる思いは、現代のアメリカの職場で満たされることはほとんどない。

もう一人の鋭い社会評論家、世論調査屋のダニエル・ヤンケロビッチは、どちらかと言うと、職場がさらにひどくなっていることを示すいくつかの印象的な統計的証拠を集めている。１９６０年代末に行った調査で、ヤンケロビッチは、回答者の半分以上が自身の仕事で個人的な満足感を得たと感じていたことを発見した。１９８０年までに、別の調査で同じ質問がなされた時、わずか27％だけが自身の仕事が満足感をもたらすものであったと回答できたのである。こうした数字にもかかわらず、ヤンケロビッチはスタッズ・ターケル同様、たいていのアメリカ人が依然としていい仕事をしたいと思っていることを発見した。働いているアメリカ人の半数以上は、「私は、給料にかかわらず、心の底では可能な限り最高の仕事をしたいと思っている」という考えに同意し、その職業倫理観を支持していた。もしそうであるなら、私たちの大部分が就業時間内にしたいと望んでいることと、私たちが職場でしてもいいとされることとの間にミスマッチがあることになる。この相違は、個人のレベルでは、深刻な疎外感と解釈される。社会的には、それは人間エネルギーの破滅的な浪費を表している。

そのため、私は、『アメリカで最も働きがいのある会社１００選』に関する調査が何社かの本当に素晴らしい職場に導いてくれたことに驚きを禁じ得なかった。そこでは、仕事上の経験は疎外というよりも満足であった。この点を特に確信したのは、会社を賞賛するとは思えない以下の人々による肯定的なコメントであった。つまり、ニューヨーク市のゴールドマン・サックス社の秘書、ユタ州ニューコア社の工場で働く鉄鋼労働者、オレゴン州テクトロニクス社のエレクトロニクス流れ作業ライン労働者、ウィスコンシン州ノースウェスタン生命の保険外交員である。従業員は、いい職場においては特に、「社員意識」と（時に「家族」と呼ばれる）帰属意識について話をしてくれる。

本書を執筆するために、いい職場という事象を調べるべく、私は何よりもまず従業員とのインタビューに頼ることにした。従業員から得た情報は本書の主軸を構成している。本書が説明しようとしているのは、仕事上での従業員の経験である。

『アメリカで最も働きがいのある会社１００選』を書きあげた後、私は特にいい職場（言うなれば最高中の最高）だと感じた20職場を再訪した。ローワーレベルの従業員へのさらなるインタビューに加えて、経営トップ、可能であれば創業者と話すよう心がけた。私は、彼らの会社がなぜ最高の職場になったのか、どのようにしてそうなったのかを知りたかった。その考えを知った人々の中には、以下の会社の経営トップあるいは創業者がいた。すなわち、アドバンスド・マイクロ・デバイシーズ、デルタ航空、エレクトロ・サイエンティフィック・インダストリーズ、フェデラル・エクスプレス、ゴールドマン・サックス、Ｗ・Ｌ・ゴア、ホールマーク、ＨＰ、マリオン・ラボラトリーズ、３Ｍ、Ｊ・Ｐ・モルガン、ノースウェスタン・ミューチュアル、オルガ、ピツニーボウズ、プレストン・トラック輸送、パブリックス・スーパーマーケッツ、クアッド／グラフィックス、ＲＯＬＭ、タンデム・コンピュータ、テクトロニクスである。結果として得た50社の文字化されたインタビューとそうした会社への再訪が、本書で公表されている資料の多くを提供してくれている。事実、本書の半分近くは、50社中の7社における職場慣行の詳細な記述と分析に費やされている。

いい職場という事象をより広い文脈の中で評価するために、私は職場と仕事に関連する問題を扱った多くの書物を読んだ。それには、現代の職場における問題に関する新聞、雑誌、専門誌からの１０００件以上の記事はもちろん、経営理論、産業心理学と産業社会学、経済史、社会や道徳に対する考え方を取りあげた３００冊以上の本が含まれる。

これら読み物の多くは、一つの単純な問題に焦点を合わせていた。つまり、なぜほとんどの職場はこれほどまでひどいのか、という問題である。その答えの一部は、アメリカの経営スタイルのルーツ、特に影響力のある経営思想家の考えを検討することで見出し得た。だが、他人を批判するだけでは十分でない。それで、本書では、管理に対する操作的でないアプローチ法に関心をもつ人たちとある程度関連しているかもしれない職場の代替分析も提案している。

本書の情報と分析結果が、実務的な事柄に関心のある人たちを支援できるものであることが私の希望である。何がいい経営者にするのかという自覚をもってこそ、求職者は職場に何を求めるべきかに関する最良のアイディアをもてるのである。求職者はどういった質問をするべきか、そしてどのタイプの企業を避けるべきかがわかるであろう。実際に仕事に就いている人々は、自分たちの仕事を取り巻く情勢をどう改善するべきかについて、いくつかのアイディアを得ることができるであろう。そして最も重要なのは、いい職場の特徴をより明確に理解することは、組織で働く日々の経験を明らかにするのに役立ち、人々が職場から何を期待できるかを修正するのに役立つ。

こうした知的訓練は、善意ある企業にとっても大きな助けとなるかもしれない。そうした企業が組織を最高の職場にするのは何かが示せるなら、最高の職場を再現できるかもしれない。あるいは、少なくともちょっと手を出してみることはできる。そうした企業は自身の職場について何が悪いのかを解析するいくつかのツールをもてるようになる。

最高の職場という事象に関する議論は、最高の職場という概念自体がもつ社会的意味を説明しようとする試みがない限り、完全なものとはならない。結局のところ、この国は従業員の国なのである。たいていのアメリカ人が自分は中流であるとするのと同様、アメリカ人の多くが自身を従業員とみている。事実、自営業者はアメリカで働く人の10%足らずでしかない。残りは会社、政府機関、あるいは非営利事業で働いている。それで、組織における生活の質は単に個々人に影響するだけでなく、社会全体に影響を及ぼすのである。就労時間中にお互いがどう関係し合っているかが、私たちの社会がどんな種類の社会であるのかを定義している。

いい職場は、凡庸と鈍感が溢れる五里霧中状態に指針となるものを提供する。いい職場は、今日広く流行している、弱肉強食とか、自己本位とか、起業自由といった世界とは異なる世界の見方を提示する。最高の職場は、全員つまり従業員と経営者が互いに協力し合っている職場である。そこで働く者は気分良く感じるし、自分たちが果たす役割については経営者の気分も良くする職場である。そして、それは社会全体を助ける。要するに、本書で暗黙の内に示される姿勢は、アメリカ社会を再活性化させ、場合によっては変革できるものでもある。

第Ⅰ部

パズルのピース

最高の職場という現象を理解するには、まず、人々が優れた雇用主のもとで働いた経験についてどのように語っているかを考える必要がある。そうすることで最高の職場の決定的な特徴を明らかにすることができる。

第1章　最高の職場の内側――従業員が語ること――

いい職場の社員に、何があなた方の会社をそれ程いい会社にしているのかと尋ねると、多くは魅力的な福利厚生に関して話を始める。例えば、ニューヨークのJ・P・モルガン銀行では無料の昼食、カンザスシティのホールマークでは気前のよい利益配当、ヒューレット・パッカードでは会社が保有する10カ所の社員用レクリエーション施設（カリフォルニアやペンシルベニアの山岳リゾート、スコットランドの湖畔リゾート、ドイツアルプスのスキー用別荘、マレーシアのビーチビラ、その他）などである。あるいは、その会社のユニークな慣習に関して、長々と話し続ける人がいるかもしれない。例えば、ロサンゼルスのメルルノーマンコスメティックスで土曜の夜に行われる封切り映画の無料上映、ノースカロライナのロウズの「ポークの串焼き」ピクニックに関してなどである。社員はまず他社とは違う、自社のユニークな部分に関して語る。つまり、これはツアーガイドが、新しい街に着くと、観光客をまず特徴のある名所に案内することから始めるようなものである。

福利厚生や他社とは違った独特な文化的風習に関する情報は、その会社がどのような会社であるかを説明してくれる。しかし、それはそこで「働いた経験」を本当に描写することにはならない。そこで、私はこの問題に関してより深く社員に迫った。多数の会社の数百人の社員にインタビューしたが、『アメリカで最も働きがいのある会社100選』に選ばれた会社には普通とは違う気配を感じた。私は職場環境に関してほとんど同じ特徴を繰り返し聴いた。表面的には共通点がみられない会社でさえもである。ウィスコンシン州の印刷工場（クアッド／グラフィックス）、カリフォルニア州のスペースシャトルの部品製造会社（オーデティクス）、中西部の株式仲介業（A・G・エドワーズ）、テキサス州の不動産開発業（トランメル・クロウ）の社員が異口同音に自分たちの会社について、働いていて「楽しい」ところだと語った。異なる企業の社員が同じ言葉を使っていたのである。それは信頼、誇り、自由、家族、公平な処遇、ミスの容認などである。つまり、職場の雰囲気――人々が働き、互いに関係し合う独特の方法について話し始めた。まったく同じ言葉やフレーズを使うということは、彼らの「働いた経験」が似ていることを示している。これは、いい職場には共通する特質があるという最初の手がかりとなった。それは、「働きがいのある会社」という現象が存在することを示すものであった。

もし、私がこれらのフレーズを全国規模の調査中に、ほんの一度か二度聞いただけであったら、おそらくそのことに関してあまり深く考えはしなかったであろう。しかし、さまざまな職場で予期せず何度も出てきたので、必然的に私はその言葉の背後に何があるのかを理解するために考えるようになった。その言葉が働きがいのある会社の持つ意味に対する私自身の調査の出発点となり、これらのフレーズのいくつかとそれらが引き起こした考えのいくつかを共有することで、この働きがいのある会社という驚くべき事象に関する議論が自然に始められたように思えるのである。

次に述べる五つのフレーズを考察することによって、いい経営者の下で働くことがどういうものか感触を掴めるであろう。同時に、五つのフレーズに関する議論は、本書で言及すべきテーマを明らかにし、働きがいのある会社に不可欠なパズルのピースを私たちにもたらしてくれるであろう。

親しみやすい会社

テクトロニクスは、オレゴン州に本拠を置くオシロスコープなどを扱う電子機器メーカーである。同社の電気技師補バレリー・カレンは次のように言う。「私がこの会社で一番気に入っているのは、誰にでも気軽に声をかけることができ、フレンドリーな受け答えをしてもらえることです。また、カフェテリアで食事の列に並んでいる時には、振り返って誰とでも楽しくおしゃべりすることができます」。

些細なことに聞こえるかもしれないが、親しみやすさはいい職場における際立った特徴の一つである。人はそれぞれの会社で楽しんでいるようにみえる。これは決して取るに足らない問題ではない。組織で働くことは、集団で働くということで、例えば、小説家や画家、ピアニストのように一人でする仕事とはまったく異なるものである。人が組織で働く時、他の人々がいなくなることはない。他者と、すなわち同僚や上司や部下と相互に関係を持つことを強いられるのである。あなたが職場をどう思うかは、この相互関係の質が大きく関係している。

フォード財団の社会学者であるロバート・シュランクは、農場労働者から自動車組立工場の作業員、労働組合のオルグ、政府職員に至るまで多岐にわたる就業経験に関する自叙伝を書いた。一つの例として、発電所内の変電所で機械工として働いた時の事例を書いている。その時の雇用主は特別にいい雇用主ではなかったが、その職場にはプラス面もあった。

> 機械工になって知った一番いいことの一つは、おしゃべりするためにあちこちに行ける自由があることであった。多くの場合、工作機械が動作するように設定される時に、コーヒーやコーラ、タバコを買いに行って、周りの人たちとおしゃべりする時間がかなりあることがよくあった。

いい職場では、おしゃべり――インフォーマルな他の人との雑談――は、日常の一部として認められている。重要なのは、認められているという言葉である。おしゃべりをするのに許可はいらない。就業時間中に誰かとしゃべっているのを上司に見られないように、肩越しに見なければならないという感覚もない。

日常の交流におけるくつろいだ態度は、いい職場には社会的なヒエラルキーがないことに起因している。『アメリカで最も働きがいのある会社１００選』の数社には、役員専用食堂や役員専用駐車場、その他アメリカの産業界で普及している役員の特典があるが、大多数の会社では、あらゆる階層の人々が社員食堂のような場所で自然と混ざり合っているのを普通に目にすることができる。それらの会社の社長の多くは、大企業の社長も含めて、自らトレイを運び、社員食堂で他の社員と食事を共にする。同僚とのおしゃべりが制限されることはない。

明らかな平等主義は、そこで起こっていることの一部にすぎない。いい職場は、カントリークラブではない。社員たちは会社で一生懸命働いていると常に主張する。転職した人々は、前の会社で働いていた時と同等かそれ以上によく働いているとしばしば言う。彼らに言わせると、違っているのは、「忙しいふりをして」勤勉さを証明する必要がないことである。相互に尊重し合うことで、――全員が責任感ある大人だと想定すると――勤勉さの証明は意味のないものとなる。

政治的駆引きがない会社

相互尊重の風土は、あらゆる人間組織につきものの権力闘争への対処方法にも影響を与える。人々は職場で昇進、選抜、評価などをめぐって競争する。競争は、公平が保たれる限りにおいて、個人にとっても組織にとっても健全なものである。経営者が性別、年齢、性的指向、国籍、宗教などに関わる明白な差別やえこひいきを容認したら、公平を保つことはできない。しかし、公平が保たれても、一部の組織では他者を妨害することが出世する方法となっていて、ルールもなければ審判員もいないと人々に感じさせている。

いい職場では、社員は誹謗中傷や陰口に無関心である。この文脈において、いい職場で繰り返し聞かれるある表現が意味を持ってくる。すなわち「ここには政治的駆引きはない」。つまり、社員が高いポジションを得ようと争ったり、上司のご機嫌をとったり、自分の行動が出世に影響しないかを心配したり、他の誰かが自分のキャリアを台なしにしないように監視したりしなくなる。

フォーチュン500に入っているいくつかの会社に勤務した後に、キャロル・セントマークスは1980年にピツニーボウズに入社し、5年後に筆頭副社長に指名された。アメリカの産業界で高い地位についている数少ない女性の一人である彼女は、同社には政治的駆引きがないことが一番新鮮に感じた。

> この会社では政治ゲームをする人は本当に少ない。この会社では自分たちが信じることを言い、それで処罰されることはない。私にとって、オープンであることは独特な体験であった。人は思っていることを言い、経営側はそれを聴こうとする。

セントマークスは、オープンであることを前に働いていた会社の「非情な政治工作」と対比した。政治工作は会社のヒエラルキーの中で誰かが昇進した時に悪化する、と彼女は言った。

実際、組織の責任者は、職場環境の政治化の促進に関与することがある。管理者たちがより高い地位に向けて争うように、ある人はあからさまに競争心を煽る。また、会社の政治化の一因となる行動に対して見て見ぬ振りをする役員が多くいる。例えば、誰かが職務遂行能力の不足というよりはむしろ性格の不一致のために解雇（あるいは降格）された時に、政治工作が喚起される。そのようなエピソードは他の人々に説得力のある教訓を授けることになる。つまり、忠誠心（企業への忠誠ではなく、個人への忠誠）が最も効力があるということである。忠実な人は報われ、忠実ではない人は追放されるか状況が悪化する。ピツニーボウズではセントマークスが評価する「オープンであること」の代わりに、社員は怒りを買わないように用心深くなった。結局のところ、彼らの仕事は、その有効性ではなく、権力者（あるいは権力者でありたい人たち）との関係性に影響されるかもしれない。

チェックされないままだと政治工作はすべての人々の言動に影響を

及ぼす。産業社会学者でありハーバードの経営学教授であるロザベス・モス・カンターは、この問題に関する著書 *Men and Women of the Corporation*（邦訳『企業のなかの男と女――女性が増えれば職場が変わる』）において、鋭い洞察力でこう記述している。

社内での駆引きで興味深いのは、［会社］で働く人々にとって生き残るための鍵となることである……。まず、権力を介して個人のキャリアが上下し、「トップ」が多かれ少なかれ彼らに対してオープンであると見出す。時には、不適切な人物と関わることによって危険を招く……時には、人々は自分の仕事を効率的にすることだけをするし、個人的な満足を与えてくれるものであれば、いかなる能力でも訓練する。もし、彼らが煩わしくて単調な職務上の構造の中で、裏の政治構造を通していかに進むかを理解していればだが。

社内政治は組織全体に大きな損失をもたらす。社員の観点からみると、政治活動は共通の利害のために全員が一丸となって働くという集団帰属意識を破壊する。また、アール・ショリスが著書 *Scenes from Corporate Life* で記述しているように、組織そのものを破壊するかもしれない。

社内のいろいろな層や地位で、中間層やより高い地位の者は競争を激化させ、競争力が低下するように自分より下位の人々を弱体化させている。組織内戦争はそのように、縦に、横に、接線方向に起こる。別の観点から会社をみると、その争いは伝統的な闘いとは異なっていることが明らかとなる。それは古代都市の狭い迷路のごとき街路に広がる暴動のようにみえる。

社内政治活動によって会社が崩壊した最新の実例は、ケン・オーレッタがリーマン・ブラザーズの崩壊に関して描いたベストセラー *Greed and Glory on Wall Street*（邦訳『ウォール街の欲望と栄光――リーマン・ブラザーズの崩壊』）に記述されている。オーレッタはウォール街の名声を象徴する会社を、侮蔑的言動を喚いたり、怒鳴ったりするのが当たり前の「ジャングル」として描いた。政治活動は結局のところ会社を「バンカー」と「トレーダー」間に分裂させ、最終的には組織全体を対立させ、シェアソン／アメリカン・エキスプレスへの売却に導いた。

それは、ゴールドマン・サックスで起きたこととは違っている。フォーブス誌はかつて同社に関して「多くのウォール街の企業を悩ます内紛……。実際にゴールドマンの例外的な調和は、前代未聞の大成功の主因となった」と言及した。ゴールドマンが他社と違っていたのは、偶然ではない。投資銀行パートナー、ロイ・スミスは「冷静さを失うことは、ここでは完全にやってはいけないこととみなされている」と言う。ジョン・ワインバーグ会長は、社内政治活動を「魅力のないもの」とすべく取り組んでいると言う。同社は、チームワークを会社の最高の価値として明確に位置づけた。他のウォール街の企業とは異なり、特に「スター」を抑制し、よき「チームプレーヤー」であれという考えに基づき、お互いに協力し、会社全体の活動に貢献するよう行員に奨励している。

有害な社内政治活動のような、多くの職場でみられる悪い特徴は単なる偶然ではないということをいい職場は示している。それらは、人間によって引き起こされるものであり、特に責任者による場合が多い。健全な職場環境は、いい会社を創りたいという責任者の決意から生まれるということを、ゴールドマン・サックスが示している。

公平な扱いが受けられる会社

経営者が、賃金を決めたり、仕事を割り振ったり、教育したり、解雇する権利を有することに疑いの余地はないが、権力の不均衡が多くの軋轢を密かに招いている。

多くの人々がおびえた状態で仕事についたとしても、不思議ではない。それはまず求職のときから始まる。果てしなく長いフォームに必要事項を記入し、質疑応答をし、さらに従業員の卵たちは最近では尿検査も要求される。こんな雰囲気では、採用されないことを恐れて、人々の口数は減り、率直な話がされることはない。

このような圧力は、職場で日常的に繰り返されている。多くの人々が仕事をして給料を手にする。会社のやり方に賛同できない時には、沈黙が最善の策であるということを彼らは知っている。彼らは自分の職を危うくするようなことは望まない。

多くの会社は、基本的な権利に関して、社内ではほとんど何も提供していない。人が職場で不当に扱われた場合に、頼れるものが何もないのである。不当な交通違反切符をもらった時のようなやり方で、それを問題化することはできない。

一般的なアメリカ企業と比べて、いい職場は従業員に公平である。例えば、労働組合が組織されていない企業には、さまざまな保護を提供する基本的な苦情処理制度すらない。また、強力な組合の苦情処理制度にしても、最悪な不正を抑制しているにすぎない。彼らは公平な環境を創ってはいない。公平さを尊重して会社を運営するのは素晴らしいことかもしれないが、どのように金儲けと関連づけていくのかが議論となるところである。いい職場の従業員は、一貫して次のように述べている。「この会社では私たちは公平に扱われている」。「会社が社員の弱みにつけこむことはない」。「この会社には公平な機会がある」。

このような発言を真摯に受け止めるべきである。公平に扱われていない時に、公平に扱われていると人々を騙して信じこませることは非常に難しい。私たちの多くが、特に職場環境では、研ぎ澄まされた不公平感を持っている。たとえ激しい怒りを表明することはできなくても、えこひいき、偏見、不公平、嫌がらせなどの事例を注意深く記録する。だから、物事が公平でないと分かっている時に、根拠もなくそれを公平だとは言えない。私たちはそれが本当に相応しい時に、慎重にその判断を下す。

同様に、公平であるということは自動的にそうなるようなものではない。会社がカードの大半を握っているため、経営陣には公平性を保証する気持ちはほとんどない。目先のことだけを考えると、従業員を酷使する管理者に対して見て見ぬ振りをすることがそのような行動を追及するよりは、会社にとってずっと容易なことである。一つには、長年にわたって「私たち対彼ら」という考え方があり、会社側が中間管理職に反対して従業員に味方すると、中間管理職の中に難しい政治的な問題が生じかねないのである。たとえ公平であることが最終的にはある種の信頼を生み、権威をより高めることになろうとも、会社は差し当たり管理者の権威を傷つけることを避けなければならないというデリケートな問題に常に直面している。いずれにしても、従業員の不平不満が十分に公平に聞き入れられるよう手段を講じるには、多くの勇気とエネルギーが必要である。部下を不当に懲罰したり解雇したがりする管理者の決定を覆すような、正真正銘の正義を第一に考えることが必要である。そして、公平が維持され次第に強化されるにつれ、会社はより大きく成長する。

複数のいい職場で、会社の創業者や社長が、公平であることは常に正しいと断言している。それによって経営側に起こりかねない問題があるにもかかわらずである。シリコンチップ・メーカーのアドバンスド・マイクロ・デバイシーズ（AMD）の創業者ジェリー・サンダースはこう言う。「公平な処遇に私は拘っている」。なぜなら、「人は公平に扱われないと自制が効かなくなるからである」。しかし、残念ながら多くの経営者は公平な処遇に関してリップサービスするだけであるとも彼は言う。なぜなら「本当は特権がほしいからである」。

仕事を超えた価値を感じられる会社

仕事は人生を有意義にする手段の一つである。私たちはよく自分自身のアイデンティティを仕事によって定義する。「私は秘書です」、「私はレンガ職人です」、「私は弁護士です」。これは、私たちが自分自身を表現する方法である。ただ単に仕事を持っても、その仕事が必ずしも有意義なものとなるわけではない。アルベール・カミュはかつて「仕事がなければ、人生は腐敗する。しかし、魂の抜けた仕事は、人生を息苦しくし窒息死させる」と書いた。しかし、残念ながら魂の抜けた仕事が当たり前だと感じられている。自分たちには何かができる、自分たちには影響力があるということに人々が気づかないと、仕事は魂の抜けたようなものとなる。

いい職場の従業員は、仕事に対してきっぱりと異なる姿勢を表明する。ニューヨーク州バッファロー近郊にあるフィッシャー＝プライス・トイズの本社で従業員にインタビューした時に、勤続5年のマーケティング部員デニス・ボーエン＝フィッシュバックに出会った。彼女は入社して直ぐに、フィッシャー＝プライスの玩具を二つ購入した顧客にベビー・ブロックをプレゼントしてはどうかと提案した。驚いたことに、そのアイディアは採用され実施された。彼女は「ここでは影響を与えることができます」とコメントした。

ボーエン＝フィッシュバックのコメントは、いい職場でみられる典型的な態度を反映している。彼女は自分の仕事は有意義だと思うと言っている。彼女はオートメーションのように無為に8時間を費やしているわけではない。さまざまな職場の多くの従業員が、自分には「仕事以上のものがある」と感じていると主張し、同じ点を指摘している。

哲学者ハンナ・アーレントは著書*The Human Condition*（邦訳『人間の条件』）の中で、この言葉が何を意味するか理解させてくれた。カール・マルクスを批判する中で、アーレントはすべての西欧の言語には、労働（labor）と仕事（work）という別の単語があるということに言及している。ラテン語のlaborareとfacere、フランス語のtravaillerとouvrer、ドイツ語のarbeitenとwerkenである。両方とも同じような行動に関するものだが、決して同義語ではない。イギリスの哲学者ジョン・ロックは「私たちの身体による労働（labor）と私たちの手による仕事（work）」と記述し、その違いを区別した。労働は、仕事より劣った活動とみなされている。労働はしばしば痛みや苦しみを伴い、時には明白な目的もなく行われる。仕事は、何かを作り出すために目的を持って費やされるエネルギーを意味している。仕事には明確な最終成果物があるが、労働にはそれがない。ドイツ語では、本来Arbeitは農奴がしたことで、Werkは職人が作り出したものを示していた。

アーレントによる区別は、職場の違いを評価するのに有益である。ある職場では、労働しているように感じ、ただ単に一日を切り抜けているにすぎない。就業中に活動的であっても、あなたが達成したことにはほとんどあるいは全然意味がないと感じるであろう。アーレントが説明しているように、労働はしばしば生活手段と同一視される。つまり、自分自身と家族を養うために十分なお金を稼ぐことであり、その内容には意味がない。それは週末の給料であり、それこそが重要である。下世話に言うと、「単なる請負仕事（job）」ということになる。この文章の請負仕事（job）は、労働（labor）と同様に下級な意味で使用され、生活手段以外の意味がないことを暗示している。

従業員が自分たちの仕事を「請負仕事以上」であると感じていると言う場合、それが有意義だと言っていることにもなる。デニス・ボーエン＝フィッシュバックの事例では、どのような影響があるかわかっていたので、彼女は自分の仕事には意味があると示した。そのことは多くの従業員に明白ではあるものの、大企業ではなかなかそういうわけにはいかない。ある製造業では、従業員は彼らが携わっている装置がどのように最終商品に関連しているかを理解していなかったり、実際にそれがどのように使用されているか知らないこともある。しかし、コントロール・データやテクトロニクスといった会社ではそうではない。生産部門の従業員グループは、定期的に他の生産工場に製造工程の別の局面を見学に行ったり、顧客用施設を訪問し、彼らの職場を離れた商品にどのようなことが起こるのかを見学し理解する。

自分の仕事が全体像の中でどのように位置づけられるかを理解することよりも、自分の仕事が影響力を持っていると感じることのほうが重要である。また、自分の仕事を自分の仕事であると意識することが必要である。つまり仕事に対して責任を感じなければならない。従業員に仕事に関して理解してもらいたい会社は、責任の分担を増やすことを前提とするからである。テクトロニクスの社長アール・ウォントランドは社員により多くの責任を促す論拠を次のように説明している。

> 仕事を限定されたセグメントで定義し、いかなる場合にも通用するような論理的な方法ですべて説明することは不可能だと思う。仕事には想定外の局面が多々ある。だから、人々を決められた箱に押し込まず、よりいっそう自由な形で仕事に参加させることが非常に重要である。彼らは概して「これは私たちが達成しようとしていることで、やらなければならないことがいくつかあり、できる限り努力するか、できる限り学ぶことによって前進することができる」と言うに違いない。人々は、本当に自分の仕事に関与すべきであり、一種の善人ぶった意味でだけでなく、より実質的な方法で、仕事とその改善、そして同じくらい重要なことに、その仕事の将来に対するより広範な責任を受け入れるべきである。同様に重要なのは、その仕事の未来である。

いい職場の従業員が会社から多くの責任を与えられていると言及するのは、意外ではない。それ以外の職場では現在与えられているよりも、もっと大きな責任を与えられることは、最大のチャンスだとみなされている。より大きな責任には、仕事をよりコントロールできるというニュアンスがあるので、それは重要なポイントとなる。仕事の管理に関する問題は、いい職場を区別するものが何かという核心を突いている。しかし、ただ単に仕事を管理しているという意識にのみ言及しているわけではない点に留意してほしい。管理とはそもそも政治的な問題であり、精神的なものではない。管理は権力と関係がある。当然ながら力のない人々は自分の環境を管理できない。すなわち、責任を持って自分の仕事を管理できると人々が報告する時は、ある種の権力を持っているという意味である。

職場における公正な処遇の問題と同様に、従業員は職場における権力の問題を強く意識している。だから、管理を任された仕事とそのようにみえるだけの仕事の区別が彼らには容易にできる。最近では、数千とはいかないまでも数百の会社が、職務の充実や職務範囲の拡大を実施している。それらのプログラムは、例えば従業員に多種多様な職務を与えることによって仕事を再設計している。そのようなプログラムを考え出した産業心理学者は、仕事を任されているという意識を従業員に持たせるという明確な目標を持ってそれを行う。しかしながら、概してそのようなプログラムでは、職場の本当の力関係を変えることはできない。いい職場では、人々が自分の仕事をコントロールできていると感じると語るとき、それは彼らは通常、自分の仕事を定義し、優先順位や期限を決め、他人（上司やトップマネジメントを含む）の行動に対して処罰を恐れることなく批判する役割を担っていることを意味する。

有意義な仕事という考え方には、その影響力を理解し、自らの行動に責任を持つこと以上のものがある。また、そこには重要な社会的側面もある。自分がしている仕事は、社会に価値のある貢献をしていると意識することで有意義なものとなる。医師や芸術家などの職業は、社会貢献をしていると実感しやすい。そして、フィッシャープライスやアップル・コンピュータなどのような会社は働く人々が誇りに思えるような商品を作る。しかし、誇りに関する同様の発言が、生命保険会社のように際立った商品やサービスを提供していないと一般的に思われている企業でも聞かれる。ノースウェスタン・ミューチュアルでは、外部の人間に対して自分が同社で働いているということに特別な誇りを感じていると幾人もの従業員が言及している。彼らは同社が業界でナンバーワンだと信じ、誇りを持ち、それによって勝者のように感じている。また、会社がミルウォーキーにおいて率先して人道活動を行っていることに対しても誇りを示している。地域社会における会社の善人的なイメージが自分たちに影響を及ぼしていると感じている。

ノースウェスタン・ミューチュアルの社員は、自分たちの会社は商品を売って儲けるという通常のビジネスを超えた立場に立っていると思うと実際に言っている。また、パブリックス・スーパーマーケッツのフロリダ州マイアミビーチ店の社員ジョン・シスケも、自社に対して確かに同様の見解を持っている。彼はその見解に関して次のように言っている。「パブリックスには、何か意味がある。クローガーやウィンディキシーやそのような場所で働くのとは違っている。パブリックスのような会社で働く時には、勤務時間外にでさえもよい行動を心がけなければならない」。シスケは他の多くのパブリックス社員と同様、会社はただ単に食料雑貨を売っているだけではないと感じている。また、一種の社会貢献活動（「ショッピングは喜び」が企業スローガン）を掲げ、そこで働くすべての人に特別な使命感を伝えている。

カンザスシティのホールマークの社員は、自分たちの会社がグリーティングカードを販売して儲ける以上の存在であると表現している。彼らはホールマーカー（ホールマークの社員）であることを誇らしげに話す。同社に勤めることは、ただ単に社員名簿に名を連ねるということではない。社員は、同社のやり方を本当に理解し、良質な商品を作るという義務を負うことを意味する。例えば、グリーティングカードの印刷を同社の基準に合わないという理由で拒んだ印刷工は、たとえ同社の経費に負担を掛けたとしても称賛される。彼らは、経営理念の守護者たる本物のホールマーカーとしての特権を行使しているのである。

　自分の仕事や仲間に誇りを持つことで、いい職場で働く人々は「仕事以上のもの」を持っていると言う。

家族のような会社

デルタ航空では、人々は単にデルタの社員だと話すことはない。彼らはデルタ・ファミリーの一員であると話すことを好む。また、フェデックス、ホールマーク、ＩＢＭ、クアッド／グラフィックス、ゴア、パブリックス・スーパーマーケッツ、ノースウェスタン・ミューチュアルでも同様の言葉を聞く。実際に、このような会社の社員は家族的な意識に関して頻繁に話す。

　家族という言葉はどういう意味なのか。もちろん、多くのさまざまな家族がある。愛情溢れる両親がいる一方、妻を虐待する夫もいるし、子供を虐待する親もいる。会社とは、強いて言うなら大いに異なる解釈の仕方がある家族のようなものである。一般的に言えば、よい経営者の下で働く人々が自分たちの職場には家族的な雰囲気があると言う時には、肯定的な意味を持つ。特に次のようなことに意味がある。

1．**思いやりある、人を育てる環境**：いい職場の社員は、上司がよく部下の私生活に関心を持っていると言う。社員は組織のために仕事を実行する集団の一部としてではなく、いかに個人としての自分の価値を実感しているかについてよく話す。これは社員間の関係にも当てはまる。そこには個人的な配慮が組織内の人々にとって重要だという広く浸透した感覚がある。

2．**長期的コミットメント**：社員は生涯を通して家族の一員であり、勝手に離れられない。同様にいい職場の人々は、その組織で生涯働くことを確約する。いい経営者はそのコミットメントを評価し感謝する。ホールマークの会長ドン・ホールは「社員は文字通り命を自分に預けている」と説明している。事実が意味することを認識し、ホールは会社を一時的な経済的繋がりとは異なる何かとみなしている。

3．**私たち全員で団結する**：家族の一員であることの長所の一つは、誰もが明確で価値ある役割を果たすことができると想定されていることである。このような考え方の理由の一つは、家族とは歴史的に互いに支えあうためにリソースを与え合う経済単位であるということである。家族内には、全員が「団結する」という意識がある。家族の構成員は外部の人間に直面する時に団結すると思われる。組織において、この意識には連帯感を生み出す以上のものがある。それは組織が目標をより効果的に達成するのに役立つということである。いい経営者の生産性と収益性が競争相手より高い傾向にある理由を説明するファクターの一つとなっている。

　すべての人が家族の一員であるのを好むわけではない。ある人にとっては、同じ家族の一員であるという考え方は、個人の自由と独立の制限、プライバシーの欠如を暗示している。一般に家族の構成員は、グループの一員として参加するのを期待されており、人は、自分の思い通りにならない。彼らは自分よりも大きなものの一部なのである。これは、米国で最も優れた雇用主の多くが持つ一面であり、ある種の人々を遠ざけるものでもある。たとえ、給与、福利厚生、仕事へのやりがい、キャリアの機会を提供しても、家族的な会社で働くことを敬遠する人もいる。このような場所は、ある人にとっては強烈すぎるし、社会的な要求が高すぎるかもしれない。良い経営者の中には、この問題に特に敏感な人もいる。ホールマークの会長ドン・ホールは、家族的な会社であることに強い価値観を置いているにもかかわらず、「ただ8時間働いて帰りたいという人たちの居場所を作る」努力をしている。言い換えれば、いい会社であるからには、一匹狼も許容しなければならないということである。

家族という比喩でいい職場のことを適切に表現できない理由は別にもある。家族には、親と子のような階層的な役割という概念や職場にとってはマイナスの響きがある父権主義という概念が付き纏う。前述のようにいい職場は、家族という比喩から示唆されたある種の杓子定規なヒエラルキーを和らげる社会的平等主義という特質を持っている。また、社員と経営側との関係に関しては、いい職場の社員がパートナーシップという言葉を使っているのをよく耳にする。パートナーは共通の事業に従事しているので、全員が貢献できる何か価値あるものを持つ。さらにパートナーシップとしての職場のコンセプトには、いい職場の基礎をなす相互尊重という要素が付き物である。

パートナーシップの考え方は、いい職場のある面をより正確に表現しているかもしれないが、共同体の感覚を適切に伝えることはできない。というのも、いい職場は、ますます細分化していく社会にコミュニティー感覚を提供している。自分たちが住んでいる町や都市への愛着を感じる人はわずかである。多くの人々にとって、会社組織とは家族以外で帰属意識を経験できる場所を提供してくれるものである。３Ｍの元代表ルイス・レアーは、「人々は隣人と過ごす時間よりも、職場で同僚と過ごす時間の方が長い」ので、会社が「社交の中心」であるのは当然だと説明する。しかし、ほとんどの職場が人々の孤独感を悪化させるだけであるというのは、このような社会に対する悲しいコメントである。いい職場の最も重要な貢献は、そのような機会がほとんどない社会の中で調和の取れたコミュニティを提供するという社会的なものであるかもしれない。

いい職場の雰囲気に関してその特徴を明らかにするために社員が用いるフレーズは他にもさまざまなものがある。しかし、このフレーズをじっくり検討し続けることで、なぜ人がいい経営者の下で働きたがるのかに関する正しい認識が得られるのである。しかし、それはいい職場の基本的な特徴を明確にしているわけではない。そのためには、私たちが論じてきた事象を定義する必要がある。

第2章　定義を求めて──働きがいのある会社とは──

「あなたの会社は働きやすい職場ですか」という質問に、ほとんどの人が迷うことなく答えることができる。そして、他の会社での生活について、友人から評価を聞いたり、伝えたりすることに慣れている。ジョンが勤めている会社は素晴らしい職場だ、メアリーが勤めている会社は悲惨だ、ビルが勤めている会社はまあまあだ、といったように。

これらの判断を下すにあたって、私たちはいい職場とは何か、よくない職場とは何かということを暗黙のうちに考えている。しかし、いい職場というコンセプトはそれ自体で考慮されてこなかったため、私たちは一般的に合意された職場の比較方法をもっていない。さらに悪いことに、なぜその職場が他の職場より優れているのかその理由を簡単に説明する方法もない。

デルタ航空とノースウエスト航空をみてみよう。どちらも同程度の社歴と規模で、従業員数もほぼ同じである。どちらも長期にわたって財務的に優れている。また、どちらも同等の賃金と福利厚生パッケージを提供している。しかし、ノースウエストには長期に及ぶ労働争議の歴史があり、デルタは働きがいのある会社であると広く認められている。なぜだろう。

ある雇用主が他の雇用主よりも優れているのかを説明するのが難しいのは、さまざまな人事方針と人事施策が互いにどのように関連しているのかが理解できるコンセプトの枠組みがないことに起因している。私たちには、職場の本質を把握するのに役立つ既製のアイディアがない。デルタのような会社がいいと考えられ、ノースウエストのような会社が悪いと考えられる理由を評価する方法がないのである。

会社を職場として評価するためのコンセプトがないのと対照的に、会社をビジネスとして評価するためのツールは豊富にある。マーケットシェアという概念は、ある会社が競合他社と比較してどの程度うまくいっているかを説明するのに役立つ。売上の伸びという概念は、会社が大きく成長しているかどうかを説明するのに役立つ。さらに、収益性という概念は、会社の財務の健全性の基本的な指標である。つまり、私たちは企業の業績の良し悪しを話すための、その根拠となる事実や事例に困ることはない。私たちは、企業が企業としてどのように機能しているかを特定するための定評あるさまざまな優れた簡易な道具を持っている。

しかし、職場に関してはそうはいかない。私たちの語彙はさらに制限されている。私たちがいつも使うのは、会社がいい職場か、ひどい職場か、まあまあの職場か、くらいのものである。職場を分析するには、事業の財務的健全性を評価するのに使われるコンセプトに相当するものが必要となる。まず、働きがいのある会社というコンセプト創りから始めよう。

働きがいのある会社をどのように定義すればいいのか。次にいくつかの可能性ある定義を示す。

・高額の給与が支払われる
・一人の人間として大切に扱われる
・興味のある仕事ができる
・優れた福利厚生がある
・ちょっとした景気後退では解雇されない

多くの人は直感的に上記の中の一つか、場合によっては二つの候補を思い浮かべると思う。しかし、上記のような一覧になったものをみながら、働きがいのある会社を定義するよう求められれば、おそらく「上記の事柄すべて」と言うであろう。また熟慮の上で、さらにいくつかのアイディアをリストに加えるかもしれない。例えば、清潔で安全な環境で働くこと、あるいは、仕事を適切に遂行するためのツールをすべて持っていること、報復を恐れずに提案や苦情を申し立てられること、などである。

私たちは、このリストを人事方針、管理職の行動規範、よく設計された職務記述書など、数えあげればきりがないほど活用できる。最高の職場に見出せるはずの方針や施策をリストアップしているのも同然である。しかし、まだこれだけでは質問の回答にはなっていない。

第一歩として、さまざまな、実際にあるいい職場に共通する特徴を解明することから始めるのが無難である。その考察は、『アメリカで最も働きがいのある会社１００選』で集められた情報を見直すことで始められる。同書は従業員にいい職場とみなされた企業の人事方針と人事施策を体系的に記述した最初の作品である。しかし、賢明な読者は、いい職場を説明できる単純な構図はないということをすぐに見出されるであろう。

いくつかの例をあげてみよう。トランメル・クロウはテキサス州ダラスに本拠を置く大手の不動産開発業者である。『会社１００選』では同社の並外れた利益分配制度に触れている。ただでさえ高給であることに加えて、さらに25％から75％のボーナスが支給されるというものである。また、同社のオフィスにはパーテーションがなく、役員さえもが秘書たちと同じ大部屋に座っている。フォーブス誌の長者番付で、アメリカの富豪ベスト36の一人にあげられた、７億５０００万ドル以上の資産を所有する創業者トランメル・クロウもその例外ではない。

もしトランメル・クロウだけを考察した場合、この二つの方針——利益分配制と役員室を設置しないこと——が最高の職場を構成する要素だという結論に達していたかもしれない。しかしながら、事はそれほど単純ではない。最高の経営として定評のあるＩＢＭには、利益分配制はなく、役員は個室に座っている。ＩＢＭの経営幹部のための大部屋はない。しかし、ＩＢＭが世界大恐慌以前からレイオフをしないという方針を採っている一方で、トランメル・クロウはそのような明確な方針を持たず、実際に不動産不況の時代に数回のレイオフを実施した。

もしかすると、比較するのに相応しくない方針をあげてしまったのかもしれない。では、従業員持ち株会はどうだろうか。確かに『１００選』会社のほとんどが社員の所有物ではないことを認めざるをえない。

しかし、従業員持ち株会が所有する会社は、すべからくいい職場である。フロリダ州最大の食料雑貨チェーンであり、従業員持ち株会がすべての株式を所有するパブリックス・スーパーマーケッツの社員は、自分たちが会社を所有しているという事実を主な理由として、パブリックスに対する福音的ともいえる愛情を示している。

しかしまた、ニュージャージー州の自動車用ローラーベアリング・メーカーであるハイアット・クラークの退職者と話すと、従業員持ち株会に関する別の話を聞くことになるだろう。かつてはGMの子会社であったが、従業員持ち株会の所有となってから6年後に倒産した。問題は、従業員持ち株会と会社経営陣との対立が、競争の激しい業界ですでに抱えていた難しい問題をさらに悪化させたことである。ニューヨークタイムズ紙の記者が「ハイアット・クラークの社員は、持ち株会がなくなれば、根深い対立関係や労使の間にある不信を打破できる」と言及している。

特定の人事方針や人事施策で最高の職場を定義できないという事実に、人事担当者はフラストレーションを募らせるだろう。彼らは、例えばGEに魅力的な従業員貯蓄制度があれば、自分たちにも同じようなことができないか調べてみよう、というふうに考えがちである。過去10年間の人事方針の流行として、カフェテリアプラン（従業員が福利厚生に関していくつかのプランから好きなものを選択できる制度）、QCサークル（日本式の小集団活動）、従業員持ち株会（ESOPs）、401k制度などがあげられる。そのうちのいくつかは、収入や福利厚生の面において、多くの働く人々に喜ばれる素晴らしい効果をあげている。しかし、個別的アプローチでは、働きがいのある会社の本質に達することはできない。働きがいのある会社に特有の際だったスタイル――社内に広まった職場に対する強い思い――はそう簡単には外に伝えられない。経営者に新しい年金制度を投入し、「ファミリー・スピリット（家族的精神）」で有名なデルタ航空に追いつく必要があるだけだと単純に提案できない。いい会社では、人事方針や人事施策それぞれの合計よりも、組織全体が勝っている。

そこでは、全体をどのように説明するのかという疑問が生じる――それが機能するように人事方針をつなぐ接着剤は何なのか。なぜ最高の職場にとって重要と思われる人事方針の一つひとつが他のポリシーに影響を及ぼさないのか。

こういった特定の質問を探求するために、『100選』会社の個々を再び訪問することを決意した。私たちは、当初は現場の従業員が経営者をどのようにみているかを追求した。従業員と話すことによって、その職場の雰囲気を知ることができる。しかし、なぜすべてがうまく整合しているのかという理由を説明できるような全体像を従業員は持ち合わせてはいない。そこで、経営陣、もし可能であれば創業者と話す必要があるということがはっきりとわかった。彼らは組織の方向づけという重要な役割を担っており、私の問いかけに手掛かりを与えてくれるのではないかと期待した。

インタビューから、経営幹部たちが職場の質に関してこれまで相当考えてきたということが明らかになった。いい職場を構築することが組織の重要な目標の一つであると考えていると多くが言明した。彼らは何が働きがいのある会社を生み出すのかという概念に関して喜んで長々と話した。結びつきという点に関しては、その会社がいい職場であれば、特定の人事方針に由来するものではない。特定のポリシーよりはるかに重要なのは、会社と従業員との関係の本質である。

カンザスシティに本拠を置くマリオン・ラボラトリーズの創業者ユーイング・カウフマン会長は、次のような実例をあげる。四半期会議で、彼は報奨として多額のボーナスをさまざまな社員に手渡す。例えばある会議では、10年皆勤賞として生産部門の社員に8000ドル相当のマリオンの株式を授与し、その他3名の社員の経費節減提案に対しては、それぞれ7000ドル、1万2000ドル、1万5000ドル相当の株式が授与された。このようなボーナス支給は有意義であり定期的に実施されているが、それだけで終わる単純な話ではないとカウフマンは強調した。同様に重要なのはボーナスが支給された、その精神にある。それは、ボーナスの背景にある考え方である。カウフマンは「私や経営陣が社員にボーナスを与えているのではない。わが社に貢献した社員が、当然の権利として、獲得したものである」と言う。経営者と従業員の間の関係は、父親と子供のような上下の関係とは違うということである。

中西部の印刷会社クアッド／グラフィックスの創業者ラリー・クアッドラッチ社長も、同じように核心を突いている。「制度はそれが機能しているということにすぎない」。クアッドラッチは、社員に対する同社の基本方針は、「パートナーとして全員で同じ目標のために協力する――そして、それが利益につながる。社員が個々にできることよりも協力し合ってやったほうがより多く稼げるはずだ」というものである。

いい経営者は、従業員とのある種の関係を構築するために、多くの時間とエネルギーを使っているということが明らかになってきた。この点に気づいた時に、私はいい職場の従業員が頻繁に上司や会社や同僚との関係の質に関して話していたことを思い出した。「ここでは全員がお互いにいい関係にある」というのは、この考え方を言い表す時の一つの方法である。「全員」とは経営層と一般従業員を含む全構成員を指している。

ラリー・クアッドラッチは、結婚の例えを用いて説明する。「結婚は神の思し召しによるものではなく、仕事もまたしかりである。両者はともに毎日営まれる緊密な個人的な関係である」。彼の例えは道理に適っている。良き結婚とは、二人の人間が家、車、二人の子供、1匹の犬、3匹の猫を持つことと同義語だとみなせない。良き結婚とは二人の人間の相互関係によるものだと言えるだろう。そして、最高の婚姻関係は、お互いに対する愛情と尊敬を特徴とする。このように、いい職場を定義しようという私の当初の衝動は、外見だけをみて結婚の質を理解しようとするようなものだとわかった。その代わりに経営者と従業員の関係に注目すると、良き結婚の本質を容易に特徴づけられると分かった。愛情が良き結婚の当事者双方の態度を特徴づけるのと同じように、信頼は良き雇用関係の当事者双方の態度を特徴づけている。

なぜ信頼なのか。まず、いい職場の従業員は常に、自分たちの雇用主をいかに「信じ」「信頼し」「信用している」または率直に「信頼している」と話す。同様にいい職場の経営陣は、従業員をいかに「信頼し」「当てにでき」「頼れる」かについて話す。お互いに信頼できるような雰囲気がいい職場には充満している。次に、ひどい職場では信頼をまったく欠いており、良くも悪くもない月並みな職場では、信頼は散発的に表れる。かつて労働組合担当の記者だった頃の私の経験に基づくと、労組組織化運動やストライキは、従業員と経営者の間の信頼が崩れた時にしばしば起こるというのがいつも真実であった（労働組合のある企業が働きがいのある会社になれないと言っているわけではない)。

信頼をいい職場の決定的な特徴と考えた時、企業のさまざまな人事方針や人事施策、および従業員が繰り返し使う言葉を解釈するための簡単な手がかりが見つかった。少し前にあげた実例、トランメル・クロウが秘書や現場の社員たちと一緒に大部屋に座っているという例に戻ってみよう。この慣行は異なる解釈ができる。要するに、ボスの不信の表れとみなすこともできるのである。大部屋では社員のすべての動きを監視できるからである。しかし、同社の社員はそのようには思わなかった。それどころか、クロウは社員の意見を尊重し、隠し事が何もないから大部屋に座っていると彼らは信じている。さらに、彼は莫大な財産にもかかわらず、自分自身を特別な人種とはみなしていないということを示していると社員は思っている。

職場の基調をなす関係に焦点を当てることは、実際の人事方針を無視することではない。それどころか、人事方針は関係に関する明瞭なマニフェストである。職場を評価するために、従業員に支払われている給与、従業員が受けている福利厚生、どの地位から自分の仕事に対する決定権が持てるのか、苦情申告制度があるかどうか、などに関して考慮しなければならない。それらは、現実的な問題である。従業員と経営者との関係を深めることは、本当に実在し機能する何かを創ることである。カリスマ経営者が、ある「感情」を引き起こそうとすることとは全く異なる。トム・ピーターズはその著書 *A Passion for Excellence*(邦訳『エクセレント・リーダー——超優良企業への情熱』)で一つの章全部を使って、どうすれば従業員にオーナーのように責任感を持たせることができるかを記述した。その章は「オーナーシップ」と題されたが、金銭的なオーナーシップ制度である従業員持ち株会にはほとんど言及していない。

人々の感情を巧みに操るテクニックは、その関係の力や経済的側面の実体に対応する変化がない限り、最終的には逆効果になる。実体がないとわかっている物に満足させようと意図する経営者のテクニックほど、従業員の信頼を損なうものはない。トランメル・クロウの社員は、彼が自分たちを尊重していると思っている。それは彼が実際に社員を尊重しているからであって、ただ単に他の人々と一緒に大部屋に座っているからではない。トランメル・クロウにとってそのやり方は社員に対する基本姿勢から自然と出てくるものであって、道理に適っている。社員は偽者を見分けられる。同じ慣行をただ単にトランメル・クロウで実践されているからという理由で行う経営者は自滅するであろう。

信頼がある会社では、経営者は従業員が生産性向上を目指し組織に貢献したいと望んでいることを確信している。一方従業員は、経営者が本当に自分たちに関心を持っていると思っている。この信頼は、従業員に自分の仕事に対する深い満足感を存分に与えてくれる。

経営者と従業員との信頼関係は、働きがいのある会社の基盤である。しかし、次の二つの関係もまた同様に重要であることが分かった。まず一つは、従業員と仕事との関係である。人々は自分の職務に関して、つまらない、あるいはやりがいがあるとみなしたり、取るに足らない、あるいは社会的な意義がないと認識する。それに反して、いい職場では、自分の仕事に誇りを感じている。仕事を行うことによってまるで何かに貢献しているかのような感覚を持つのである。そこには自分が費やした時間に対する対価をはるかに越える意義がある。そしてそれは、いい職場の従業員が「請負仕事以上のもの」と言う時に意図するものである。

職場でのもう一つの主要な関係は、管理職も含めた従業員同士の関係である。これはコミュニティとしての職場の質を決定する。他の従業員との関係は、その人を家族の一員のように感じるか、あるいは汝の敵とみなすかによって異なる。毎朝その人と会うことを楽しみにしているかもしれないし、あるいはその人と出くわすことを恐れているかもしれない。いい職場では、同僚といることを楽しんでいる。常に笑いが絶えないと言っても、必ずしも本当に楽しいというわけではないと思うが、そういうことも起こりうる。しかし、快適な職場環境を「友好的な」場所にする、ある種の連帯感がそこにはある。人々はお互いの成長を個人的にも職業的にも助け合うことができる、「裏工作」のない円満なコミュニティの一員であると感じる。それは「家族」のような感覚かもしれない。

職場はこれら三つの異なる関係から成り立つものであり、一つがよくても他の二つが劣っていたり、二つの関係は素晴らしいのに一つがひどいというようなこともありうる。例えば、従業員が自分の仕事に大きな誇りを持ち、同僚と働くことを楽しんでいながら、自分の職場を不愉快な場所とみなしている場合は、会社や上司を嫌っているからである。実際に私が訪問したひどい職場では、従業員は職場での楽しみの大半は、上司を困らせるために同僚と行っているゲームによってもたらされると言っている。また、その同じ破壊的な環境で、管理職は従業員を「掌中に収める」ためにさまざまな策略を練り楽しんでいるかもしれない。

また、今の仕事は好きではないが、いい会社だと思う、というのもよくあるパターンである。彼らは個人的には今の地位に不満があるが、何らかの理由で割り当てられた仕事に向いていないためであって、会社に責任はないと思っている。

三つの関係はそれぞれ独立しているが、お互いに影響し合っている。もし、あなたが同僚（あるいは直属の上司）と一緒に働くことを楽しめなければ、仕事から満足感を得ることは難しい。むしろ一人で仕事をするほうがましだと感じるかもしれない。あるいは、経営者と従業員の関係が搾取的な場合、仕事に対する誇りが損なわれるかもしれない。また、経営者が絶えず従業員同士を競わせれば、従業員同士の関係を壊すかもしれない。同様に経営者との関係がうまくいっている場合は、従業員同士の関係も円滑になるし、仕事に対する満足度も上がる。

職場をこの三つの異なる関係から考察すると、経営者と従業員の間の関係を考慮に入れずに、従業員と仕事（あるいは直属の上司）との関係を重視してきた経営理論とその手法の弱点が明らかになる。この近視眼的な見方は長い歴史を持つが、詳細は後述する。例えばエルトン・メイヨー教授のホーソン実験で、工場で不況によるレイオフが行われているにもかかわらず、経営コンサルタントは仕事に対する満足度を向上させる方法を解明しようとした。

要約すると、従業員の観点からみた「働きがいのある会社」とは、経営者を信頼でき、自分の行っている仕事に誇りを持ち、一緒に働いている人たちと連帯感を持てる職場である。この定義は、私たちの探求の出発点となった。さらにいい職場の詳細を得るためには、この三つの主要な職場関係それぞれをより厳密に考察しなければならない。

第Ⅱ部

約束したことを実行する

いくつかの優れた会社の具体的な方針と慣行を考察することで、そうした会社が職場の一部である3つの異なる関係にどのようにアプローチしているかが検証できる。

第3章　誠実さを示す——ニューラナーク、パブリックス・スーパーマーケッツ、マリオン・ラボラトリーズ——

ロバート・オーエンがユートピアンとして最もよく知られているのは、19世紀初頭にインディアナ州ニューハーモニーで設立した協同組合型のコミュニティのおかげである。だが彼が、アメリカに旅立つ前にスコットランドのニューラナークで繊維工場を経営していたことはあまり知られていない。当時、彼の工場は約1500人の従業員を擁するイギリス最大の綿紡績工場の一つであった。

オーエンが1800年に工場を引き継いだ時、職場を改善しようとする人たちを悩ませてきた問題に直面した。彼は工場の労働者たちが自分たちの新しい雇用主の動機を非常に疑っていることを知った。オーエンが自伝に書いているように、「労働者は私が提案したすべての変更に組織的に反対し、私の目的を挫折させるためなら、できることは何でもした」。工場の労働者はオーエンがただ「自分たちからできるだけ多くの利益を搾り取ろうとしたい」だけだと確信していた。

最悪の事態を想定して労働者を責めるべきではない。産業革命の初期から、労働力からできるだけ「搾り取る」ことを追求してきた雇用主の劇的な事例がある。労働者の側では、しばしば必要な最低限のことしかしない一方で、その労働に対してできる限りのことを要求して対応してきた。これはよく知られたゲームである。双方ともできるだけ多くを交渉から得ようとする。しかし、いい職場は違う。一人ひとりの力に加えて、別の力が働く。すでに述べたように、いい職場では会社と従業員の間に高い信頼がある。少なくとも、それは双方が常に相手を利用しようとしているわけではないことを意味する。いい職場では、容赦ない自己利益の力学は別の種類の関係に取って代わられる。そこでは、双方がそれぞれの利益を犠牲にすることなく、互いの利益のために協力する立場にあるのである。

ニューラナークの時期のオーエンが、労働者の最初の疑念を克服し、彼らとより調和のとれた関係を築いたことは注目に値する。しかし、オーエンは、「大多数の人々が、私が彼らの永続的な状態を改善するための措置に真剣に取り組んでいると納得するまでには、多大な時間を要した」と述べている。労働者を納得させるために、オーエンは彼らに誠実に行動していることを示す必要があった。魂胆がないこと、彼らを操作したり「搾り取ろう」としていないことを示す必要があった。彼は自分の行動が自身の公言した意図と一致していることを示す必要があったのである。

伝記作家のマーガレット・コールは、オーエンがどのようにして労働者との関係を変えようとしたかをこう説明している。

オーエンは急いではいなかった。彼は確かに労働者の仕事と生活の両方の規律と基準を改善することを意図していた。彼はニューラナークを模範的なコミュニティにすることを意図していた。しかし彼は誰に対しても自分の基準も規律も押しつけるつもりはなかった。彼は労働者に自身のやり方の方がいい方法であることを知らしめ、彼ら労働者を一歩ずつ自分の方に連れて来ることを望んでいた。

オーエンの辛抱強い仕事ぶりは最終的に報われた。1806年、アメリカはイギリスへの綿の輸出を禁止し、綿工業に大きな危機をもたらした。イギリスのほとんどの工場経営者がやったのは工場を閉鎖して労働者をレイオフすることだけだった。しかし、オーエンは工場の労働者を解雇することは「残酷で不当」であると信じていた。それで彼は、工場の機械を正常な作動状態に保つために労働者に賃金を払い続けた。オーエンはこの方針を出港禁止令が続く4カ月間継続した。「誰の賃金からも1セントたりとも差し引かなかった」。彼の行為は会社に短期的に7000ポンドの損害をもたらしたが、工場労働者に大きな影響を与えた。オーエンが言うように、「このやり方は全従業員の信頼と心を勝ち取った。それ以来、私は彼らから改革の進行を妨害されることはなかった」。

ここで注意すべき重要なことは、オーエンが彼の労働者の信頼と信用を得た過程である。それは、時間の制約がないことを明らかにしている。人々の信頼と信用を得るための近道はない。エレクトロ・サイエンティフィック・インダストリーズの創業者であるダグラス・ストレインが言うように、「信頼は一夜にして築き上げられるものではない。進化するにはしばらく時間がかかる」。

オーエンは四半世紀の間にニューラナークで多くの改革を行った。体罰を禁止し、貧困児童の雇用を止め、即決解雇をなくし、労働時間を一日14時間から10時間半に短縮し、村のすべての児童に質の高い学校を提供した。また、労働者が監督者の職務業績に関する判断に対して上訴する権利を認めるという、前例のない慣行を導入した。ある歴史学者は、この新しいやり方は「労働者がオーエンに協力する意思があったことに大きく貢献した」と述べている。オーエンは公正な態度で知られていた。ニューラナークにあった学校の教師は、「オーエンが自分のやり方に男らしく誠実に反対したのを理由に労働者を解雇した事例を知らない」と報告している。ニューラナークの末期に、オーエンは明らかに労働者の利益を目的に工場の所有権を彼らに譲渡することさえ提案した。だが、オーエンのビジネスパートナーはこの計画を叩き潰したのである。

このモデルとなる産業界の噂は広範に拡散した。1815年から25年にかけて、約2万人が工場見学のためスコットランドの低地地方に旅行した。訪問者には、イギリスの貴族や政治家、多くの国の大使、さらにはロシアのニコライ大公も含まれている。多くの訪問者がこの工場独特の精神を認めた。経済史家のシドニー・ポラードは、ニューラナークのビジネスの成功は部分的にはオーエンの「労働者の協力を得る能力」に由来していると主張している。

1806年の出港禁止令後、ニューラナークでの労働生活が誰もが幸せに暮らしたおとぎ話であったと考えるのは誤りである。現代の基準では、ニューラナークは理想的な職場としてはほとんど通用しないであろうが、それは児童労働の存在（ただしオーエンは最低年齢を6歳から10歳に引き上げた）以外の理由がなければの話である。労働者の多くが子供であったこともあり、職場には家父長的な雰囲気があった。

オーエンは労働者から意見を聴くことなく、すべての決定を個人的に下した。

不幸なことに、オーエン経営の最後の数年間に諸々の関係は崩れ始めた。その名声の高まりとさまざまな国の社会改革運動への関与のせいで、オーエンは工場から遠ざかっていった。その結果、彼は従業員にとって次第に縁遠い存在になっていった。あるニューラナークの訪問者は１８１９年にこう語っている。「（オーエンは）将軍がその兵士に対して有しているのと同様、植民地の住民との直接的な交流がほとんどない」。数年後、オーエンは、従業員疾病基金への労働者の拠出金を増やそうとした。同基金は、病気からの回復を目的にオーエンによって設立されたが、おそらく労働者によって運営されていた。彼の行動は、ニューラナークの労働者のグループが彼のビジネスパートナーに次のような不満の手紙を書いた時に公的な問題となった。

> 我々は、オーエン氏が、完全に我々に属する問題に関して、彼が喜んで提案するであろう措置を採用するように強制されることは、かなり大きな不満であると考える。そのような一連の手続きは、人間として我々の心に最も不快なものであり、非常に恵まれたイギリス生まれの自由の息子としての我々の性格には屈辱的である。

もちろん、これは孤立した出来事であったかもしれない。しかし、このエピソードはこのスコットランドの工場の話から引き出せる最後の重要な教訓を示すのに役立つ。雇用関係は絶えざるコミュニケーションを伴う。オーエンの改革は当初の敵意を打ち破り、労働者の間に善意の貯水池を生み出した。しかし、そうした貯水池は日々の人間同士の接触が無視されると必然的に枯渇する。疾病基金の例では、オーエンには発疹チフスが発生していたので拠出金の増額を正当化する完全に合理的な理由があった。しかし、彼は明らかに初期の頃を特徴づけた機転と忍耐でこの問題にアプローチしなかった。

偉大な雇用者として当時広く評価されていた人物にこのような騒動が起こることは、ここでいくつかの新しい福利厚生や進歩的な人事方針が魔法のように会社を最高の職場に変えると考える人には、立ち止まって考えるべきことである。進歩的な方針と啓発された職場の慣行は、良好な関係の健全な基礎を提供できる。しかしその基礎は、人間関係全体と同じであるべきではない。体の骨格が人間と同じでないのと同じことである。人間関係の質の多くは、人と人との相互作用の性格に依存している。ニューラナークでは、オーエンは最後の数年間、従業員との定期的なコミュニケーションを単に止めたようである。もしそれが本当なら、工場は世界で一番良い方針を持っていたかもしれないが、いい職場の心と魂は失われていたであろう。

パブリックス・スーパーマーケッツ：「彼らはそれをする必要はなかった」

パブリックス・スーパーマーケッツ（以下、パブリックス）では、継続的なコミュニケーションという常套句が使われる。同社の３００以上の店舗はすべてフロリダ州にある。同社の５万１０００人の社員との交流の質の高さは、外部の観察者に感銘を与えた。例えば、数年前には、尊敬すべき企業調査屋で社会分析家のダニエル・ヤンケロビッチが、同社の数十人の社員にインタビューした。彼の結論はこうである。

パブリックスは注目すべき事業である。同社で働く人々は、私が大きな組織で今までみた中で最も意欲的な人々である。私は、非常に小さな家族組織で非常に意欲的な人々がいるのをみたことを認める。しかし、……パブリックスは今では非常に大きな組織であり、それにもかかわらず、意欲的な人々をみるのは非常に素晴らしいことである。

新しい店舗が開店する前の晩に開かれた晩餐会をみることで、パブリックスが社員とどのように関係しているかを味わうことができる。1985年の年初、私はジャクソンビルのホテルで開かれた晩餐会に出席した。この晩餐会は、パブリックスの263号店の開店を祝い、47人の新入社員を顕彰するものであった。すべての店の開店と同様、パブリックスの役員のトップ10人が（200マイル離れた場所にあるレイクランド本社から晩餐会に参加していた。

宴会には昔ながらの伝道集会〔外部の著名な牧師を招いて行う説教を中心に、信仰の強化と入信を図る宗教行事〕の面影があった。他の店舗の幹部や店長が立ち上がって、すべて同じゴスペルの焼き直し版である次のような証言をした。「私はあなた方同様、この会社の最底辺から仕事を始めました。何年も一生懸命働いた後、私は自分のキャリアで成功できました。あなた方もできます。なぜなら、パブリックスは一生懸命働く人なら誰にでもチャンスが与えられている会社だからです。当社はあなた方とあなた方の成功を大切にする会社です」。ジャクソンビルのある店長は、27年間のキャリアの初期に、別の社員が手術のために入院し、彼が手術中にその社員の家族と一緒に病院に滞在した事件について語った。店長は、「私は家族の一員のような気がしました」と宣言した。「パブリックスの社員は思いやりがある」。彼の証言は、複数の古参者たちから一斉に起こった賛同の大合唱を受けた。

証言と証言の間で、宴会の司会者であるパブリックスの地域幹部は、新入社員に「263号店はどれくらいの大きさですか」との雑学クイズを出した。「3万8000平方フィートです」と答えた人がいた。「パブリックスという名前はどこから来たのですか」。別の社員が手をあげて、今は廃れてしまった映画館チェーンの名前だと説明した。もう少し似たような質問をした後、司会者は「誰がパブリックスを所有していますか」と尋ねた。聴衆の全員がすぐに「自分たちです」と答えた。司会者は彼らに祝辞を述べ、パブリックスの株主は全員が社員であり、1年間の勤務後、新入社員は株を与えられ、さらに買う資格を持つと説明した。

その夜が最高の夜になったのは、ジョージ・W・ジェンキンスが立ち上がって話をした時であった。パブリックスのロゴがプリントされた明るい緑のスポーツジャケットを着た70歳の彼は、古き良き時代についての数々の逸話を語り、「他の人と仲良くすること」について短い説教を語り、ある時は浮気夫についての淡々とした話をした。「おしゃべり好きの年寄の食料品商」と自称したジェンキンスは、パブリックスが現在フロリダ最大のスーパーマーケットチェーンで、年間30億ドル以上の食料品を販売していることに言及した。しかし彼は、「誰もが引きずり落とそうとするので、トップに立つよりもトップに留まることの方が難しい。だから私たちは慢心したくない」とも語った。彼は、成功したことに対処できず、数百人の従業員を解雇して廃業したいくつかの食料品チェーンに言及した。

しかしジェンキンスの話は、新入社員を怖がらせることを意図したものではなかった。彼は新入社員からの期待された価値ある貢献について楽観的な評価をした。彼は、パブリックスは常に「買い物が楽しい場所」という同社のスローガンに従って行動しようとしてきたと主張した。また、パブリックスは常に「働くのが楽しみな場所」になろうとしてきたとも指摘している（このスローガンは、２６３号店の全社員の名前を掲載した宴会のプログラム・パンフレットの表紙を飾るものであった）。ジェンキンスは新入社員にこうも語った。「私の願いは、皆さんがパブリックスのために働くことに、私たちが最初にそうであったのと同じくらい満足されて、週15ドルで70時間から80時間働かれることです」。彼によれば、パブリックスがその二つの目標を達成したかどうかを判断するのは、社員としての彼ら次第であった。彼はこう言った。「パブリックスが明日から少し良くなるか、まったく良くならないかは皆さん次第です」と。

深夜まで、そこは異様なエネルギーと熱意に包まれていた。興奮は翌朝も続いた。９時に２６３号店が開店するずっと前から、チェーンのトップ幹部（ジェンキンスと社長のマーク・ホリスを含む）が全員そこにいて、パン屋の手伝いをしたり、棚の缶の列を調整したり、ミートカウンターの飾り付けを直したりしていた。最初の客が店のドアを入ってきた時、幹部たちはまだ新入社員たちと仕事をしていて、食料品を袋に詰めたり、客の車に運んだりといったつまらない仕事すらしていた。

一見したところ、この宴会と開店はスポーツの激励会のようにみえるかもしれない。従業員の立場からみると、激励会方式のイベントを皮肉なしにみるのは難しい。一つには、そのような集まりには一般的に非現実的な雰囲気がある。最後の10試合負け続けても、「私たちのチームは世界一です」と語るのを耳にする。熱狂的な環境では、最後に語られることを期待するのが真実である。もう一つには、激励会方式はあからさまに操作的なテクニックのようにみえる。基本的な原則は、「気分を良くするものは何であれ言ってください」ということである。そうすれば、社員たちはより一生懸命働き、私たち（会社）がもっとお金を稼げるようになる。

開店前日の夜の宴会は、確かに典型的な激励の特徴をすべて備えていた。しかし、宴会ではさらに多くのことが行われていた。宴会の背景も考慮する必要がある。この事例の場合、会社と社員との間の全体的な関係である。社員は通常、あるテクニックの真意を知ろうとする。そのテクニックが実際に彼らを操作してより一生懸命働くよう意図したものであれば、社員は最終的にそこに何らかの策略を感じることになる。誰しも操作されることを好まない。社員は経営コンサルタントが言うように、テクニックが「機能する」のでより一生懸命働くかもしれない。しかし、そのようなテクニックは健全な雇用関係を発展させる努力を損なう可能性がある。

では、生産性への影響ではなく、職場への影響という観点から、パブリックスの宴会を考えてみよう。一方では、その後のコメントから判断して、社員は確かにこのイベントでスイッチが入った。大企業の創業者や社長、その他の経営トップが直接あなたを企業に迎え入れて、仕事の初日にあなたと一緒に仕事をするのは、かなり賢いやり方である。そのような個人的な配慮は、人々を特別なものだと感じさせる。

しかし、パブリックスの役員は、新入社員に対して一連の約束と暗黙のコミットメントを行った。彼らは、「誰にでもチャンスが与えられている会社」で「仕事だけではなくキャリア」を約束した。彼らは、新入社員は会社の「オーナー」になると言った。そして、彼らは社員は今では「パブリックス・ファミリー」の一員になったと言った。そこでは、彼らはレジ係や肉を切る人ではなく、人間として扱われることになった。社長のマーク・ホリスはこの約束を脚色して、新入社員たちにこう語った。「もし私があなた方の誰かの役に立てることがあるなら、私はあなた方が私を訪ねてくれることを願っています」。だから、社員たちが期待されたのは、役員たちが本社から200マイルの距離を移動し、大勢でチキンディナーを食べ、棚を整頓し、肉を切り、食料品を袋詰めするために袖をまくったからでしかないと結論するのは誤りである。社員たちは、自分たちの将来への影響にさらに感銘を受けた。結局のところ、会社は彼ら社員との特別な関係を約束するためにわざわざ遠回りしたのである。

もちろん、約束にはマイナス面もある。政治家なら誰でも知っているように、公約で票は得られるが、有権者は最終的には公約の実施を期待する。社員を「パブリックス・ファミリー」に迎え入れることで、会社は危険を冒すことになる。雇用関係についての期待が高まっていた。それは、ほとんどの小売店はもちろん、ほとんどの職場で社員が期待できるものをはるかに超えていた。開店初日、社員は同社の幹部が「家族」や「機会」や「あなたの会社」について誠実な話をしているのかどうかと疑問に思う理由がなかった。だが、宴会でのスピーチや証言は賭け金をあげた。パブリックスの仕事生活の現実が感銘を受けた話と一致しなければ、263号店はパブリックスの役員がまったく口出ししない場合よりも、さらに悪い場所になったかもしれない。社員はパブリックスの経営陣を、興奮したチアリーダーにすぎないと思っているかもしれない。不信の種はしっかりと根を下ろしたであろう。

もちろん、パブリックスの幹部はこれらの危険を十分に認識するだけの長い勤務経験を有していた。約束の遵守はパブリックスでは重要なビジネスである。例えば、創業者のジェンキンスは、同社が常に人々に仕事を提供できるかどうか確信がないという理由もあって、ノーレイオフ・ポリシーにゆだねるつもりはないと主張している。彼は、フロリダで大損した多くの大手チェーンをみて、パブリックスにも起こりえないことではないと考えた。

マーク・ホリス社長はもう一つの事例を提供している。パブリックスは、社員とその家族のすべての出生、死亡、結婚、重病歴を記載した会報を隔週発行している。20年以上にわたって、前社長は、会報に掲載されたすべての人の家族に個人カードを送っていた。しかし、社長に就任した時、ホリスはお悔やみカードだけは送り続けることとし、出産、結婚、病気のカードは送るのを止めた。彼は単にいつも手紙を書けるとは思っていなかったのである。彼は、届けられないかもしれないものに拘束されるよりは、何もしない方がいいと考えている。

パブリックスの幹部は、約束を守ることに非常に慎重なだけでなく、自分たちが約束したことも誠実に守っている。ホリスはこの問題についてこう率直に語っている。「（社員との関係は）頻繁に店を訪れるのを突然止めてしまったら、急変する可能性があると思う。会社の役員が象牙の塔に座ったままであれば、ほんの2、3年の間に、われわれに反感を持つ可能性がある」。彼は、そのような約束は、「あなたが彼らの信用に値することを証明するために努力しなければならない」ことを意味すると認めている。過去数年間の新規出店数は月平均2店で、ジェンキンスやホリスやその他の経営幹部は、263号店と同様、個人としてそこに参加している。しかも、2年に一度、チェーン店のすべての店舗を訪問するのが重要なのである。これら経営幹部の訪問は単なる名目的なものではなく､店の中を歩く短い儀礼的なものであり、その後、店長の事務所で損益計算書を熟読する長い非公開のセッションが続く。経営幹部は社員と個人的に話すようにしている。また、何人かの社員は、会社の幹部が店が混んでいる時に食料品を袋詰めするような仕事をするのは珍しいことではないと言っている。

私はホリスが自分の言い分を実践しているのを示す一つの例をみた。263号店が開店して間もなく、私はマイク・ブラウンというエネルギッシュな青年に出会った。彼はショッピングカートを移動させながら、店の特売品の宣伝チラシを手渡しつつ顧客に挨拶するのに忙殺されていた。ブラウンは大学を卒業してから数年間、別のパブリックスの店舗でアルバイトをしていた。家に近いので263号店に移った。私たちが話している間に、ホリスが通りかかったブラウンに姓でなく名前で挨拶し、勉強の進捗状況を尋ねた。後でブラウンに、パブリックスの社長が自分の名前を覚えていることに驚いたかと私は尋ねた。ブラウンは肩をすくめて、ホリスと自分が働いていた他のパブリックスの店長が、自分の仕事をとても気に入ってくれているので、大学を卒業後もパブリックスに残るように自分を励ましてくれていると説明した。ブラウンには何も異常にみえない。彼は自分が働いている会社がどれほど変わっているのかは理解できなかった。従業員数が100人程度の会社の社長はアルバイトの名前を知らないことが多いし、彼らの経歴に積極的に関心をもつこともないのである。

開店前日の夜の宴会と同様、幹部が頻繁に来店することは、社員の士気を高める効果があると思われる。だが、それは優れたテクニックと考えられるものの、ここでそうした結論を出すために、会社と社員との関係の文脈を離れた場でそのテクニックをみておこう。パブリックスでは、幹部の認知度の高さは、社員を同社の「家族」の一員にするとの約束を果たす別の機能にも役立っている。

最後にもう一言。パブリックスの研究をしていたダニエル・ヤンケロビッチは、社員がよく「そうする必要はなかった」と言っていたことに意義があると考えた（これは一種の言い回しで、パブリックスやその他のいい職場でも何度も耳にした)。ヤンケロビッチは、社員がこの言葉を口にするのは、店長の特別な利益や予期しない仕草について発言した後であると述べた。彼は､倉庫で提供される無料のランチから、幼い娘が入院した時に新入社員の家族を訪問した店長まで、さまざまな例をあげている。また、店舗社員のためにクリスマスパーティーを開いた店長もいた。この社員はヤンケロビッチにこう語っている。

> 彼（店長）は独りで決めています。それこそがあなたが感謝されていると感じられるものです。彼は私たちがいい仕事をしていることに本当に気づいています。彼は一人で決める必要はありませんでした。

これらの事例のそれぞれにおいて、従業員は経営者が自分たちのために何かをするのにわざわざ努力することに意味があると感じている。さらに重要なのは、これらの自発的な行為は、職場を人間化する効果もある。それらは、経営者が従業員を、簡単に交換できるレジ係や在庫管理係ではなく、唯一無二の人間として認識していることを示している。実際、ヤンケロビッチは、彼がパブリックスの社員から聞いた最も一般的な共通するコメントは、彼らが「数字ではなく、人間として」扱われていると感じていることだと報告した。

これまでみてきたように、パブリックスは期待されていることや慣習を超えることがよくある。同社の経営トップは、各店舗の開店時に直接顔を出す必要はないし、店舗社員と一緒に出社したり働いたりする必要もない。同社の経営陣は、社員のキャリアに個人的な関心を持つ必要はない。しかし、彼らは関心を持っている。そして、彼らは伝統的な従業員と雇用主の関係を超えることに内在するリスクを負うので、より完全で、より人間的で、より信頼できる関係を発展させる可能性を切り開くのである。

確かに、この行動パターンは、人を抑圧するような家父長的な行為とは一線を画している。家父長的な雇用主は、後の章で議論するように、従業員が受けるに値するかどうかにかかわらず、予期しないギフトを与えることがよくある。彼は権力の意志表示としてそうするので、ギフトを受け取る人がさらに依存しているように感じる。パブリックスでは、経営者はギフトは送らない。店長がクリスマスパーティーを開く場合と同様に、パブリックスの経営者は常に社員が行ったことに対して明確な感謝の意を表する。したがって、社員はこれらの意志表示によって息苦しさを感じるのではなく、通常は認識されていないものに基づいていると感じる。焦点は、ギフトの贈り主としての経営者ではなく、社員とその貢献にある。

マリオン・ラボラトリーズ：「珍しい会社」

マリオン・ラボラトリーズ（以下、マリオン）では、社員は同社を「珍しい会社」と呼び、そこで働く人を「珍しい社員」と呼んでいる。「珍しい」という言葉は、ある種の福利厚生にも適用される。例えば、夏の間、社員は金曜日の午後を（有給で）休むことが許されている。そのため、その日はめったにない金曜日と呼ばれる。生産が特定の目標を達成した場合、社員はクリスマスと元日の間にさらに1週間の有給休暇を与えられる。それはめったにない冬と呼ばれる。

マリオンはカンザスシティに本社を置き、処方薬を製造・販売している。同社の２０００人の社員（互いにアソシエイトと呼び合っている）は、同社を珍しいと考える理由が他にもある。同社はノーレイオフ・ポリシーをとっているし、寛大な提案報奨制度があり、最良の提案をした社員に年間約1万株の株式を分配している（1年間で２３７件の提案が受け入れられた社員に対して一人当たり平均１０００ドル相当の株式を分配した）。また、全社員にストックオプションを提供しているアメリカでは数少ない企業の一つである。

ストックオプションは、通常、トップクラスの役員のみが保有するものである。それは、会社の株式を保証された価格で購入する権利である。マリオンに1年間在籍した後、アソシエイトはその後10年間の任意の時点で、最大１００株の同社株を、本人の入社1年記念日の株価と同じ価格で購入できる。マリオンの株価は過去10年間で１０００％以上あがっているため、多くのアソシエイトはオプションを現金化してかなりの利益を得ている。事実、ストックオプションと寛大な利益分配制度のおかげで、70人以上のアソシエイトが億万長者になった。

ストックオプションと利益分配制度は、マリオンで常に繰り返されている原則に直接由来している。それは、「生産する者は結果を共有しなければならない」というものである。この原則は、どの組織も従うべき合理的な原則のように思える。しかし、マリオンの創業者であるユーイング・カウフマンは、それがアメリカの企業ではめったに行われないことを、苦い個人経験から知っている。カウフマン（同僚からミスターKと呼ばれている）は、カンザスシティで最も注目を集めた華やかな人物の一人で、地元ではカンザスシティ・ロイヤルズの野球チームの共同オーナーとして最も有名である。彼は、自分が薬のセールスマンであった前の会社を辞めたのは、まさにその会社が公平に配分していなかったからと説明している。

私は別の製薬会社で働いていましたが、給料も経費も支払われませんでした。支払われたのは歩合給でした。2年目に、私は社長よりも多く稼いだのです。それで、彼らは私の歩合を下げました。私はそれでも残って建て直したので、また社長よりも多く稼いだのです。今度は収入を減らすために私の販売区域を縮小したのです。それで私は辞めて、マリオンで働き始めました。この経験から、私は自分の部下には絶対にそんなことはしないという確固たる決意を持ちました。また、私は数学の公式から、部下が稼いだお金が多ければ多いほど会社も多くの金を稼げるという数式を理解するのに十分な賢さをもっていました。だから私たちは共有するのです。部下と結果を共有します。そして私たちはそれをセールスマンだけでなく会社全体のすべての人――製造担当や包装担当――に広げました。

カウフマンの経験はまた、彼をマリオンとそのアソシエイトとの関係の基礎を形成する第2の原則に導いた。それは黄金律（人にして貰いたいと思うことは何でも、あなた方も人にしなさい）の世俗版である。つまり、「他の人々――顧客、サプライヤー、他のマリオンのアソシエイト――を、あなたが……個人として扱われたいと思うのと同じように、誠実さ、信頼、正直さをもって扱いなさい」。

第1の原則はさまざまな人事方針に明確にみられるが、第2の原則はカウフマンが「小事」と呼ぶもの――誰もがお互いを扱う方法――に翻訳される。これら小事は、経営者の戒律とも呼ばれ、以下のような慣行を含んでいる。

- 悪意のないミスの承認：ある中間管理職は、会社に10万ドル近くの損害を与えた重大な経営判断上のミスを犯した話ができる。彼はその会社に入社してまだ1年しか経っていなかった。彼は3人の上級幹部との会議に招集されて、そのミスについて討議した。会議の冒頭、その中間管理職は「熱いトタン屋根の上で猫のように神経質に、紙のように真っ白に」なっていた。しかし、3人の上級幹部は彼にリラックスするように言い続け、次の1時間はミスの細部の検討に費やされた。最後に、上級副社長のジェラルド・ホルダーがこの中間管理職に、「どのようにして起こったかわかっているのか。違った方法でやるにはどうするのか。ミスが二度と起こらないようにするにはどうすればいいのか」と尋ねた。この中間管理職が理解したことを示した折りに、ホルダーは彼に、「おめでとう。同じことが再度起こる可能性はほぼないのではないか」と語りかけた。彼らが立ち去ろうとした時、この中間管理職は一分間だけ個人的に会ってくれるようホルダーに頼んだ。その際、彼はこう言った。「今まで遭遇した中で一番変わったことです。クビになったり、何か悪いことが起こるかと思っていました。あなた方は実際に自分たちが説くことをしています」と。

これは、マリオンが決して解雇しないということではない。それどころか、同社の経営幹部は、自分たちは非常に高い基準を有していて、「凡庸」を容認しないと主張している。しかし、彼らは、合意された期待に一貫して応えられない社員と、判断の誤りに素直に対処する社員とを明確に区別している。マリオンの社長であるフレッド・ライアンズは、次のように述べている。

私たちはすべてを正しくするのではなく、正しいことをしようとしています。それは問題を正すことを意味します。戻って誰かを十字架に釘付けるために問題を再構築しようとしないでください。それでは何も達成されません。それは問題に対する説明責任を無視しているということではありませんが、社員にはミスから学ぶことを望んでいるのです。私たちは社員にこう言います。「遠慮なくミスを犯しなさい。ミスを犯さないのであれば、何もしていないのと同じです。どうか同じミスを二度と犯さないでください」。

• 非難し、賞賛せよ：ユーイング・カウフマンは、長い間、すべての社員、特に管理職に繰り返しこう言ってきたと語っている。「同じレベルまたは下のレベルの人に文句を言ったり、批判したりしないでください。それは、それが士気を低下させ、仲間の評価を低くすることだからです。代わりに、クレームを出世の足がかりにしてください。それが行動を起こす唯一の方法だからです」。彼の見解を広く世間に知らしめることによって、カウフマンは管理職に対して、常に苦情に耳を傾け、問題を是正するために行動を起こさなければならないという点に注意を向けさせる。そうでなければ、問題は悪化し、すべてをさらに悪化させる。

同時に、カウフマンは、しかるべきところで信用を与えることが常に重要であると主張している。彼は、これはほとんどの中間管理職にとっては特に難しいことと考えている。部下が役に立つアイディアを思いついて、それを上司に伝えると、上司はその出所に感謝せずにそのアイディアを自分の上司に伝えてしまうことがよくある。短期的には、中間管理職は上司の目には良く写っていると考える。しかし長期的には、部下は結局はいいアイディアを伝えるのを止めてしまう。さらに悪いことに、この種の行動は裏切りや不健全な社内競争を助長するのである。

カウフマンは、これは破るのが難しいパターンだと説明する。なぜなら、私たちの文化では、自分たちの短期的な利益のために行動するのがごく普通のことだからである。それゆえ、カウフマンは管理職に他人の貢献を認めるよう奨励する。管理職がカウフマンにアイディアを提示し、それを部下にクレジットする時、カウフマンは部下に直接連絡して彼または彼女を褒めるようにする。カウフマンは部下の最初の反応は次のようなものだと言う。少年よ、その老人は私を褒めた。そして彼または彼女は次のように考える。上司はカウフマンに私が考えたと言った。彼は自分の功を認めたわけではない。何と私はこのような素晴らしい上司に出会ったことがないことよ。

• 情報を広範に共有せよ：年に4回、会社全体がマリオンの移動会議に出席する。数年前の夏に私が出席した会議に関して、二つのことが私の心に残っている。第1に、気さくな楽しみである。ある幹部は、食品医薬品局（ＦＤＡ）の何事にもノーとしか言わない博士から新薬の承認を得るためにさまざまな同僚がいかに懸命に働いたかについて、抱腹絶倒の説明をした。多くのジョークは会社のさまざまな役員を犠牲にしたものであった。第2に、私はまた、重役たちが会社の財務状況と彼らが直面している競争の問題について話したことにも感銘を受けた。

マリオンの社長フレッド・ライアンズは、同社は社員に対して重要な情報を定期的に開示していると述べ、新製品の計画について社員がどのように語られるかの例を次のようにあげた。

私たちは、何が起きているのかを全員で共有しようとしています。私たちが何をしようとしているのか、どうやってやろうとしているのかを社員が理解すれば、彼らは（新製品の）実際の開発に関わることなく、それに結びついてより早く、それを手に入れることができると感じています。なぜなら、全員がすべてに関わることができるわけではないからです。私たちはかなりオープンです。脆弱性がある場合は、お互いにオープンすぎるという事実があります。でも大丈夫です。私たちはその機会をとらえます。しかし、私たちは非常にオープンなコミュニケーションを維持しており、多くの会社では秘密扱いされると思われる多くを共有しています。

マリオンの特徴的な人事方針は、社員との関係の実体とも言えるが、これらの「小事」は、その関係に活力を与えるものである。それというのも、同社の経営者が社員のことを考え、感じているように、社員を尊重するのを示しているのは、小事を通じてであるからである。経営者はアソシエイトを尊重するので、アソシエイトは経営者に対してもお互いに対しても敬意を示す。人々がお互いに対して感じる敬意は、アソシエイトという言葉がマリオンの社員の間の関係を正確に表現しているようにみえる理由である。それは、搾取的または家父長的な設定に対して経営者が紙に書いた標語のような感覚はない。

マリオンのアソシエイトにも、組織内での社員相互の扱い方を表す言葉がある。彼らはそれをマリオン・スピリットと呼んでいる。部外者には、その話は半ば神秘的に聞こえるかもしれが、それはそこで働く社員にとって非常に現実的なことを指している。同社のアソシエイト自身がそれをどのように説明しているかを聴くことによって、この言葉が何を意味するのかを最もよく理解できる。社内報のある号には、マリオン・スピリットを定義しようとするアソシエイトからの引用が多数掲載されているページがある。以下にいくつかの抜粋を示す。

販売アソシエイト：「いい気分です。これは私の会社です。私はすべてをマリオン流のやり方で行いたいです。マリオン・スピリットは偉大です。いい考え方です。フレンドリーで家族的な気分です」。

別の販売アソシエイト：「例をあげると、直近の産休中は、皆とても親切で、私の仕事をカバーしてくれたので、仕事に戻る前に娘と少し余分な時間を過ごせました」。

最後に、品質保証検査部門で働くアソシエイトは、マリオン・スピリットは「仕事を成し遂げるために必要なことは何でもする。協力する。仕事が必要とする以上のことをする」と語っている。

要するに、マリオンのアソシエイトがマリオン・スピリットについて話す時、そこで働く人たちはお互いを信頼していると彼らは言っている。組織内で社員がお互いにどのように関わるべきかという常識的な概念のようにみえる「小事」はすべて、より信頼できる関係が謳歌できる環境を醸成する。この関係は、双方に対してよりきわだった人間性――感謝、共有、思いやり――を呼び起こす。

誠実さの原則

信頼は職場に自然に存在するものではない。信頼が定着して深まる場所では、信頼は非常に壊れやすいものであり、絶えざる注意と配慮を必要とする。信頼を築くことが難しい理由の一つは、人間が他人の動機や意図に自然に疑問をもつことにある。私たちは皆、利用されることを恐れている。それで、私たちは誰を信頼するかに対して非常に注意を払っている。いい職場の経営陣は、誰もが会社の信憑性や信頼性に疑いをもっているという事実を認めているようである。彼らは、この自然な疑いを無視するのではなく、会社が信頼が置ける存在であることについて、従業員が自らの考えを形成できるよう行動している。

本章では、従業員の信用を獲得し、（少なくともそのうち2社については）維持する能力を示した会社の例をみてきたが、これらの会社の経営陣がどのようにしてその信頼性を示したかをまとめると、次のようになる。

- **忍耐と一貫性**：信用の醸成は、アメリカの経営者の考え方の多くを支配する結果指向のアプローチからは出てこない。信頼は、四半期の損益計算書に反映される迅速な修正を受け入れられない。いい職場の経営陣は不測の事態を回避する。彼らは、細心の注意と慎重さをもって、方針と慣行を実施し、変更する。
- **オープンさと近づきやすさ**：情報の自由な流れがあるとき、従業員は経営陣が何をしているかを自らのために学ぶ多くの機会をもち、彼らは権威ある人たちに直接質問できる。
- **従来の社員との関係を超えようとする覚悟**：会社が従業員に対して行うべきこと以上のことを行う場合、従業員は会社に対して行うべきこと以上のことを自由に行えると感じる。信頼関係のこのダイナミックな関係については、後の章で詳しく説明する。
- **約束を果たすこと**：仰々しい約束は熱意と興奮を生み出す一方で、人の期待を高める。それは信頼を損なう。人は、他人が自分の言うことをしない時は非常に意識する。
- **相互の努力による報酬を公平に分配する**：会社の経営陣は、非常に洗練された人間関係指向のテクニックを用いて、報酬分配における基本的な不平等を曖昧にできる。これらのテクニックは、しばらくの間、社員を欺く可能性がある。しかし、最終的には、会社の利益、信用、所有権がどのように分配されるかに従業員が満足しなければ、彼らは幻滅することになる。

これらの五つのポイントには一つの共通点がある。これらはすべて、会社が誠実に行動していることを示している。これらは会社の誠実さを示すものである。従業員はこれらの特徴をみて、会社の動機や意図について確信できるのである。

これが個人的なレベルでどのように機能するかは、誰もが知っている。誰かが私たちから情報を隠した場合、私たちはその人の動機をすぐに疑う。その人が私たちの言うことを信じるのは難しいかもしれない。それというのも、その人が何を開示していないのか、またその人が情報を隠している理由を懸念することになるからである。言い換えれば、その人の信憑性に疑問をもち、その人がなぜ私たちに不信感を抱いているのか疑問に思うようになる。同じように、誰かが進んで完全な情報を提供すると、私たちの目に写る信憑性が増す。そうすることで、その人は私たちに敬意を表していると言える。彼の誠実さについての私たち自身の考えを決めるのは彼なのである。

忍耐強く、一貫性があり、オープンで、近づきやすい存在であることによって、会社の経営陣は社員が会社の行動を自分で評価することを容易にしている。これは、誠実さの原則として定式化できる。それは、会社の行動の動機を問う従業員の権利を尊重することを継続的に示すことによって信頼を得ることを意味する。誠実に行動することによって、会社は、従業員を操作して自分の利益に反することをしようとしないと示せるのである。これは、従業員が互いにどのように関係しているかに計り知れない影響を与える。（『ベスト100選』の一社）アームストロングで働く私の兄弟はこう語る。「うちの会社では、誰かが私に何かを教えてくれれば、それを信じることができる。隠されたアジェンダなどない。これは必ずしもどの会社にも当てはまるわけではない」。

最後にもう一言。誠実に行動することは、善意をもって行動するとか、純粋なまたは無関心な動機をもって行動するという、類似の考え方と混同されるべきではない。従業員は慈悲深さを求めているのではなく、公正さにより関心をもっている。従業員は自身とその家族を養うために働く十分な責任と能力のある大人である。従業員は個人的な福祉以外の理由で会社が存在すると想定している。従業員は会社からの慈悲ではなく、誠実さをもって生活することでより利益を得ることに大きな関心を抱いている。それを可能にするために、誠実さが問題となる。それは会社が従業員を人間として尊重することである。

第4章　仕事の再設計――ノースウェスタン・ミューチュアル――

1910年、ブルーカラー労働者がアメリカ史上初めて農場労働者を上回ったことが国勢調査のデータで明らかになり、象徴的で画期的な時期を画した。しかし、工業時代は短命であり、情報化時代や製造物ではなくサービスを提供する経済によって影の薄い存在となった。その結果、圧倒的多数のアメリカ人が工場ではなくオフィスで働くようになった。1970年の国勢調査では、事務職員（タイピスト、秘書、データ入力オペレーターなど）が国内最大の職業グループとなったことが明らかになった。男性ではわずか6％が事務職員であったのに対し、女性では3分の1と圧倒していたことから、このグループはしばしばピンクカラー労働者と呼ばれている。大卒の女性を除くと、残りの女性労働者の半数以上が事務職に就いている（大卒女性の6人に一人が事務職）。

しかし、この劇的な変化は、仕事に対する経営者の思考における同様の劇的な変化を伴うものではない。事実、多くの会社は、もともと工場で開発されたフレデリック・テイラーの科学的管理アプローチ（第6章の主題）を事務所に適用しただけである。時間・動作研究のテクニックを応用するにあたって、科学的管理がもたらす福音の熱心な信奉者の中には、事務作業の監視を機械的な装置に頼った者もいた。初期の例としては、キーストロークをカウントするアタッチメントを備えたタイプライターや、事務員が仕事のバッチを受け取って完了した時間を記録するためのクロック駆動のタイムスタンプなどがあった。科学的管理に基盤を置く経営者は、そのような情報を使って仕事を個別の仕事に分割し、事務員が仕事をするための「唯一最善の方法」を規定できた。目標は、事務所を組立ラインと同程度に効率化することにあった。

テイラーイズムは、大手銀行や保険会社、その他の金融サービス会社の経営陣にとって特に魅力的なものである。彼らの多人数の事務職員は、情報時代の構成要素であるデータの断片を操作するために勤務時間を費やしている。1961年にアカデミー賞を受賞したジャック・レモンとシャーリー・マクレーン主演の『アパートの鍵貸します』は、初期のオフィスを工場として描いている。レモンは大手保険会社で働いている。彼の小さなオフィスは仕切りのない大部屋に隣接している。そこでは数十人の事務職員が机の上に置かれた紙の山の中で、数字を記録するために計算機械を忙しく操作している。イメージは能率よく働く書類の作成・整理工場である。

配当額決定者とコンピュータ

工場労働者と同様、多くの事務職員は一日中同じ仕事を繰り返すことを期待されている。例えば、コンピュータが普及する以前、生命保険会社には配当額決定の仕事があった。年間配当額を決定するために、ある社員が手動の計算機で複雑な計算を行い、配当額の数値をカードに鉛筆で記入した。カードは別の社員である配当額決定者の所に行き、計算全体を再度行った。配当額決定者が同じ数字に到達した場合は、元の配当額の隣に赤い点を付ける。

かつてノースウェスタン・ミューチュアル（以下、ノースウェスタン生命）には数十人の配当額決定者がいた。コンピュータはその仕事を手動の計算機械と同じように時代遅れにした。しかしコンピュータの導入は、同社や多くの類似の会社からのテイラーの遺産を根絶するものではなかった。せいぜいのところ、コンピュータは事務職員にとっては複雑な恩恵でしかなかった。コンピュータは、テイラーが考えていた以上に科学的な仕事の測定と監視を経営陣に可能にし、働く者のプライバシーの権利を不当に侵害しているのではないかという国民的な議論を巻き起こした。同時に、新しいテクノロジーは、多くの場合、専門化や組立ラインのような労働条件を意味した。例えば、ノースウェスタン生命はかつて20人の事務職員を雇用していたが、彼らの仕事は会社が毎年受け取る60万件の住所変更の処理だけであった。しかし、数年前にこの専門職種は排除された。ノースウェスタン生命がコンピュータによって引き起こされた変化にどのように反応し、その事務作業を変化させたかが、私たちがここで振り返る物語である。

この物語は、ミルウォーキーの本社が提供したサービスの品質と効率性について、エージェント〔保険会社の販売サービス代理人〕とポリシー・オーナー〔保険証券所有者〕の双方からの苦情が増加していることに幹部が気づいた時に始まる。幹部はまず、マネジメント・コンサルティング会社（ロイ・ウォルターズ&アソシエイツ）に委託して問題を調査した。この調査は、従来のように単にスタッフを増員するのではなく、ワークフロー〔業務の流れ〕の再編成が解決策であると結論づけた。この時点で、同社の役員は、再編成のすべての側面に直接関与する社員を含めるという重要な決定を行った。

最初のステップは、問題をすべての社員に知らせることであった。経営幹部は、新しいビジネスとポリシー・オーナー・サービスという二つの部門の約550人の事務職員と社員総会を開催した。彼らは苦情の性質を詳述し、コンサルタントの調査結果を説明した。これらの社員総会では、変更のメカニズムの概要が示された。対策委員会（タスクフォース）は、プロセスの各ジョブと各ステップを含むワークフローのあらゆる側面を検討した。18のタスクフォースが設置され、技術、研修、コミュニケーション、システムなどの問題を調査した。各タスクフォースには、上級管理職、中間管理職、事務職員を含む6人のメンバーがいた。

当初から、同社の役員は、組織再編の目的はサービスの改善と生産性の向上であることを強調していた。しかし彼らは、生産性の向上は誰かがレイオフあるいは解雇されることにはならないという点を、社員総会で書面と口頭の両方で全員に明確に保証した。また、事務・専門職員組合の幹部を第1回社員総会に招待し、彼らは社員に対して行われたプレゼンを直接聞いた。組合は1935年以来、ノースウェスタン生命の本社事務職員を代表してきた。組織再編を監督した上級副社長のロバート・ニンネマンは、「私たちが達成したいことを彼らに知らせ、彼らは、私たちが誠実に活動していることを認識し、彼らを変化に同調させるには」、組合幹部を最初の社員総会に招待することが重要であったと語っている。組合支持の証拠として、ニンネマンは、何百もの仕事が影響を受けたにもかかわらず，組合の苦情は一件たりとも申し立てられなかったと語っている。

組合の不満がないことは，2年足らずの間に職員の仕事がどれだけ変わったかを考えると，なおさら驚くべきことである。ポリシー・オーナー・サービス部門では，わずか200人に対して約60の異なる明細な職務分類があった。組立ライン方式の生産の設定と同様，各職員は明確に定義されたタスクを実行した。住所変更のみを入力した者に加えて，保険料支払いの頻度の変更のみを処理した者もいれば，保険契約受益者の代替のみを行った者もいた。旧システムでは，3人の異なる事務職員が三つの異なる保険契約変更を要求する手紙を処理しなければならず，それぞれがファイルを渡す前に必要なコンピュータの入力を行った。

旧システムには，効率性という理論的根拠があった。住所変更だけを入力した事務職員は，その業務を非常に迅速化する可能性があった。特に，一度に多数の住所変更を処理した場合はそうなる。さらに，社員一人ひとりが限られた一つのタスクしか実行しなかったので，会社は研修に多くの時間を費やす必要がなかった。また，課業が非常に特殊なものであったので，社員は病気になったり辞めたりしても簡単に交代させることができた。マイナス面として，タスクフォースは，顧客の苦情の多くが典型的な通信を複数の事務職員が処理したという事実に起因していることを発見し，遅延の可能性を増大させた。さらに悪いことに，遅延が発生した場合，誰も責任を問われることがなかったのである。例えば，特定の手紙への応答が遅いという苦情があった場合，住所変更部門は受取人変更部門を非難するし，その逆もある。要するに，手紙がどれだけ速く処理されたかについて，誰も全社的な責任を感じなかったのである。結局のところ，テイラー方式のシステムは個々の労働者の責任に明確な制限を課していた。この状況は，従来型に組織化された自動車組立工場に対して頻発する批判と一致していた。個々の労働者は自動車全体の品質に責任を負うことはない。それというのも，仕事は全体の意味を排除するよう明確に定義されているからである。

ワンストップ・サービス

タスクフォースはこの問題に正面から取り組んだ。彼らは，各事務職員の職務範囲を劇的に拡大することによってシステム全体を見直すことを提案した。入念な調査を行った後，タスクフォースはポリシー・オーナー・サービス部門の60の異なる職務分類を六つに減らした。再編成の常套句はワンストップ（一カ所ですべてを賄う）・サービスであった。その結果，保険契約の保険料支払いスケジュール，受益者，および住所の変更を求める手紙に必要な事務職員は3人ではなく，たった一人になった。職務の大幅な拡大には，広範な再教育訓練を必要とした。各社員は平均4週間以上の研修を受けた（ポリシー・オーナー・サービス部門の200人の従業員に対して3万5000教室時間）。

組織再編により社員の責任は大きく拡大した。タスクフォースは，アメリカを四つの地理的地域に分割することを決定した。現在サービス担当と呼ばれている事務職員は，地域だけでなく，地域内の特定のエージェントを割り当てられた。その後，これらのエージェントからのすべての通信に責任を負った。以前は紙の束とコンピュータ端末のみに関係していたサービス担当者は，保険代理店や代理店スタッフと直接連絡を取り始めた。また，ノースウェスタン生命は，本社の事務職員と現地の担当者との直接の会議を奨励した。多くの場合、サービス担当者に現地の事務所を訪問するための報酬を支払った。サービス担当者が社長と一緒に同社の飛行機でニューヨークに飛んだこともあった。サービス担当者が社長と会う一方、彼らは現地の代理店も訪問した。

　組織再編により、サービスの改善という基本的なビジネス目標が達成された。苦情は激減し、効率性も著しく向上した。新規の事業部では、保険申請のこれまでの52％に対して、82％が5営業日以内に処理され、生産性も向上した。ノースウェスタン生命は１９８２年から84年の間に保険証券の価値を50％増加させたが、新しい事業スタッフは7％増員されただけであった。

　個人的には、ほとんどの社員は自分の仕事についてははるかに良くなったと感じていた。組織再編の1年後、私は新しい事業部のサービス担当者、キャシー・マンデラにインタビューした。彼女は次のように語った。

> これはすごいことだと思います。最初はみんな怖い思いをしていました。でも、画面上で数字を打つよりも面白いのです。以前よりも多くのことをしていますが、保険引き受け業務について以前よりも多くのことを学んでいるので、この点は私たちにとって有益だと思います。今では主治医の診断書を読むことができるようになりました。これまではそれを見たことさえありませんでした。保険引き受け業務に移行したのはいい機会でした。

　マンデラの反応は典型的なものだったかもしれないが、普遍的なものではなかった。一部の事務職員は単に責任が重くなるのを望んでいなかっただけである。ニンネマンは、同社がこのグループにどのように対処したかをこう説明している。

> 予想していた通り、私たちには比較的単純な仕事を狭い次元で行うことで十分満足する人が少数いました。そのような場合、私たちは文字通り、彼らがやりたいと思っていることと、彼らが快適に感じられるものに適合する何かを再設計しようとしました。彼ら非常に少数派は、組織再編全体が状況を大きく変えたので、狭い仕事に留まるよりも早期退職などの方が望ましいと判断し、数人が早期退職しました。社内には少数の部署から部署への人員の入れ替えが少しありました。まったく適合しない人がいましたが、彼らは最終的に会社のどこかに配置転換されました。そうすることで、私たちの約束を維持し、全員がそれを非常に良きことと感じたのです。

　また、ノースウェスタン生命がそのプロセスに関与した者に感謝の意を表明するために多大な努力をしてきたことを社員は概ね歓迎した。同社は、経営幹部用の食堂で社員に向けた一連の感謝の昼食会を開催した。そして、社員の約3分の1は、彼らが引き受けた責任が重くなったために、（より高い給与を伴う）昇進を経験した。

仕事の充実化

　現代の人事動向に精通した人たちは、ノースウェスタン生命での組織再編成を、職務充実あるいは職務拡大に分類するかもしれない。このテクニックは、エルトン・メイヨーの人間関係論（第7章で議論される）の伝統学派に属する、経営理論家でありコンサルタントであるフレデリック・ハーツバーグによって一般化された。このテクニックの実践者の多くは、ハーツバーグの1959年の著書*The Motivation to Work*で最初に述べられた、動機づけ＝衛生理論の影響を受けている。同書の中で、ハーツバーグは仕事を満足させることができる五つの要素を特定している。それは達成、承認、仕事そのもの、責任、昇進である。彼は仕事を満足させる要素は「動機づけ要因」であると主張している。つまり、仕事をする上で何か具体的なことを達成できる時、仕事を認められた時、仕事そのものが面白いと感じる時などに、人々はより一生懸命働く意欲がわくと感じる。そのため、従業員のやる気を起こさせるのにあまり影響を与えない賃金や労働条件などの要素に集中するのではなく、経営者は社員の仕事を豊かにすること（仕事をより興味深いものにすること、社員の責任感や達成感を高めることなど）に焦点を当てるべきだとハーツバーグは主張している。そうすれば、社員はより幸せになり、より一生懸命働くようになる。

ノースウェスタン生命の事務職員たちは自分たちの仕事が充実したものになったことを否定しないが、後でみるように、同社で起こったことはいくつかの重要な点で古典的な職務充実プログラムとは異なっていた。幸いなことに、ノースウェスタン生命の経験を、ほぼ同時期に他の中西部の保険会社で行われた職務充実プログラムと比較することが可能である。ルイーズ・カップ・ハウは1977年の著書*Pink Collar Workers*の中で、最近典型的な職務充実プログラムを実施したシカゴの大手保険会社に一つの章を割いている。

シカゴの保険会社（ハウはそれを特定していない）は、啓蒙的な雇用主と考えられていた。それは良好な福利厚生――医療保険と生命保険、年金、株式投資制度、授業料払い戻しプログラム、そして「私たちは全員が大家族の一員である活動：旅行クラブ、ピクニック、野球、ボウリングチーム、休暇パーティー、社内報」を提供した。ノースウェスタン生命と同様、シカゴの保険会社は社員食堂で無料の昼食を提供した。このような環境の中で、先進的な人事慣行の最先端を当時行っていた同社の職務充実プログラムは完全に適合していた。それは人々の仕事を「より興味深く、やりがいのあるものにする」ことを目的としていた。担当の人事担当者によると、このプログラムは三つの原則に基づいていた。すなわち、社員は「孤立した仕事ではなく仕事を完遂したい」、「彼らは自分たちの業績について定期的なフィードバックを必要とする」、「彼らは自分たちの仕事をよりコントロールしたい」、「彼らは単に上から命令されるのではなく、仕事のやり方についての決定に参加したい」ということである。人事担当者はハウに、同社がある部門でどのように「職務充実」プログラムを実施したかを次のように説明した。

> 苦情処理グループでは、私たちは80人の事務職員用の大きな事務所に陣取り、彼らをそれぞれ10人ずつの小さなユニットに分けました。今では、各事務職員は、仕事の断片的な部分だけではなく、個々の顧客の記録を最初から最後まで処理しています。私たちはそれの方がずっといいと思います。

一見したところ、人事担当者の説明によると、シカゴの保険会社で起こったことは、ノースウェスタン生命の組織再編と同じであったようにみえるかもしれない。例えば、両社とも、以前は住所変更だけを行う事務職員がいたが、その後、同じ事務職員が住所変更に加えてさまざまな項目を扱った。両社とも、従業員の職務を拡大して、より大きな責任を負わせた。

しかし、類似点はそこで止まる。ハウによれば、シカゴの保険会社の事務職員たちは、職務充実プログラムも結果的には自分たちの仕事がわずかにしか改善されなかったと感じていた。ハウは改善されていないと考え社員にインタビューしたが、以前よりも仕事が劣化したと考える社員もいた。そして、それはノースウェスタン生命に対する社員の潜在的な疑念に何の影響も与えなかった。彼らは同社をビッグダディ（おじいちゃん）と呼んでいた。

職務充実プログラムの実施を担当した人事担当者でさえ、自身のプログラムの四つの目的、すなわち、労働者の幸福感を高め、無届け欠勤を減らし、離職を減らし、生産性を高めることをあげて、プログラムが成功しなかったことを認めた。彼は、四つの分野のいずれにおいても、改善の証拠を示すことはできないとこう説明した。

私たちはまだ実験段階にあります。他の地域でも、いくつかの地域本部がさまざまな成果を上げているようであり、いいものもそうでないものもあります。それは監督者の態度にかなり左右されるように思われますが、決定的な証拠はまだありません。当社でも他の会社でも。率直に言いましょう。職務充実はサイエンスというよりアートです。

ノースウェスタン生命の再編成が成功したことと、ハウの取り上げたシカゴの保険会社の職務充実プログラムが明らかに失敗したことを説明するために、この二つの物語の間の基本的な違いを探る必要がある。一つには、ノースウェスタン生命が最初に組合と個々の事務職員の両者に対して、組織再編成の結果として誰も職を失うことはないと保証したことを思い起こす必要がある。対照的に、シカゴの保険会社の社員は何カ月も前から、この会社が郊外に引っ越すことを考えているという噂を聞いていた。社員の一人はハウに「誰もがビッグダディが自分たちを見捨てることを恐れている」と話した（ハウの最初のインタビューの数カ月後、彼女は噂は十分に根拠があると報告した。保険会社は本社をシカゴから1時間以上離れたインディアナ州の小さな郊外の町に移転することを決定し、多くの事務職員を会社から強制的に退去させたからである）。この雰囲気の中では、社員がすぐに排除されるかもしれない仕事を充実させることに意味を見出せない理由は容易に理解できる。

ノースウェスタン生命は労働組合に組織化されていたが、シカゴの保険会社は組合が組織されていなかった。組合に関して他に何が真実であろうと、組合は個々の社員の権利を保護するためのメカニズムを提供している。ノースウェスタン生命が組合を組織再編成プロセスに関与させるためにそのような努力をしたことは、同社が確立された紛争解決プロセスや当事者間で交渉されてきた基本的な賃金・労働条件構造を転覆させる意図はないという社員への強力な声明であった。シカゴの保険会社は組合が組織化されていなかっただけでなく、少なくとも一握りの社員が同社で組合を組織しようとしていた。この文脈において、一部の社員は、職務充実プログラムは組合を阻止しようとする強いて隠そうとしない取り組みであると考えていた。

パーツ vs. 全体

もう一つの重要な違いは、ノースウェスタン保険が社員の少なくとも3分の1に昇進と昇給を与えたことである。シカゴの保険会社では、事務職員は職務を「充実」されていたかもしれないが、彼らの懐具合はそうではなかった。ハウが人事担当者に職務充実プログラムからこれ以上のお金や昇進を得たかどうか尋ねた時、彼はこう答えた。「いいえ、それらは別個の問題です。重要な問題であるのは確かなことですが、ここで話していることとは別のものです。それは仕事そのものを改善することです」と。

人事担当役員は、ビジネスの世界に共通する前提を明らかにした。それは、職場はいくつかの明確で分離可能なパーツで構成されており、それぞれのパーツを個別に弄るだけで従業員の士気を高めることができるという考えである。経営陣は、従業員を幸せにし、生産性を向上させると信じて、職務充実やワークチームなどの漸進的なプログラムを導入している。これは機械的なアプローチである。従業員は、定期的な修理を必要とする自動車のように扱われる。従業員は、より多くの賃金を必要とする場合もあれば、別の時点では新しい年金プランや医療手当、さらには充実した仕事を必要とする時もある。前述の人事担当役員と同様、彼らは自分たちのソリューションが士気や生産性にほとんど影響を与えないことに驚いている。皮肉なことに、科学的管理の最後の痕跡を職場から取り除くことに専念している、他の点では啓発された人事担当者を含む多くの善意の経営幹部が、この機械のような職場の見方に従っているということである。彼らは、あなた方が雇用保障、賃金、昇進の問題に対処することなく、仕事を「充実させる」ことができると信じている。

ほとんど認識されていないのは、職場が相互依存関係のシステムであるということである。職場の質には、会社、仕事、および他の従業員という三つの明確ではあるが重複する関係が含まれる。人が職場についてどう感じるかは、これら三つの関係すべてに掛かっている。シカゴの保険会社の場合、従業員と仕事との関係は改善された可能性がある。これは、職務充実プログラムのおかげである。しかし、同社は社員の雇用保障について何もしなかったので、会社の意図に対する軽蔑的な不信感が続いたのである（それには正当な理由がある）。事実、仕事をより面白く、やりがいのあるものにしようとする努力は、従業員の疑念をさらに高める効果もあった。彼らは、会社が何か良いことをした本当の理由は何なのかと考えた。

注目すべきは、ノースウェスタン生命の社員が同社の動機に対してこのような不信を抱いていなかったことである。それは単に雇用保障のためだけではなかった。同社は従業員を組織再編成プロセスに参加させることで誠実さを示した。彼らのタスクフォースへの参加は象徴的なものではなかった。関係者全員によると、変更の多くは事務職員自身の提案から直接導かれたものであった。組織再編成は上から強制されたものではなかったのである。ノースウェスタン生命の社員は、変更に責任があることを誇りをもって語っている。そして、同社の役員であるニンネマンは、その貢献の価値を繰り返しこう強調している。

> 仕事をしている人たちは、自分たちの仕事をより良く行う方法について、本当に多くのアイディアを持っていました。そして、あなたが彼らの話を聞くことを彼らに知らせる雰囲気を作られると、それは爆発的に増加するのです。

これはシカゴの保険会社で行われたこととは全く対照的である。そもそも、労働者に仕事をより「コントロール」し、「意思決定に参加する」権利を与えるというレトリックにもかかわらず、シカゴの保険会社は名ばかりのコントロールとまがい物の参加しか提供していなかった。同社はすでに変更の範囲を決めていた。主な制約は、変更が生産性のレベルに悪影響を与えないことであった。ハウは、一日中コンピュータ端末の前に座っていたある社員にインタビューし、彼女の仕事を充実させる最善の方法は、彼女をより頻繁に立たせて移動させることだと言った。「しかし、彼らは主により多くの生産に関心があるので、彼らはそれを許さないでしょう」と言った。ハウは、彼女が生産量を増やす方法を見つける手助けをしたがらなかったわけではない。彼女は単に何時間もコンピュータの画面を見たくなかっただけである。しかし、それは経営陣には起こらなかったし、社員に意見を求めてもいなかった。

シカゴの保険会社は、充実した仕事とは社員が「孤立した仕事ではなく仕事を完遂する」仕事であるとすでに決定していた。必要かどうかにかかわらずピルを処方する医師のように、同社は人々がより充実した自己実現的な仕事をすることを決定した。なぜならそれが彼らを幸せにするからである。

幸福のパラドックス

問題は、すべての人がハーツバーグ（またはその他の）心理モデルに適合しているわけではないということである。ハウがある社員にインタビューしたところによると、職務充実スタッフは社員をまるで「全員同じ」ように扱っており、一部の社員が異なるペースで異なる方法で働くことを好むという事実を認めていないという。

ノースウェスタン生命の話の中でみたように、事務職員の中には、一日中住所変更をタイプする旧システムを好む者もいた。また、調整できず、部署を去った者もいた。早期退職した者もいた。そして、最終的に新システムを愛したキャシー・マンデラでさえ、最初は仕事の変更可能性を「恐ろしい」と感じていたことを認めた。変更の大きさのせいで、同社は社員全員に手を差し伸べ、自信とスキルを高める努力をした。同社は人間の本質の単一のモデルから着手するのではなく、人は個人的な違いをもっているものと仮定し、その違いに適応するために最善を尽くした。理論的には、少なくとも組織再編成に関与したタスクフォースは、さらに専門化が必要であると結論づけた点を記憶しておくことが重要である。

この個人の違いの認識は、誰もが同じ型にはまらず、組織はその違いを考慮しなければならないという信念であり、ノースウェスタン生命の経験が社員のために作用した主な理由の一つである。タスクフォースのプロセスでは、同社は個々の社員が提供しなければならないものを尊重した。変更が最終的に実施されたとき、同社は個々の社員が適合するようにできる限りのことをしようとした。

これは、2社のエピソードの間の最後の、そして最も基本的な対比につながる。シカゴの保険会社は、職務充実プログラムの主な目的は社員の幸福を高めることであると主張した。社員が仕事に対してより幸福であれば、欠勤の回数を減らし、会社で長期勤続し、より熱心に働くと想定していた。同社では、社員の幸福は議題にも上らなかった。サービスの改善が第1の目的であり、生産性の向上は第2の目的であった。皮肉なことに、ノースウェスタン生命は、はっきりとした目的が社員を幸福にすることであったシカゴの保険会社よりも社員の幸せを達成することに成功していた。このパラドックスをどう説明すればいいのであろうか。

シカゴの保険会社の職務充実への取り組みの第1の目的が社員の幸福にあったというのは、その主張とは異なり、事実ではなかった。大企業が、従業員がその仕事についてより良い感情を抱くようにするためだけに何千ドルも費やすと考えるのは、世間知らずの愚か者だけである。経営トップはおそらく、すべての動機づけ重視のマネジメント・テクニックの基礎となる命題を得たのであろう。それは、自己実現した労働者はより高く動機づけられた労働者になり、より多く働くようになるということである。したがって、職務充実は生産性を高めるための手段であり、それ自体が目的ではない。ハウが発見したように、シカゴの保険会社の社員は無邪気でも愚かでもなかった。彼らはすぐにレトリックを通して職務充実の本当の目的を理解した。それは同社のプレゼンの不誠実さが同社の信用を失墜させた。同社と社員との関係を退廃させた。それは、同社が人をもっと働かせるために策略を使って、操作的に経営していたことを意味したのである。

一方、ノースウェスタン生命は、何をしようとしているのか、その理由を最初から正直に話していた。同社は、社員がよりハードでないにしても、よりスマートに働くことを望んでいた。サービスを向上させるために、彼らの心を捉え、知識と経験を共有することを望んでいた。この正攻法によるアプローチは、社員が仕事の変更に対してより良い感情を抱いている理由を説明するのに役立つ。社員は自分の仕事に集中でき、会社の上層部の策略を心配することはなかったのである。

それだけではない。ノースウェスタン生命の社員は自分たちの仕事の再設計に参加した。何人かの経営理論家によると、社員が参加したという事実が、社員が自分たちの仕事を非常に良好なものと感じた理由である。これらの理論家たちは、社員がプロセスに参加できるようになれば、変化に対してよりコミットしていると感じるようになると主張している。一部の人にとっては心理的にもそうかもしれない。しかし、この考え方もまた、目標は社員を幸せにすることであり、最終的には生産性を高めることだと想定している。だからこそ、これらの理論家たちは参加を擁護しているのである。

残念なことに、これらの経営理論家たちは、すべての点を見落としている。ノースウェスタン生命は、社員の士気と意欲のレベルを高めるために、彼ら自身の仕事を再設計することに社員を関与させなかった。社員がそれをしたのは、それが意味のあるものだったからである。同社は、社員は多大な貢献をしてくれると心から信じていた。そして、社員のアイディアは違いをもたらした。第1に、彼らの洞察はサービスを向上させるのに役立った。同時に社員は、ほとんどの場合、自分たちの適性、スキル、関心を最大限に活用し、それが自分たちの仕事の設計に役立ったのである。言い換えれば、社員の参加は士気を高めるのに役立ったかもしれないが、よりやりがいのある仕事を生み出すのは、社員の参加――彼らの提案とアイディア――であった。マネジメントに関する多くの文献は、労働者の関与の心理的影響に焦点を当てているので、その関与の実際の内容を無視する傾向がある。機会が与えられれば、労働者は仕事を再設計して、生産性を高めるだけでなく、より興味深く、満足できるものにするだろう。少なくとも、それがノースウェスタン生命で起こったことであった。

この点については別の見方もある。ノースウェスタン生命の経営陣は、最初から社員が個人的にも集団的にも問題解決に役立つことを認めていた。それで、社員をパートナーとして扱った。しかも、それを民主的なやり方で行った。つまり、社員に完全な情報と、自分たちが直接影響を受ける問題に影響を与える権能を付与したのである。同社が事務作業の組織を再編成したのは、民主的なパートナーシップを通じてであった。

ノースウェスタン生命がシカゴの保険会社の道を行き、多数の幸福な社員を生み出そうとしたなら、同社のサービス問題を解決したのか、幸福な社員を得たのか、どちらかといえば疑わしい。正直さはとかく遠回りするものである。

第5章　公正性の促進——フェデラル・エクスプレス、ピツニーボウズ、テクトロニクス——

私たちは一般的に、仕事の時間とそれ以外の生活との対比を受け入れている。オフィスや工場に入ると、市民として享受している多くの権利を失う。当局が下した間違った決定に異議を唱えたり、変えたりするプロセスはない。意思決定機関であなたが人々を代表するよう投票する仕組みもない。密室で何が起きているかを知るのに役立つ情報公開法もない。同僚による潔白の推定や裁判もない。

そのような権利や保護は職場には適用されないことは当然のことであると考えているが、その理由の一つは、私たちのほとんどが、これとは逆の例をみたことがないからである。しかし、職場の公正性を促進するために、政治的民主主義の理念の一部を取り入れようと長年にわたって真剣に試みてきた注目すべき会社がいくつかある。以下は、そうした3社のポートレイトである。

同僚による裁判

「会社の方針は脅迫を禁止している」。フェデラル・エクスプレス社（以下、フェデックス）の月刊社内報の見出しはそう読める。この社内報はこの配送会社の全社員5万人に配布される。見出しに続くのが以下の話である。

ジェイソン・アランは二人の監督者との会議に招集されていた。一人はアランに勤務実績が悪いと叱責した。議論は白熱した。アランは立ち上がって、自分の人事担当者と話すつもりだと言った。監督者の一人は彼に座って議論を終わらせるように言った。アランは拒否してオフィスを出た。翌日、アランの監督者は彼に不服従の警告状を出し、その写しをアランの人事ファイルに入れた。

この話は、この国の会社で日々起きていることの典型に聞こえるかもしれない。ある社員が命令に従わず、叱責される。大したことではない。でもフェデックスでは起こりえない。この話は、社員にとってはハッピーエンドであった（記事では社員の名前は変更されていた）。アランは会社の苦情処理機構を通じて苦情を申し立て、審査委員会が経営陣の決定を覆した。記事によると、「審査委員会の理論的根拠は、アランが一人の社員に対して二人の管理者という脅迫的な環境に置かれていたということであった」。苦情処理プロセスを監督する経営幹部のテッド・サートイアンは、引用の中で、「フェデックスの社員は脅迫されない環境で働く権利があります。社員を乱暴に扱う独裁的な管理者は、当社では許されません」と語ったとされた。

この記事は、社員が脅迫されていると感じた場合に従うべきガイドラインの次のようなリストで締め括っている。

脅迫を無視するな。

直感を信じよ。

人事担当者または社員関連部門に助言と勧告を求めよ。

あなたの選択を評価する。日記や日誌は、机ではなく安全な場所で保管せよ。

苦情を書面にせよ。

あなたの地域の他の人（過去または現在の従業員）が脅迫されたかどうかを調べよ。彼らも脅迫されていた場合、あなたは支援と信頼を得ることができる。

社内報の記事はフェデックスの氷山の一角にすぎない。同社には、社員の苦情を処理するために、おそらく最も完全に開発されたシステムがある。公平処遇保証（GFT）の手続きは、コロンビア大学法学部の上級教授であり、全国的に認められた憲法の専門家であるアラン・ウェスティンから絶賛された。GFTは、以前のオープンドア・ポリシーから進化したものであり、上司と対立した社員は、階層上位の管理者に苦情を申し立てるよう奨励されている（「公平な処遇の保証」という用語はマリオット社の同名の方針に由来するが、フェデックスの経営幹部は、それは単なる方針ではなく手続きであると主張している）。フェデックスのGFT手続きは、以下の五つのステップで構成されている。

1．直属の監督者との問題についての話し合い。

2．監督者の上司による検討。

3．部門の上級副社長による検討。彼または彼女は、以前の経営陣の決定を支持または覆し、または検討委員会を開始できる。

4．投票権をもつ5人で構成される検討委員会の設置。同委員会のメンバーの過半数は、実際にはGFTに苦情を申し立てた社員によって選定される。投票権のない委員会の議長は、社員によって指名された6人のリストから3人のメンバーを選定する。社員は、議長によって指名された4人のリストから他の二人のメンバーを選定する。検討委員会の決定は最終的なものであり、会社および社員を拘束する。

5．会社のCEO（最高経営責任者）、COO（最高執行責任者）および人事担当上級副社長で構成される上訴委員会による審査。ステップ3で部門の上級副社長によって審査が拒否された場合、審査委員会を承認するかどうかを決定する。

苦情を申し立てた社員は、自分の職場から人を推薦できる点に注目してほしい。これでいくと、審査委員会の大多数は、文字通り苦情を申し立てた本人の友人で構成されうる。フェデックスの創業者であるフレッド・スミスは、ベトナムの海兵隊での経験に基づいて、同僚が自動的に仕事仲間に投票することはないと主張している。彼はこう説明している。「プロフェッショナルで仕事をうまくこなす人たちは、仕事の遅い人たちを無視しません。労働倫理が廃れたという大きな誤説に反して、人々はいい仕事をしたいと心から切望しています」と。

ウェスティン教授は、GFTプロセスの同僚による検討の側面は次の二つの理由から重要であると考えている。第1に、「従業員の参加は、意思決定プロセスに対する従業員の経験と態度を構築することによって、長期にわたるより良好な結果の達成に役立つ」と。同時に、「従業員の参加があることは、通常、苦情申立人にとって不利な規則をより受け入れやすくし、経営陣が全面的に主宰するものよりも、システムに対する従業員の一般的な信頼を得る」。ウェスティン教授のシステムに関する詳細な調査によると、社員の圧倒的多数がフェデックスのシステムを公正と評価している。事実、同社社員の80％以上が、刑事裁判所や民事裁判所、組合の苦情処理システムよりも公正であると評価している。

このシステムを機能させるのは社員の関与だけではない。上訴委員会による審査——ＧＦＴプロセスのステップ５——は、プロセスに対する経営トップのコミットメントを象徴している。毎週火曜日の朝、ＣＥＯのフレッド・スミス、経営担当副社長のジム・バークスデール、そして最高人事責任者のジム・パーキンスが、メンフィスの本社に座って、システムを通して上がってきた3から10件のＧＦＴ案件を審査している。彼らは通常、そうした案件に午前中を費やし、丸一日を苦情に費やすことも珍しくない。

ウェスティン教授によれば、この委託は非常に重要だという。彼はこう書いている。

> 従業員の公正な処遇と、管理者や経営者が「物事をやり遂げる」こととの間には避けられない衝突があることを考えると、それは常にＣＥＯの威信——あるいはＣＥＯの完全な信頼を享受している経営陣——と、時にはそうした経営陣による介入を得て、システムをえこひいきや「経営陣としての自然の衝動」から守ることになる。また、経営者を駆り立てる目にみえる報酬体系と目にみえない報酬体系が、公正な手続きシステムへの忠誠を認識し、経営者によるその時々の乱用を罰するように調整されていることを保証できるのは、ＣＥＯや他の経営陣だけである。

フェデックスがＧＦＴを制定した時、フレッド・スミスは、同社がＧＦＴに真剣に取り組んでいることを社員に確実に理解させたいと考えていた。スミスは、ＧＦＴの手順の概要を示す約８００枚の銘板を会社のすべての作業領域に配置するよう主張した。銘板は金属と木材で作られ、1枚あたり１００ドル近くかかる。そして、前出のテッド・サートイアンは最後の仕上げを覚えている——4個の金属製のリベットである。「スミスは、『リベットをそこに打ち込んで、人々がこれは壁の中に固定されていて、どこにも行かないと思うようにしてほしい』と私に言った」。フェデックスはＧＦＴプロセスを資金面でバックアップしている——ＧＦＴを運営するのに推定で年間２００万ドルを要する。公正な処遇を確保するためのシステムのために、従業員一人当たり年間約70ドルを要しているのである。

壁のリベットは、サートイアンが最初に認めたように、単なるシンボルである。彼は、「公正な待遇の保証」という方針は究極的には「テクニック」にすぎないとこう主張している。

> テクニックが自然に出現する現実が根底になければ、それは失敗に終わるでしょう。テクニックを次から次へと重ね合わせることでは、その根底にある現実を構築することはできないのです。

ＧＦＴはフェデックスの社員哲学の一部にすぎず、ＧＦＴの構造はすべての組織に適用される。ＧＦＴはフェデックスに合わせて調整されている。ＧＦＴのビジネスは、早口のビジネスマンで有名なテレビ広告と同様、スピードに依存している。フェデックスの社員は、仕事には時間というプレッシャーの下で重要な意思決定を行うことが含まれているため、しばしば対立することになる。しかし、ＧＦＴは、より広範な適用可能性をもつ、いくつかの前提条件を活用して運営されている。同社の経営者は、ＧＦＴの意思決定が公正で一貫性のあるものであることを保証するのが重要であると述べている。例えば、アトランタの宅配業者は車両事故の報告を怠ったとして解雇されないことが重要であるが、ピオリアの宅配業者は同一の犯罪に対する警告状しか与えられない。フレッド・スミスは、規則と判例を作成する必要性について次のように述べている。「アメリカの法体系のいいところの一つは、時には勝つこともあれば、時には負けることもあるが、少なくとも対処している法体系があるということです。法律がなく、その日の気分に合わせてすべての事件を決定するという、ある種のソロモン王のような役割を演じたくはないのです」と。

ＧＦＴの決定によって確立された先例をフェデックスの管理者が確実に知るため、同社は重要な事例の要約を月次パッケージで送付している。他の社員は脅迫事件のような重要な事例を社内報で読むことができる。同社はまた、上訴委員会または審査委員会が審理したすべての事例を保管する資料室を維持している。資料室はすべての管理者が閲覧可能である。

同社は、別の理由から、ＧＦＴの前例について管理者に情報を提供し続ける努力をしている。このプロセスには通常、経営者の意思決定の課題が含まれるため、一部の経営者はＧＦＴを自らの権限に対する脅威とみなしている。同社は、この問題に二つの方法で対処している。第１に、管理者研修コースにはＧＦＴの教育が含まれている。例えば、新人監督者のための一週間の研修プログラムでは、ＧＦＴに丸一日を費やしているのである。

同社は、管理者に対して、彼らも社員であるので、ＧＦＴの対象であることを明確にしている。ある事例では、ある女性中間管理職が、昇進を誤って否定されたと考えてＧＦＴを申請した。審査委員会は、彼女に有利に判断し、同等の昇進を命じた。ＧＦＴを使用したことで罰せられるどころか、2年後に彼女は新人管理職としての卓越した働きに対して５０００ドルの賞金を授与された。

フレッド・スミスは以前、フェデックスの一団の管理職に対して、ＧＦＴは「この企業を結びつける接着剤」であると考えていると語ったことがある。スミスの比喩はより広範な適用範囲を有している。深い意味では、公正さはいい職場を結びつける接着剤である。従業員は、経営陣が自分たちに対して、報酬、福利厚生、昇進への対応、監督者との口論への対処において公正であるよう誠実に努力していると認識した場合、他の分野への信頼を拡大する可能性が高くなる。公正な処遇が醸す雰囲気は、職場のあらゆる側面に影響を及ぼすのである。

同様に、公正さという接着剤がなければ、組織は内部崩壊する。公正なふりをしていると感じない場合は、裏切り、政治工作、生産妨害、脱退となる可能性がある。不公平さは、システムに対するすべての人の疎外感を増大させる。ゴアテックスのメーカーであるＷ・Ｌ・ゴア＆アソシエイツの創業者である故ビル・ゴアは、次のように述べた時、この点を強調した。

> 私が会社で知っている最も破壊的なことは、不公平さ――感知された不公平さです。社員は、公平になろうとする誠実な努力があれば、

間違いを許せます。しかし、意図的な不公平さは、コミュニケーションや協力、さらにはチームワークを成功させるために必要なすべてのものを破壊するのです。

タウンミーティング

現場は、コネティカット州スタンフォードにあるピツニーボウズの本社と主要工場から数ブロック離れた教会の大広間である。ステージには、名札が張られた二つの長テーブルがある。左側のテーブルには6人の社員代表が、右側のテーブルには同数の会社幹部が座っている。約200人の事務職員が折り畳み式の椅子に並んで座っている。

1945年から毎年開催されているピツニーボウズの社員会議によ うこそ。株主総会にならって、この社員会議は毎年春に200人から300人の社員のグループで開催される。会議の前に、ピツニーボウズの社員2万人に、前年の活動を再集計した年次社員レポートが送付される。このレポートには、すべての社員が受け取る最低賃金、平均賃金および最高賃金を、時給払いの工場従業員から会社トップまでカテゴリー別に詳細に示したチャートが含まれている。一般的な株主総会――この点ではニューイングランドのタウンミーティング――と同様、社員は経営陣に対して懸念事項について質問できる。社員は質問を書面で提出することもできる（経営陣は事前に書面による質問を読むことはできない）。最良の書面による質問と最良の口頭による質問を提出した従業員には50ドルの貯蓄債券が与えられる。

一連の紹介と、近くの工場での再教育訓練に関する短時間の映画の後、社員代表の一人が質問を始める。会議の質疑応答の半分は、数年前に全社人事関係協議会（CPR）の共同議長に選出されたオフセット印刷機のオペレーターであるアル・サルビーノが議長を務める。CPRは、社員の関心事を伝えるための独自の社内メカニズムである。経営側の相手役は、最近ピツニーボウズ・ビジネス・システムの部長に就任した30歳の社員であるトーマス・ルームカーが務める。最初の十数件の質問は事前に提出された。社員代表は書面による質問をする。次に、議長はフロアーからの質問で会議を開催する。次の一時間ほどの間に、約20人の異なる社員が立ちあがって懸念を提起する。ルームカー部長は自分で質問に答えるか、他の役員にそれを紹介する。

驚くほど多くの質問がビジネス上の問題に関連している。質問：日本での郵便料金メーター（ピツニーボウズの主要製品）はどうなりましたか。回答：まだ目処はついていません。質問：最近競合他社に負けたある大きな得意先を取り戻すために、ピツニーボウズは何をしているのですか。回答は、経営陣も同じように懸念しており、懸命に取り組んでいるが、まだ何も進展していないことを、すべての人に再確認させた。質問：ピツニーボウズは更なる買収を計画しているのですか（数年前にディクタフォンを買収した）。回答は、今のところいかなる計画も進行中ではないが、機会があれば、そうしたいという点を示唆した。株式購入計画はどのように機能するのですか、といったくだらない質問もいくつかある。しかし、ほとんどの質問は、「なぜカフェテリアの値段が急騰しているのですか」といった身につまされるものである。ある社員は、自分の部署にはパーソナルコンピュータが3台しかないのに、他の人たちはそれ以上のものを手に入れるのに苦労していないようにみえると不満を述べている。別の社員はある部署のすべての社員がなぜそんなに傲慢なのかと（一見まじめに）尋ねている。

質問の扱い方は、誰もが会議に出席する時の深刻さを表している。

ある社員が、専門職の新入社員を紹介してボーナスをもらえなかった理由を聞くと、人事部長が謝罪し、間違いだったのではないかと示唆している。その時点で、CPRの社員側の共同議長であるサルビーノは、この問題は以前に提起されたことがあるが、何も起きていないようだとほのめかしている。管理職は一度か二度起きたかもしれないと反論しているが、問題が広範囲に及んでいるとは考えていない。管理職の対応に不満を感じたルームカー部長は、同じ問題を抱えた人の数をみるために挙手を求める。5人が手をあげる。ルームカー部長は、明らかに何かが間違っていると主張し、人事部長に対抗して社員の立場に立つことで点数を稼いでいる。ルームカー部長は、後で誰かが彼に苗字の発音を尋ねた時にもう数点稼いでいる。彼の答えは、「私はトムに答えます。あなたが私をそう呼んでくれたらすぐにそう発音します」であった。

しかし、この会議は新しい部長のための懇親会ではない。ルームカーの評価は、彼の率直さと、正しいことをするという明らかな気遣いに由来している。しかし、会議の根底には緊張感がある。それは、会社が本当に社員を気に掛けているかどうかを確かめるための絶えざるテストである。質問は敵意なしに尋ねられるが、経営陣が自らを証明しなければならないという意識もある。少なくともこの日は、社員は経営陣が彼らのために働いていると想定しており、その逆ではない。

経営陣が株主と同じように社員に対して説明責任を負っているという意識は、ピツニーボウズに深く根づいている。同社副社長であるビル・レッドゲートは、「経営者は自分たちの決定が挑戦される可能性があることを常に認識している」と説明している。そのため、特に部下から質問されることに慣れていない新しい経営者にとってはそれは難しいことである。調整できない経営者もいる。

CPRの共同議長であるサルビーノと他のCPRの社員代表が壇上にいることからも明らかなように、社員に対する説明責任は一日だけの現象ではない。新人紹介に対するボーナスを巡るやりとりが示すように、CPRは一種の監視機関であり、経営陣が約束を確実に守るようにしている。

CPRの組織構造は、ピツニーボウズの組織構造と似ている。社員は課、部、地区、会社の各レベルで代表者を選出する。月に1回、全社員は約30分間、約50人の社員とその上司のグループで会議を行う。課のCPR会議の前半は作業長（または事務所の相当者）が議長を務める。作業長は会社の現状と職場の問題点を報告する。後半は選出された社員のCPR会議の共同議長が議長を務め、社員は質問、懸念、問題を提起する。解決可能な問題はその時点で解決される。1週間後、課のCPR会議の代表者とその管理担当者は、課の会議から生じる問題を議論するために地区会議を開く。次の週には、同様の会議が部レベルで開催され、1週間後には、部のCPR会議の代表者とその管理担当者との会議が開催される。社長は最重要なCPR会議の共同議長を務める。もう一人の共同議長は社員（社員会議の際にアル・サルビーノが務めた地位）である。最重要なCPR会議の議事録は、会社で最も広く読まれている文書である。

最も下のレベルでは、CPRの担当者はいくつかの機能を果たしている——労働組合に組織化された工場の職場代表のようなものである。（ピツニーボウズの唯一深刻な労働組合の組織化は、1947年に大差で敗北した）。社員はCPRの担当者に直接個人的な問題をしばしば提起し、彼らは上司と非公式に問題を解決しようとする。また、CPR

は福利厚生を向上させるための一定の圧力として機能している。最近の社員の報告では、CPRはピッツニーボウズが「一般的な賃金調整、過去の退職者の年金給付の増額、二人の結婚した同社社員への給付の調整、歯科矯正のための手当の増額、そして11日目の有給休暇」を実施した功績を認めた。

同時に、CPRは双方向のコミュニケーションのメカニズムであると誰もが認識している。経営者は種々のCPR会議を利用して、事業の進捗状況を報告したり、新しい事業計画を説明する。CPRを設置し、長期にわたって社長を務めたウォーター・H・ウィーラー・ジュニアは、これをシステムの主要な目的の一つと考えていた。彼は1950年に経営者協会で次のように話している。

> ほとんどの社員は、経営者が何をしているのかという曖昧な考えしかもっていません。ビジネスのすべての事実について社員を信頼すればするほど、彼らはその事実に関する私たちの判断や決定を受け入れる傾向があるという事実を理解するのは難しいのです。つまり、すべての問題について社員と協議することで、経営者の特権を失うリスクを回避しながらも、実際に社員の信頼を回復することができるのです。

ピッツニーボウズのジョージ・ハーベー社長によると、双方向コミュニケーションという考え方は、CPRの枠を超えたものであり、ビジネスのやり方の基本であるという。彼は、社員が重要な貢献をしているという単純で明白な理由について、聞くべきであるとこう語っている。

> 愚かなことや間違ったことをする時には、社員に、起こっていることが間違っていること、あなたが品質で苦しんでいること、物事を行うためのより良い方法があることを伝えられるようにしてほしいのです。顧客に直接会っている社員、生産ラインにいる社員、私たちが行っていることの日常的な出来事に関わっている社員なので、彼らのフィードバックを得て、それらのことを聞けるようにする必要があります。彼らのフィードバックがなければ、経営陣はすべてが素晴らしいと夢見ることができます。突然、それがあまり良くなかったことがわかった時に、あなたはそれを公開しなければなりません。

「公開性」を維持することは、まさに社員の会合やCPRの構造といった手段が達成するものである。これらの慣行は、経営陣が批判に対してオープンであるだけでなく、彼らの考えを真剣に受け止めることに対してもオープンであることを社員に示している。経営陣が社員に対して説明責任を負うことによって、ピッツニーボウズは民主主義の平等原則に暗黙のうちに同意している。すべての人が会社に対して、精神的にも肉体的にも重要な貢献をする機会を与えられれば、第二級の市民は存在しない。また、詮索好きで非の打ち所のない者がいなければ、第一級の市民は存在しない。

言論の自由、報道の自由

テクトロニクスは、企業社会アメリカで従業員向けの週刊社内報を発行している数少ない会社の一つである。しかし、同社を非常に珍しいものにしているのは週ごとに発行されているという点ではない。それは経営陣の検閲なしに発行されているのである。社内報の発行人欄が誇らしげに語っているように、「*Tekweek*はテクトロニクスによって、テクトロニクスの社員のために発行されている」。

社内報や雑誌に詳しい人なら誰でもすぐにその違いを知ることができる。ほとんどは無味乾燥で容赦のない宣伝である。*Tekweek*はそうではない。同紙では、社員が経営陣の意思決定に直接異議申し立てすることがよくある。例えば、「社員が質問している」というタイトルの定期的な連載記事がある。質問に続いて経営陣からの回答がある。直近の同紙のコラムには、次のような質問があった。「状況が厳しいようにみえるのに、なぜ（機器部門が）一つまたは複数のグループを同じ建物の新しい場所に移動するのに10万ドルを費やすのか……。これで最終収益で利益が増えるのか」と。当該部門の副社長は詳細な回答を行い、この移動によって貸借コストが年間3万9０００ドル減少して5万2０００ドルになり、作業領域がより効率的になり、対訪問顧客の外観が改善されると主張した。「その結果、利益が増えることを期待している」と副社長は書いている。

この種の交流はテックと皆から呼ばれている同社では普通のことである。経営陣は自分たちが世間の目にさらされているのを知っている。オフィス空間の移動のような比較的小さな行為でさえ、どんな社員からも異議を申し立てられ、経営陣にすべての社員に対して決定を公に正当化するよう強制することができる。社員はその回答が気に入らない場合も、経営陣が次号の*Tekweek*でそれについて耳にすることは確信している。

*Tekweek*には編集者への手紙の欄もある。同紙の初代編集者であるジョー・フローレンは、それが始まった時、社員が自説を述べて罰を受けることを恐れた場合には、名前を明かさないことが許されるべきだと考えていたのを思い起こしている。ある副社長はフローレンに反対し、社員は自分たちが信じていることに対して積極的に発信すべきだと主張した。この問題は最終的に役員会議で議論され、フローレンの見解が勝利した。その翌週、当該副社長はこの方針に抗議する手紙を書き、*Tekweek*はそれを報道した。フローレンによれば、「結局のところ、これらは社員向けの出版物であり、経営陣も含めて、すべての社員に公開されている」のである。

１９４６年にオレゴン州ポートランドで設立されたテックは、電子機器の測定に使用されるオシロスコープの世界最大の製造会社であり、約2万人の社員を擁するフォーチュン５００の1社である。創業者のジャック・マードックとハワード・バラムは、産業民主主義の概念に興味をもち、ジェネラル・ラジオと呼ばれる初期のエレクトロニクス企業の先例に影響された。この会社は社員が１００％所有しており、寛大な利益配分制度があった。テックは創業2年目に最初の利益配分制度を始め、現時点でも純利益の35％を社員に配当している。マードックはまた、ボルチモアの香辛料会社マコーミックのマルチプル・マネジメントと呼ばれる参加型管理システムにも感銘した。テックでは、従業員参加といった考え方が、職域代表プログラムとして知られているものに焼き直されている。

職域代表活動は、ピツニーボウズのＣＰＲで行われている活動と類似している。社員は、作業グループから代表者を選出（社員約40名に対して一人の職域代表）する。各作業グループには、その職域代表活動のための40分間の有給勤務時間（出張時間を除く）が月に1回付与される。職域代表担当者は、その時間を使用して、テックのさまざまな側面について学ぶ。一般的には、同社の別の施設や顧客を訪問したり、仕入先を訪問することもある。上級職員を招いて特定のテーマについて話し合うこともある。毎月一回、約３００名の職域代表が、報酬などの関心のあるトピックに関するフォーラムに参集する。全社員が、そのようなフォーラムで発言する幹部に質問するため職域代表に質問する。今年のハイライトは、社長が行った職域代表会議である。社長は同社を取り巻く状況に関するスピーチを行い、その後、職域代表担当者からの質問に対して内心を打ち明ける。予想されるように、質問と回答では丁重な言葉遣いはない。厳しい質問と社長の回答は、次号の*Tekweek*ですべて報道される。

テックの社長であるアール・ウォントランドは、自由奔放で批判的な雰囲気が経営陣に不快感を与える可能性があるのを認めている。

　不安は人間の自然な部分です。しかし、問題に関して正直かつオープンに社員に対処し、彼らに自らの立場を表明する機会を与えることが重要です。また、変化が完全に恣意的な行動として現れ、個人への影響という点で共通の礼儀を全く欠いたものになるのではなく、新しい規範がどのようなものになろうとも、人々がそれに適応する機会を与えることも重要です。

しかしウォントランドは、経営者が自由な発想の流れに不快感を抱いているのには、別の理由があるとこう指摘する。

　多くの社員、特に疑心に満ちた社員は、知識の流れを制限する傾向があります。それというのも、知識が権限の源だからです。そして、もしあなたが社員に情報を与えないままにしておくなら、あなたは彼らを無防備で不安定にし、それゆえ彼らはあまり精力的でなく、何が起こっているのかに疑問を呈することもなくなるのです。

情報は、言い換えれば、組織における権限の源泉である。経営者がその流れを制限すると、自分自身の個人的な目標を推し進めることがある。それは、部下を犠牲にして権限を拡大する。ただし、この戦略では、社員が何をすべきかを知性的に決定するのに情報を必要とするため、組織にとって重大な問題が生じる。自動機械のような組織を好むのでなければ、社員がもつ知識が多ければ多いほど、個人の仕事は良くなり、社員集団の努力はより生産的になる。

同時に、情報を制限することは、ビジネスを行うためのより厳格で階層的なアプローチと密接に関連している。階層内にいる社員は、自分たちの情報を一生懸命守り、それを一度に少ししか出さない。彼らは、絶対的に不可欠な情報よりも多くの情報を放棄することは、自分たちの権限を弱めると考えている。また、真実は階層の中にしか存在しないので、正しい決定を下すために信頼できる人は誰もいないと感じている可能性もある。そのような考えは、ウォントランドが言うように、危険なほど自己破滅的である。

　一般的に、ビジネスに対して高度に計画され、高度に構造化された階層的なアプローチは機能しません。各個人は、階層内のどこにいても、多くのことを知っているだけで、それだけでは十分ではないのです。すべてを階層を通じてプッシュすると、情報が伝達されるたびに行われる自然な濾過プロセスのために、自分が扱っているものの重要な要素を失うことになります。経営のスキルをもっている人もいますが、それは特定の問題に関して彼らを最も知識のある人にすることにはなりません。私たちが対処するどのような問題にも知識を提供できるようなオープンな雰囲気と、かなり自由で流動的な形で情報が流れるようにすることがとても重要です。

ここでウォントランドは、自由な流れは厳密にビジネスの観点からは理に適っていると主張している。しかし、それは職場の関係の観点からも理に適っている。情報の扱い方はどんなコミュニティにも影響を与える。何が起こっているか知らないと、噂が飛び交うことがある。情報が制限されると、権限の構造が生まれる。何かを理解しないと、完全かつ熱心に貢献するのは難しい。情報が歪められると、人は互いを信頼しなくなる。信頼が損なわれると、協力が損なわれる。要するに、情報の自由な流れがなければ、職場というコミュニティは、誰もが情報に基づいて貢献する機会がある時ほど協力できないのである。

究極的には、言論の自由（あるいは同僚による裁判やタウンミーティング）のような民主的な形態の価値は、より良いコミュニティを創ることにある。言論の自由は、単にそれがいいと思うか、あるいは18世紀の啓蒙主義の理想に合致するので私たちが主張するものではない。民主的な形態が意味を持つのは、民主主義社会がより良い生き方を提供してくれるがゆえである。

尊敬される政治学者であるロバート・ダールは、最近、非民主的な職場と民主的な社会との間の格差はもはや支持できないと主張する本を書いた。彼はこう書いている。

> 民主主義が国家を統治する上で正当化されるのであれば、それは経済的企業を統治する上でも正当化されなければならない。そして、それが経済的企業を統治する上で正当化されないということは、それが国家を統治する上で正当化されないことを意味する［強調は原文］。

ダールの主張の要点は、社会全体の中で誰も第二級市民として扱われるべきではないのに、なぜ同じ人間が起きている時間の大半で第二級の地位を与えられるのかということである。いい職場はこの主張を深く胸に刻んでいる。

第Ⅲ部

経営思想が邪魔をする理由

これまでの章で述べてきた職場のあり方を阻んでいるのは、従来の経営思想が受け継いできた考え方にある。それぞれが人気を博する経営思想を代表する４人の第一人者の考えを、従業員の視点から分析することで、なぜ多くの職場がダメなのかが見えてくる。

第6章　フレデリック・テイラーの経営思想――科学的管理と職場――

私たちのほとんどは、自分の仕事は頭脳労働であるが、部下のすることは肉体作業や定型的業務であると上司が頑固に主張する場所で働いてきた。シャパラル製鋼の社長ゴードン・フォワードは、かつてその思想を見事に要約した。「ほとんどの会社では、あなた方が毎朝工場の入り口で脳の働きを止めるのが当然と考えている」と。

その思想がどこから来たのか知りたいと思うならば、科学的管理の父であるフレデリック・ウィンスロー・テイラーに触れてみよう。テイラーのその他の遺産には、能率専門家、時間動作研究、標準化された作業手順、計画部、そして確立された規範――「職位にではなく、人に支払う」――に基づく出来高賃金が含まれる。

テイラーのテクニックは大量生産に理想的に適している。テイラーはデトロイトの初期の自動車産業を何度か訪れている。例えば、1909年に彼はパッカードの経営陣に4時間の講義を行い、程なく同社は「テイラー化」したと宣言した。そしてヘンリー・フォードの右腕であるジェームズ・クーゼンスはテイラーの影響下に置かれた。彼は科学的管理の諸原則を世界初の移動組立ラインで実践することを手伝った。この移動組立ラインは、テイラーの死の2年前である1913年に、ミシガンのハイランドパークで開設された。テイラーはまたデュポンやGEを含む他の大企業のコンサルタントを務めたが、それが科学的管理の福音をアメリカの産業の至る所に広めるのに役立った。時間動作研究は広く用いられ続けている。例えば、ユナイテッド・パーセル・サービス（UPS：アメリカ最大の小口貨物輸送会社）は、1000人を超える能率専門家を雇用しているが、彼らはストップウォッチを用いてUPSドライバーの動きを追跡調査している。

テイラーの具体的テクニックにとどまらないものが今日まで浸透してきている。テイラーの哲学は、理論においてとはいわないまでも、実践においては世界中の経営者に広く受け入れられている。実際、ピーター・F・ドラッカーがかつて記述したように、「『科学的管理』は、『ザ・フェデラリスト』（1787～1788年にかけて新聞に掲載された85の論説をまとめたもので、合衆国憲法を批准し、連邦政府を樹立することを訴えた）以来の、アメリカが西洋思想に対して生み出したもっとも力強く、かつもっとも永続的な貢献であろう」。テイラーの貢献は資本主義諸国のみにとどまるものではなかった。レーニンはソビエトの生産管理者に科学的管理を研究するよう強く要請した。

> 社会主義建設を実現できるかどうかは、ソビエトの権力とソビエトの管理組織を、資本主義の最新の成果と結びつけることに成功するかどうかにまさに依存している。われわれはロシアでテイラー・システ

ムの研究と教育を組織し、テイラー・システムを体系的に試し、われわれの目的に適合させなければならない。

これまで経営について著述してきたほとんどの人は、コンサルタントやビジネススクールの教授であった。彼らの中で実際に労働者や管理者であった人はほんの一握りであった。テイラーはその両方、労働者であり管理者であった。1858年にフィラデルフィアの中流階級の家庭に生まれたテイラーは、ハーバード大学への進学を辞退し、ただちに機械工場の鋳型工見習いとして働く道に進んだ。彼はミッドベール製鋼において日雇い労働者から一人前の機械工、組長、職長、そしてついには技師長にまで昇進した。テイラーは管理職に就くと、能率を増進するための実験を始め、のちに「科学的管理」として知られるようになる「課業システム」の諸原則を定式化した。

テイラーの性格には二つの独特な側面があった。一方では、彼は仕事以外で幅広い好奇心を持っていた。彼は素晴らしいテニスプレーヤーであった。テイラーは1881年に、ミッドベール製鋼の共同所有者の子息とともに、全米オープンテニスのダブルス選手権に匹敵する大会で優勝した。彼はユーモアのセンスも良かった。フランク・バークリー・コプリーによる最も信頼のおける伝記には、女装したテイラーの貴重な写真が載っている。彼はアマチュア演劇で女性役を演じたのである。テイラーのこの魅力的で社交的な側面からは、彼がいかにしてアイディアを効果的に展開し、いかにしてフランク・ギルブレスやリリアン・ギルブレスを含む非常に多くの弟子を獲得することができたのかがわかる（能率専門家であるこの夫婦の家庭生活は、クリフトン・ウェッブとマーナ・ロイが夫婦役を演じた1950年の映画『1ダースなら安くなる』（夫婦には12人の子供がいた）で広く知られることになった）。しかし、テイラーは不正確なものをひどく嫌ってもいた。のちにアーティストになったテイラーの幼なじみは思い出を語った。

> 少年時代の仲間内の意見では、フレッドはいつでもちょっとした変人でした。私たちはしばしば厳密なルールや正確な規格に反発しがちでしたが、彼は私たちのすべてのゲームはそれに従わなければならないと主張しました。例えば、将来のアーティストにとっては、ラウンダーズ（ソフトボールの原型といわれるイギリス発祥の球技）のコートの長方形が科学的に正確であることが、しかも素晴らしく晴れ渡った午前のすべてをフィートやインチの単位まで計測することに費やすことが、絶対に必要なものとは思えませんでした……フレッドと一緒だとクロケットのゲームさえ研究と入念な分析の源となりました。彼はさまざまな打撃の角度、衝撃力、そして下向きの打撃や上向きの打撃の利点と欠点などを注意深く割り出していました。

伝記作家コプリーは、テイラーの性格のこの側面をピューリタンやクエーカーであった彼の祖先に由来するものとしている。それがどこに由来するものであるにせよ、テイラーは常に完璧を目指して懸命に努力した。なにより彼は時間やエネルギーを無駄にすることが耐えられなかったし、誰といえどもそのように振る舞うことは許し難いと思った。テイラーにとって「イングランドやアメリカの労働者を今最も苦しめている最大の悪行」は、仕事を怠けること、もしくは怠業として知られているものであった。彼の全キャリアは産業界から怠業を一掃することに捧げられた。

なぜ人々は仕事を怠けるのか。「楽をしたがるという人間の生まれながらの本能や性向」に由来するとテイラーは信じていた。この生まれつきの怠惰は、労働者を一つの集団にまとめるとその度合いを増す。彼らは必ず、よりエネルギッシュに働く人にはペースを落とすように圧力をかける。さらに悪いことに、彼らは、「仕事がいかに速くできるかを、雇用主に気づかれないようにするという用心深い目的をもって、組織的怠業」に浸っている。「この目的のための怠業は普遍的に行われるので、できるだけゆっくり仕事をやりながらも、相当なペースでやっているように雇用主に思わせる方法を、研究するのにかなりの時間を費やす…やり手の労働者を大規模事業所ではよく見かける」。テイラーは経験に基づいてそう語った。彼はミッドベールで多年にわたり他の機械工とともに働いてきた。

人々をもっと働かせるにはどうしたらよいのか。組長に昇進して初めて管理する側に立った時、テイラーはかつての仲間を、もっと速く働くよう簡単に誘導できると考えていた。テイラーは仲間の工員が機械をその潜在力のわずか3分の1の生産となるように設定していると判断した。そこでテイラーはさまざまな作戦を試みた——言葉による説得から、「より強情な男たちには解雇もしくは降給」まで。3年後、生産量は増加し、時には2倍にさえなった。しかし、テイラーのビジネスライクなテクニックは、労働者と経営陣との間に「戦争」を引き起こしてしまった。このことはまったく彼の意に満たないことであった。後にテイラーが書いたように、「まともな考えを持った人にとって、この成功は、［管理者が］自分を取り巻くすべての人と持続せざるを得ない敵意に満ちた関係の代償には決してなり得ない。他者との闘いの連続という人生では、生きる価値はほとんどない」。

テイラーは別の方法を探した。生産量を増加させ、かつ「工員と管理職の円満な協働」につながる方法を求めた。その目標は注目に値する。というのは、最悪の扱いが固定化している労働者の状況の改善を口実にした目標であったからである。

テイラーのシステムにはいくつかの特徴があった。第1に、経営者側がそれぞれの課業を分析しなければならない。管理者が労働者の誰かに、君の働き方は遅すぎるといえば、「いいえ、私は出来る限り速く働いています」と反論されるであろうことをテイラーは知っていた。どうやったら経営者側はその反論に対抗できるであろうか。その答えは科学である。科学的管理に基盤を置く経営者は、怠けているか否かというあらゆる口論を排除するために、職場のすべての課業に公平な科学的調査を行うのである。「工員のありとあらゆる行為は科学に還元できる」とテイラーは主張した。

テイラーのあげた実例の一つが石炭のショベル作業であった。ベスレヘム製鋼での研究に基づいて、テイラーは「一流の人は、ショベル1杯の量が約21ポンドの時に1日の作業量を最大化できる」と結論をくだした。18ポンドや24ポンドではなく、21ポンドであるとテイラーは明言した。それは「ショベル作業の科学」の一部にすぎなかった。ショベル作業の結論に達するため、テイラーの部下たちは「何千回ものストップウオッチ観察を行い……労働者がいかに速く……山積みの材料にショベルを押し込んで正確に引き出すことができるかを研究した」。これらの時間動作研究が、石炭をショベルですくったりその他の課業を遂行する「唯一最善の方法」を決定し、それによって「個人の知識に基づく意見や古い経験則を正確な科学知識に置き換える」。

この情報を用いることで、職場全体を科学的に組織することができた。経営者側の職位が新たに多数創設された。計画部門は、経営の「頭脳」として、仕事の全局面を指揮した。以前は自身の職務にほぼ全責任を負っていた労働者は、今や自身の仕事を科学的に行う方法を教わることになった。一人の職長が6人もしくはそれ以上の数の管理者に置き換えられ、テイラーは彼らを「教師」と呼んだ。ある機械工場では、労働者を監督するために七つの異なるポストを創設した。この構想では、「検査係」は期待される品質を説明する。「準備係」は最も速い動作について説明する。「速度係」は機械が適切な速度で作動することを確認する。「修繕係」は機械を保全する。「時間および原価係」は出来高賃金のために生産量を記録する。「手順係」は労働者間の材料の流れを調整する。そして最後に「工員がさまざまな上司とトラブルを起こした場合に、『工場規律係』が面談を行う」（これら7人のいわゆる職能的職長の名称は通例に倣った）。

テイラーや彼の大勢の弟子たちがその美点について語るのを聞くと、科学的管理はアメリカの工場労働者にとってこれまでで最高のものであるという。職場を科学的に組織することにより、労働者は能率向上に専念することから解放される。そのシステムに対する労働者のいかなる抵抗も克服するため、テイラーは、労働者に以前よりも大幅に高い賃金を、もっといえば前の2倍もしくは3倍の賃金を払えるように、新しい出来高賃率の基準を設定しなければならないと説いた。テイラーの方法で能率が改善されることにより、全労務費の負担が大きく低下するので、会社はより多くを支払うことができた。テイラーの管理する工場の労働者は、より多くの金銭を得ることに加え、入念な訓練、職務を正しく行うための適切な道具、そして可能な限り最善の物理的労働条件を享受した。これ以上何か望むことがあろうか。

もし仕事での人間関係が、パン一塊を買うように、単なる1対1の市場交換であったなら、科学的管理は数千のアメリカの職場を理想郷に変えていたであろう。それどころか科学的管理の影響は悲惨なものであった。科学的管理は不信に根差すものである。テイラー主義では、労働者は生まれながらに怠惰で、生産性を高める努力を妨害するものと想定されている。テイラーはそんなことが起こらないようにするためにそのシステムを設計した。そのシステムは労働者の主たる力の源――彼の知識――を正面から攻撃する。科学的管理を用いなければ、従業員の方が経営者よりも仕事の詳細を知ったままとなる、とテイラーは説明する。テイラーは彼の古典的論文 *The Principles of Scientific Management*（邦訳『科学的管理法』）で書いている。

> ……伝統的知識は、すべての熟練工員の最も重要な資産もしくは占有物といえるであろう……職長と監督は、自らの知識と個人的技能が、彼らの下にいるすべての工員の知識と器用さを合わせたものには遥に及ばないということを、他の誰よりも良く知っている。

労働者を信頼することができないので、科学的管理は彼らの知識による統制力を力づくで奪い取ろうとする。生産技術者は、単に客観的で科学的な基準を確立しようとしてストップウォッチやその他のテクニックを用いるのでない。この経営者の代理人は、テイラーが従業員の「最も重要な資産」と率直に認めるものを盗み取ることに狙いを定めている。それぞれの課業の詳細についてひとたび充分なノウ・ハウを占有すれば、経営者側は職場において絶対的な統制力を行使できる。テイラーはそのことを『科学的管理の原理』の次の一節で明確に要約している。

方法の強制的標準化、最善の道具と労働条件の強制的採択、そして強制的な協働のみがより速い仕事を保証する。そして標準の採択を強制し、またこの協働を強制する責務は経営者側だけにある。［強調は原文のまま］

経営者と従業員との間に「調和の取れた」関係を創出するというテイラーの話題はさておき、科学的管理に基盤を置く管理者は、従業員の自発的協力が得られない場合には、自らの拳を露わにする必要があるかもしれない。ひとたび協働が「強制」されれば、計画者と実行者とに分けられたその区分が永続化されうる。テイラーは次のように述べた。「前もって計画しておくためには1種類の人間が必要であり、計画されたその仕事を遂行するためにはまったく別の種類の人間が必要となる」。つまり、管理者はその頭脳を提供し、労働者はそのたくましい筋肉を提供するのである。テイラーの時代以降、この経営者側の考えが職場を支配してきた。ニューヨーク証券取引所の元会長であるウィリアム・バッテンは１９７９年に次のように述べた。「現代の労働は、今もなお科学的管理の理論に根差している。そのアプローチは穏やかになってきているが、経営者は［今もなお］勤務日のあらゆる場面を識別し測定している。時には、従業員が井戸端会議に費やす正確な分単位の時間まで」。

長年にわたりテイラーと科学的管理は批判されてきた。労働者のことを「思考がのろい」、「愚か」、あるいは「去勢された雄牛」のようであるといっているテイラーの逸話をいくつか選んで取り上げた者もいた。たとえテイラーが実際にそれらの表現を使ったとしても、その批評家はその表現の文脈や、科学的管理の駆け引きを無視している。テイラーは、労働者は本質的に愚かである、とはいっていない。その正反対である。これまでみてきたように、テイラーは労働者が頭脳と相当量の知識を有していることを理解していた。彼は、労働者がその知性を、経営者のためにではなく、経営者に抵抗するために用いることを嫌ったのである。だからテイラーは、従業員の知性の力を無力化して、作業の遂行方法との関係を断つためのシステムを考案したのである。いい換えれば、科学的管理の下で従業員は思考する必要がないというだけではなく、思考してはならないのである。従業員の考えるという行為は、新しい管理者の幹部（「教師」）によって担われることになる。科学的管理の下では、より愚かで人に従順であればあるほど、いい労働者なのである。取り換えの利く労働者――機械部品のように――こそが科学的管理が獲得しようと試みたものである。

科学的管理は、従業員の誇りにとりわけ甚大な影響を与えた。誇りとは、自分の仕事を統制しているという感覚を意味する。統制している感覚がなければ、自分の仕事に満足することはほぼ不可能である。テイラーのシステムは、仕事の仕方についての従業員の知識（「彼の最も重要な資産」）よりも大きなものを奪い去った。生産性に重点を置くので、科学的管理は出来映えにおける職人の誇りを奪い去った。

この点は、テイラー主義を直接経験した労働者からのコメントを聴くことによって最もうまく説明できる。その年は１９１１年で、場所はボストンに近いウォータータウン兵器廠であった。テイラーの訓練を受けた何人かの生産技術者がストップウォッチを持ってその兵器廠に入ってから間もなく、機械工場の鋳物工が山猫スト［労働組合の組合員の一部集団によって行われる、組合所定機関の承認なく独自に行われるストライキ］を行った。その鋳物工たちは1週間後に仕事に戻り、テイラーの弟子たちは時間動作分析を継続した。それ自体は、大した出来事ではなかった。しかしそれが連邦政府の軍事施設で発生したため、政府はその状況を調査するために調査員を派遣した。結果として、私たちには当時鋳物工たちになされた面談の記録が手に入った。主要な不満は自尊心の破壊を中心に展開されていた。

アイザック・グーセトレイという鋳物工が調査員に語っている。「それは劣等な工員を生み出すでしょう。人は仕事のスピードを過度に上げられると、仕事をないがしろにするようになるという単純な理由からです。今から短期間のうちに、私たちは劣等な工員を持つという結果になるでしょう」。

兵器廠の機械工場で働いていたジェイムズ・A・マッケアンはこの懸念に同意した。「彼らが私たちに示すことができるのは、一定の切削速度と送り速度の数値です。しかし、どんなシステムによっても、彼らは私たちに、私たちが今知っている以上により良く仕事をなす方法を示すことはできません。彼らが私たちに示すことができるのは、仕事をより速くする方法であって、より良くする方法ではありません」。

マッケアンの批評は科学的管理に関するもう一つの重要な問題を要約している。それは一定の手順がいかに速く遂行されるかという生産性向上の可能性を提供するのである――。しかし、品質についてはどうなのか。労働者は信頼されていないので、経営者側の代理人がより多く雇用されなければならない――この場合は品質検査係。科学的管理を歓迎してきた一つの産業がアメリカの自動車産業である。アメリカ製自動車の品質の悪さという問題は、少なくともある程度までは、労働者から品質に対する責任を取り除くというこのテイラーの遺産にその元を辿ることができる。それとは対照的に、日本の自動車メーカーは、作業チームやQCサークルの機構を通じて、品質に対する責任を労働者の手に委ねてきた。

アメリカの産業問題をより一般的にテイラー主義のせいにする日本人さえいる。日本の経営界の教祖である松下幸之助は、日本最大のエレクトロニクス企業パナソニックの創立者であるが、かつて欧米の実業家の一団に次のように語った。

> 私たち日本人が勝利し、欧米産業は敗れるでしょう。あなた方はどうすることもできない。なぜならば、失敗の理由はあなた方自身の中にあるからです。あなた方の会社は、上司が思考して、労働者がねじ回しを扱うというテイラー・モデルの上に築かれている。あなた方は、これが会社経営の正しいやり方であると内心では確信している。

松下の観察には称賛すべき価値がある。テイラー・システムは世界中の管理者にとって非常に大きな魅力を有してきた。それは彼らに職場における優位な地位をもたらすからである。それに加えて、テイラー主義それ自体が多くの管理職位の創設を促進してきたからである。結局のところ、工場を科学的に運営するにはより多くの管理者――非常に多くの管理者――が必要になるのである。科学的管理に基盤を置く管理者は工場における自らの地位を心から誇りに思ってきた。ヒュー・G・J・エイトキンは、彼の著書*Taylorism at Watertown Arsenal*においてその管理者たちについて次のような所見を述べている。

> 彼らは、兵器廠を実際に管理しているのは工員たちではなく、自分たちであるという感触を初めて持った。幹部役員や監督者クラスの者

が、工場内で生じることに対して以前より大きな統制力を持つことで、自らをより重要な存在とみなすようになることは、かなりの程度まで、テイラー主義の副作用の一つであった。テイラー主義は一定の新しい管理職能を必要とするだけではなかった。新しい肩書とより明確に規定された責任を持つ新たな階層の人々によって、その管理職能が遂行される必要もあった。

この新しい階層の管理者たちは、このシステムから恩恵を受けていたので、従業員を信頼するというシステムには脅威を感じることになる。まさにそうしたことが起こっていた。70年代終わりから80年代初期に、多くのアメリカ企業はＱＣサークルやその他の従業員参加型の経営テクニックを開始したが、それは主に成功した日本企業と張り合おうとする願望に応えたものである。１９８６年、フォーチュン誌はその経験についての記事を掲載した。

> それは実に美しい光景であった。労働者は経営に積極的な役割を果たすことができるという思想に基づいた新たな関係を築くために、時間給従業員と監督者が、事務員と単純作業の従事者が、会社の鋳物工場に集合した。……その新しい方法は、従業員にどうしたら自らの作業が改善できるかを問いかけ、それから従業員にそれを改善させるということを伴うもので、しばしば作業チームやいわゆるＱＣサークルの方法で行われた。その初期の成果は［感動的なものであった］、１０１の事業会社の調査において、従業員参加型に経営された事業会社の方が、14の財務指標のうち13の指標で、その他の事業会社よりも高得点であったことである。

その結果に基づいて、国内の全ての会社がはやる思いで署名してその方法を採用した、と私たちは期待すべきであった。アメリカの競争力を押し上げるための明快な答えがここにあった。しかし違った。まったく逆のことが起こった。フォーチュン誌はあるビジネススクールの学部長がいった言葉を引用した。「従業員参加型経営の問題点は、それが正しく機能することにある」。１９８０年代初期に導入されたプログラムの約75パーセントが１９８６年までに中止された。それはなぜか。フォーチュン誌によれば、反対は労働者から生じたのではなく、反対したのは、

> ……上級、中級、下級の管理者であった。従業員参加型経営という考えは、製造現場に追放された。そして、たとえそれがそこで栄えたとしても、上層に忍び寄ることは決して許されなかった。ＱＣサークルという流行には飛び付くのか。もちろん。挑戦する者は至る所にいた。しかし、管理者の態度や組織構造は変えるのか。いや、この10年は変らない。

フォーチュン誌の記事が示すように、その職務が従業員の「頭脳」として振る舞うことに依存する人々を追い払わない限り、職場を脱テイラー化することはできない。プレストン・トラック輸送に関する第10章では、いかにして一つの会社が科学的管理の考え方を一掃し、個々の従業員こそが最善の仕事の仕方を知っているという前提に基づく哲学に置き換えたのかが示される。その変化の直接的な結果として、少なくとも４分の１の管理者が退社した（プレストンはその間に多くの競争相手よりも優れた業績をあげた）。経営の理論は会社内で重大な政治的意味をもつ。それは単なる抽象的な哲学ではない。

最後に一点。テイラーは、怠業は生まれながらの怠惰に由来すると主張した。しかし、彼自身の説明が、その分析と矛盾している。テイラーが管理の課業システムを導入する前のミッドベール製鋼の機械工について考えてみよう。テイラーは、機械工が一日中何もしないでただ無為に時を過ごさないことを十分に認識していた。彼らは生産水準を低く保つ方法をあれこれ考えることに時間とエネルギーを費やした。テイラーのレトリックは労働者の怠惰に罪を負わせるが、彼のシステムの真意は労働者のエネルギーの矛先を転ずることである——生産を破壊する方向ではなく、むしろ経営者と協働する方向に。経営者としてのテイラーは、労働者を「動機づける」方法をあれこれ考えようとはしなかった。その概念は後になって、エルトン・メイヨーや心理学に基盤を置く経営者とともに流行した。テイラーは、労働者たちはすでに動機づけられているがそれは間違った目的に向けて動機づけられている、と考えたのである。

　もし怠惰が怠業を説明しないのであれば、何がそれを説明するのか。より可能性のある原因は、産業革命の始まり以降の労働条件に関する多数の記述の中に見出すことができるであろう。労働者は、自分たちが作った製品や提供したサービスとつながっているという感覚を失った。熟練職人や農民として、労働者は自分自身の仕事と直接的な関係をもっていた。彼らは自分の道具を使って何かを作った。工場に配置され、そしてとりわけ科学的管理の下に置かれると、労働者は他者の手中にある一つの道具となった。テイラー自身が明確に述べているように「これまでは人が第1であった。今後はシステムが第1でなければならない」。仕事を怠けるということをこの観点からみるならば、その解決策は疎外の源泉を取り除くことにある。従業員の知力を無力化するのではなく、彼らに直接影響をもたらす問題について助言を求めることができる存在として、従業員は敬意が払われなければならない。

　テイラー主義は最高の職場のあらゆる側面を蝕む。それは信頼を築くことの対極にあり、従業員が自分自身の仕事を誇りに思うことにとって致命的であり、組織に真の調和を生み出すことにとって有害である。テイラーの後にくる者たちは、職場からテイラーの遺産を一掃することができなかった。というのは、後でみるように、彼らはテイラー主義の行き過ぎをひどく嫌悪しながらも、経営者と従業員の関係についてのテイラーの前提のいくつかを共有しているからである。

第7章　エルトン・メイヨーの経営思想――人間関係運動と職場――

警官は、しばしばペアを組んで仕事をする。一人はタフガイの立場で、もう一人はナイスガイの役割を演じる。具体的に言うと、一人は追跡者を情け容赦なく詰問し、もう一人は理解と配慮を示す。

このような二面性は、多くの組織で見ることができる。多くの企業には、ナイスガイがいるだけでなく、人事部（最近では人的資源部と呼ばれることが多い）という部門全体が彼らの居場所になっている。経営に対するナイスガイアプローチは、偶然に生まれたものではない。そのルーツは1930年代、エルトン・メイヨーという産業心理学者にさかのぼることができる。メイヨーの人間関係運動が、なぜアメリカの経営にこれほどまでに重要な位置を占めるようになったのか、それはタフガイがナイスガイを生み出すという皮肉な話である。

物語はテイラーから始まる。彼はマネジメントへのタフガイ・アプローチを代表する人物である。彼は自身で考案したシステムを科学的管理と呼んでいたが、もっと正確に言えば、エンジニアリング・マネジメント（技師による管理）と呼ばれるべきであった。テイラー自身も、彼の初期の弟子たちの多くと同様、機械技師であった。テイラーは、マネジメントに関するさまざまなアイディアを議論する当時の主要なフォーラムであったアメリカ機械学会の会議で、彼の課業システムを初めて公開した。そして、20世紀初頭に複数の大学がマネジメントを教えることを決め、その時点で産業工学部を開設した。

マネジメントとエンジニアリングの関係は自然なものであった。産業革命は技術の進歩によって推進された。技師は、技術を産業に応用する方法を考え出した。彼らは、製品とそれを生産する機械を設計した。初期の工場は、これらの機械のために存在し、それらを扱うために設計されたが、それらを操作する人のことは、ほとんどあるいはまったく考慮されていなかった。

機械が先にやって来ることが、産業革命にとっての確固たる前提であった。この考え方は、テイラーの時代よりずっと前に、職場に大きな影響を与えるものであった。1830年代のイギリスの紡績工場を説明するに当たり、著名なイギリスの経済史家であるエリック・G・ホブズボームは、次のように書いている。

> 「機械装置」の非人間的で均一のペース、機械化、の規律によって結ばれている。ガス灯、鉄材、喫煙の規律などがすべて結びついた。プロセスの合理的な流れを備えた「工場」……は、革新的な仕事の形であった。工場の賃金は、家内制手工業の賃金よりも高くなる傾向があったが……、労働者は工場で働くことを躊躇していた。なぜなら、そうすることで男性は生まれながらの権利や独立心を失ったからである。実

は、これが労働者が可能な所でより扱いやすい女性と子供で満たされた理由の一つである。１８３８年には繊維工場労働者のわずか23％が成人男性であった。

ラッダイトは、機械時代の初期の拒絶反応を象徴していた。彼らは、１８１１年から13年にかけてイングランドの田舎を歩き回り、小さな織物製造工場に押し入り、織機を壊した。30年後、カール・マルクスとフリードリヒ・エンゲルスは、工場システムの非人道性を非難する有名な『共産党宣言』を書いた。イギリスの労働組合運動もこの頃に始まった。これは、産業の状況に対する最初の効果的な組織的反応であり、アメリカや他の国々における労働運動のパターンを形成するのに役立った。しかし、機械時代に対しては、労働組合に加入したり共産主義者になったりするよりもはるかに一般的な反応があった。労働者は自分たちのすべてを提供しなかった。彼らはその仕事を怠り、怠業に従事したのである。

次に、怠業を解決しようとすることは、究極の技術的問題、機械の時代が始まって以来、工場の管理者たちを悩ませてきた問題――人間という問題――に立ち向かうことであった。だから、テイラーの科学的管理システムは、世界中の仕事に多大な影響を与えてきたのである。それは、産業の人間問題に対する技術的解決策を提案した。経営者は、仕事の詳細な分析を行うだけで、厄介な「人間的要素」を職場から排除することができる。従業員は、機械が最高のパフォーマンスを提供するように調整されるのと同じように、賃金と規律の適切な混合によって操作される。テイラー・システムは、実質的には、経営者が労働者をまるで機械であるかのように扱うことができると約束したのである。

疲労はどうか。単調さはどうか。十分に組織された善意の従業員でも疲れるし、退屈もする。心が仕事から離れ、生産性が低下する。皮肉なことに、疲労と単調さは科学的管理システムの普及によってより大きな問題になった。同システムを採用した工場は仕事を細分化し、個々の労働者に個別の課業を与えた。労働者が一日中一つの課業しかできない組立ラインは典型的な科学的管理である。しかし、そのような課業の反復的な性質は、明らかに仕事をより退屈にし、人々の効率を低下させた。

エンジニアリング・アプローチは怠業の解決策を提供してきたので、これら新しい「人間的な」問題も解決できることは確かである。少なくともテイラーの弟子たちや他の技師で管理者でもあった人々はそう信じていた。20世紀への転換期頃から、工場の管理者たちは、職場の疲労と単調さの問題を解決する方法を見つけるために多くの研究を支援した。これらの研究の一つが、科学的管理そのものに挑戦するという驚くべき結果をもたらしたのである。

ホーソン工場での発見

ウエスタン・エレクトリック社（AT&Tのグループ会社）のえり抜きの研究技術者〔同社の社員で実験を計画・実施していた人々〕は、シカゴ近郊の広大なホーソン工場で、１９２３年に問題の研究を開始した。彼らは当初、労働者の生産性が、照明の変化によって影響を受けるかどうかを知りたがっていた。そのため、いくつかの異なる部門で照明の明るさを変化させた。数カ月の研究の後、彼らは照明と仕事の生産量の間に明らかな相関関係を発見することができなかった。時には人々は、部屋が薄暗いときによく働くこともあれば、調子が悪いこともあった。照明の変更だけでは、生産性に大きな影響を与えないように思われた。

次に、研究技術者たちは、休憩の影響や出来高給の変化など、照明以外の他のいくつかの要因に注意を向けた。5人の若い女性を選び、特別なテストルームを設置した。その部屋は、実験用の広い作業エリアに隣接している。女子工員を隔離することにより、研究技術者たちは他の変数を最小限に抑え、研究をより科学的に妥当なものにすることを目指した。女子工員は通常の仕事を行った。電話器の継電器組み立ては、35個の別々の部品を4本の機械ねじで固定する作業で構成されていた。通常、継電器の組み立てには約1分かかった。女子工員たちは通常、土曜日の半日を含む週48時間働き、就業日には休憩はなかった。研究技術者たちは女性らの疲労について知りたがっていた。例えば、午前と午後の休憩時間は、女性たちの疲労を軽減して、生産量を改善したであろうか。次の2年間（1927～29年）は数週間ごとに、女性の就業日と出来高給を変更し、彼女たちの勤労意欲と生産性の両方におけるそれらの変更の影響を調査した。

結果は誰もが予想していないものであった。どの変更が行われたかにほとんど関係なく、労働者の生産性は改善したのである。

そのような結果はどのように説明できるだろうか。困惑した研究技術者たちは、ハーバードビジネススクールで新たに創設された産業調査部門の責任者であるメイヨーに頼った。

オーストラリア人の「医師」

メイヨーは、南オーストラリアの医師の家系の出であった。彼の祖父はアデレードで有名な医師で入植者であった。そして誰もが、エルトンは医者の伝統を受け継ぐであろうと思っていた。しかし、メイヨーは、24歳であった1904年に最終的に哲学の学位を取得する前に、三つの異なる医学部を落第もしくは除名された。しかし、学位を取得したことで彼は教えることができ、彼のその後のキャリアは大学に所属することになるのであるが、最初はオーストラリアで、後にペンシルベニア大学のウォートンビジネススクールで、さらにその後はハーバードで過ごした。しかし、メイヨーは、学界の狭い専門化にうまく適応できず、博士号も取得できなかった。

ハーバードビジネススクールのアブラハム・ザレズニック教授は、メイヨーが在職した最後の年である1947年にリサーチアシスタントとしてそのスクールに加わり、メイヨーは、「いささか子供じみた怠け者のところがある」と書いた。ザレズニックによると、

> メイヨーを除くスタッフ全員が早朝にオフィスに現れた。メイヨーは、午前中に到着して仕事を行った。彼のアシスタントとともにインタビューを数時間行い、その中で、彼は、治療と仕事を一緒に行った（彼にとって、二つのことは同じものであった）。彼は、その後、午後遅くに昼食とシェリー酒を飲んで、ハーバードスクエアにあるセントクレアのレストランで時間をつぶした。メイヨーが、ハーバードビジネススクールの文化を無視したのと同じくらいこの習慣を楽しんだかどうかは、未解決の問題である。

彼が、自分の時間で行っていたことは推測によるところもあった。おそらくシンプルな答えは、メイヨーは、基本的に怠惰な男であり、プロテスタントの労働倫理のプレッシャーをかわすことができたとい

うことである。

それにもかかわらず、メイヨーは、人々に多大な個人的影響を及ぼした。彼にはスタイルがあった。彼の伝記作家、リチャード・C・S・トラヘアは、次のように書いている。「彼が部屋に入ったときは、重要な人物が到着したという印象を与えた。天気の良い日に外出するときは、色とりどりの帯状のひもが付いたつばのある帽子をかぶり、杖を持って、ハンカチを身に着け、そのスリムな体の全身を使って威張って歩いていた」。メイヨーは、彼の好きな劇作家であるノエル・カワードの戯曲の中に出てくる機知に富んだキャラクターのように見えた。優秀な饒舌家であり、聴衆を魅了することができる講師であるメイヨーは、幅広いさまざまなトピックスについて理論化するのが大好きであった。人々と個人的に話すとき、彼はさらにパワフルでさえあった。彼は、自分自身を医者でありセラピストであると考えていた。彼が医学部を卒業したことも医者として認定されたこともないという事実にもかかわらず、人々は彼が医師であると思い込み、彼は常に「メイヨー医師」と呼ばれていた。メイヨーは、そのことについて人々に誤解を解くようなことは何もしなかったし、彼のビジネススクールのオフィスに医師が使う体重計のセットさえ持ってきていた。

メイヨーは、彼のキャリアを前進させることができる人々を魅了するためのコツを持っていた。1922年にアメリカに到着して間もなく、ほとんど無一文の状況で仕事を探していた彼は、医療心理学について話すように誘われた。医療心理学は当時のホットな講義の話題である。彼の話は、ジョン・ロックフェラー・ジュニアの関係者に感銘を与えた。医療心理学に関するメイヨーの考えが、産業に適用できるかどうかに興味を持って、ロックフェラーは、メイヨーがフィラデルフィアのいくつかの工場で着手することを提案した労働者の研究に資金提供することを承諾した。ロックフェラーは、メイヨーが1926年にハーバード大学の教授陣に加わった後も、メイヨーの仕事に何年も助成し続けた。

メイヨーは、ロックフェラーとの付き合いを通して、ウエスタン・エレクトリックの幹部に知られるようになった。彼らはメイヨーをシカゴに招き、自分たちの研究について相談した。メイヨーは理論に疑いの余地なく急進的な解釈を提示した。彼は、加えられた変更、つまり休憩時間と出来高給の変更は、テストルームで女子工員を隔離することによってもたらされた作業環境の重大な変化と比較して、「小さな問題」にすぎないと主張した。特に、メイヨーは、典型的な工場の「監督者」のように振る舞わずに、共感的で気遣わしげな「観察者」の役割に注目した。これは、しばしばホーソン効果と呼ばれるもので、社会科学の語彙の中でよく知られた用語である。それは人々が実験のためではなく研究のために選出されたことから受ける注目による行動改善を意味する。それは、テスト自体の変化ではなく、研究のために選ばれることによって人々から受ける関心のために行動が改善される可能性があることを意味する。さらに重要なことに、メイヨーは、テストルームには単に6人の女子工員だけしかいなかった訳ではないことを強調した。彼女らは社会的単位として研究される必要がある自分たちの生活をもつ社会的グループを構成していたのである。したがって、メイヨーにとって、テストルーム自体は「新しい産業環境、すなわち、「女子工員」自身の自己決定と彼女らの社会的な幸福が最優先に位置付けられる環境で、仕事は付随的なものである環境」であった。

メイヨーは、職場における社会的環境の発見をさらに研究すべきだと提案した。メイヨーの支援を受けて、ウエスタン・エレクトリックは、歴史上最大の産業研究を開始した。同社は、監督業務についてさらに学び、監督の質を向上させるために、1928年から30年の間に2万1000人以上のホーソン工場の従業員に面接を行った。その際、30人のフルタイムの研究者が雇用された。メイヨーは、自由連想法のユングスタイルにいくぶん似ている、非指示的な面接テクニックに従業員を導くのを支援した。面接官は、労働者に興味のあるテーマについて自由に話すことができるようにした（心理学者のカール・ロジャースは、この面接から、彼の全般的な非指示的なカウンセリングスタイルの発想を得たとしている）。面接は、通常1時間半で行われた。

大規模な面接プロジェクトは、最後の実験のきっかけにもなったプロジェクトであった。今回、研究者たちは、14人の男子工員が電話器を組み立てるバンク配線部門の社会的ダイナミクスを観察することにした。5人の女性継電器組立工を研究する際にとられた手順とは異なり、研究者は、バンク配線労働者の通常の手順を変更しなかった。唯一の違いは、観察者の存在であった。観察者は主にコーナーに座って、男子工員たちの習慣と会話をメモした。男子工員は、最初は疑いを持って彼を見たが、観察者はすぐに受け入れられた。研究は、大恐慌のために男子工員たちがレイオフされた1932年5月まで6カ月間続いた。

ホーソン工場で研究者が発見したことは、テイラーを驚かせるものではなかった。研究者は、バンク配線労働者が意図的に自分たちの生産を制限していること、すなわち、研究者は、男子工員が怠業に加わっているのを見出した。作業集団には、精緻な社会力学が働いていた。グループの非公式な1日の仕事の基準を超える生産を行った労働者は、レート破りと呼ばれ、同僚からの深刻な社会的圧力にさらされていた。組織的怠業に加わっている労働者たちは、生産量を少なくして、人をだます労働者であった。労働者はまた、同僚に悪い影響をもたらす可能性のあることを監督者に話した人は誰でも、タレコミ屋と名指しした。要するに、バンク配線室は社会学者にとっては夢、工場監督者にとっては悪夢であった。

ホーソン実験の三つの段階すべての結果も、科学的管理の理論に関する悪夢を生み出した。メイヨーと彼の弟子によると、ホーソン研究は、仕事の物理的な条件を変えるだけでは、人々の生産性を大幅に低下させる根本的な心理的および社会的問題にさえ触れることはできない点を決定的に証明した。職場ははるかに複雑である。生産性を向上させるためのいかなる努力も、人間の性質と社会組織の性質の両方を理解することから始めなければならない。メイヨーによると、テイラーが私たちに信じ込ませたように、職場は機械でいっぱいになっているのではなく人間でいっぱいなのである。冷酷な合理主義者のアプローチは、失敗を決定的なものにする。労働者を理解しながら対処するには、ヒューマニストの感性が必要である。

ホーソン実験は、当時のエンジニアリング・マネジメントの体制を揺るがした。歴史家のデビッド・F・ノーブルは、この点について次のように書いている。

> メイヨーと彼の同僚の発見は驚くべきものであり、経営思想に革命をもたらした。言うまでもなく、オリジナルプロジェクトを考案した

> 研究者は、そのようなものをほとんど疑っていなかった……。ホーソンの経験は、科学的管理の基本的な仮説の多くに疑問を投げかけ、産業心理学と社会学の初期の応用科学に刺激を与え、「人間関係」という新しい分野の先駆けとなり、経営学者に豊富なケース・スタディーの資料を提供した。

エンジニアである管理者は、ホーソン実験の批評が科学的な意味が込められていたため、非常に説得力があると感じた。ホーソン実験の結果を詳述している本は、科学の仕事というあらゆる外観を身にまとっている。実験のすべての段階の詳細が示される。具体的には、毎日の生産量の記録、労働者が昼食に食べたもの、毎時の血圧測定値、公式および非公式のインタビューからの何百もの直接的な引用、数十のチャートと写真などである。その後、多くの社会科学者がホーソンの研究者たちのテクニックの多くをずさんで非科学的であると批判したが、研究の広大な範囲と詳細は無視できなかった。ホーソン研究は、例えば、テイラー自身が行ったシャベルで石炭をすくうことに関するストップウォッチ研究と同じくらい科学的であるように見える。メイヨーは、彼の批判者を次のようにたしなめた。

> 経済理論で厳格に訓練された実業家の多くが、ホーソン研究を「理論的」として無視しようとするのは興味深いことである。実際は、立場が逆転している。ホーソン研究では、偏見なく事実を再検討した一方で、批評家は19世紀に流行しすでにその有用性を失っている人間理論を疑いなく受け入れていた。

予想通り、メイヨーは、実験の詳細を書くという骨の折れる仕事を、彼の弟子であるフリッツ・レスリスバーガーとトーマス・ノース・ホワイトヘッド（有名な哲学者であるアルフレッドの息子）に任せた。その代わりに、メイヨーはホーソンの福音を説くために雄弁家兼作家としての彼のスキルを用いた。彼は広く講演を行い、ホーソンの解釈をより多くの聴衆に伝えるために、２冊の短い著作（*The Human Problems of an Industrial Civilization*（邦訳『産業文明における人間関係』）と*The Social Problems of an Industrial Civilization*（邦訳『アメリカ文明と労働』））を書いた。

メイヨーが、それらの著書で実際に言っていることは、簡単な特徴づけへの反抗的姿勢である。彼は、人類学、心理学、社会学、政治学、哲学といったさまざまな分野から自由に学んだ折衷的な思想家であった。例えば、ホーソン実験の面接計画の彼の分析は、心理学者のピエール・ジャネの強迫観念に関する理論（フロイトのヒステリーの理論にいくぶん似ている）についての長い議論を引き起こした。あるいは、職場での士気の低下の原因についてのメイヨーの反芻は、社会学者のエミール・デュルケームのアノミーの概念（マルクスの疎外理論といくつかの類似点がある）についてのページを執筆するきっかけとなった。メイヨーの弟子であるフリッツ・ロスリスバーガーは次のように説明する。

> メイヨー博士は、体系的な思想家ではなかった。彼は自分の考えを精力的に述べたが、厳密に述べたことはなかった。彼の才能は、対面の関係の文脈で最もよく見られる。彼の主な成果は、彼が影響を与え、彼の考えを発展させるのを手伝った人々そのものであった。著書で展開した考えでさえ、実験室でテストされる厳密な仮説よりも、野外で

育てられる種子の性質に似ていることが多かった。

メイヨーが蒔いた種は、心理テストや従業員態度調査から職務充実プログラムや人間関係スキルを用いたマネジメントのトレーニングに至るまで、さまざまなマネジメントの手法という形で実を結んだ。しかし、特定の人間関係の手法よりも重要なのは、メイヨーの基本的な人間性という前提が幅広く管理上受け入れられていることである。例えば、経営・管理層は、一般的に、従業員がより効率的に行動できるようにするために心理的手法を適用する必要があると考えている。

一見したところでは、メイヨーのメッセージは、従業員から称賛されるべきメッセージのように見えるかもしれない。メイヨーのヒューマニズムは、確かにテイラーの思いやりの欠如に対する歓迎すべき改善策を提供しているかもしれない。また、スキルだけでなく、人間の資質を認めている人と議論するのは難しい。しかし、職場に対する人間関係アプローチにも残念ながら深刻な欠陥がある。人間関係の観点から見ると、労働者は患者であり、管理者はセラピストである。どちらの認識も最高の職場の構築を妨害する。

患者としての労働者

リチャード・トラヘアは、メイヨーが自分自身のことを「産業社会における病気の治療者」と見ていたと書いている。もちろん、この病気の主な被害者は工場の労働者である。メイヨーは彼の本の中でこの点を明確に述べている。ホーソン実験の面接計画からのデータを用いて、メイヨーは、労働者の労働条件と監督者についての労働者の声は完全には信頼できないと書いた。同じ監督者の下で同じ仕事をしている二人の労働者は、自分たちの仕事の状況について大きく異なる説明をする可能性がある。メイヨーは、これを「十分に正常な人々によってなされる発言の誇張と歪曲の傾向」と考えた。メイヨーはさまざまな心理学者、特にジャネの理論を引用して、労働者が自分たちの職場環境に対して「強迫観念の反応」を示したと推測した。メイヨーは、すべての労働者が、気がくるっていて、精神病院で診てもらった方がいいとは考えていなかった。彼は、面接した2万人以上の従業員のうち、「明らかに精神科医に診てもらうべき候補者であることが明らかになったのは十数人以下である」とはっきりと書いている。しかし彼は、労働者が明らかに自分たちの生産性に影響を与える軽度の精神疾患に苦しんでいると信じていた。そのため、労働者は自分たちの仕事についてそのような歪んだ説明をしており、しかもしばしば自分たちの仕事に不満を持っていた。

メイヨーによれば、インタビューと呼ばれる非指示的なカウンセリングを通じて問題を話し合うことは、労働者が彼らの強迫観念を克服するのに役立った。メイヨーは、ホーソン実験からこのテクニックの有効性の例を提供した。彼は次のように書いている。

> たとえば、ある女性労働者は、インタビュー中に、ある上司を嫌うのは、嫌でたまらない継父との空想的な類似性に基づいていることを発見した。同じ監督者が面接担当者に彼女が「扱いにくい」と警告したのは不思議ではないが、彼女の嫌悪感がまったく不合理であることを彼女自身が発見したことで、状況はかなり緩和された。

研究者たちによると、「この種の人の苦情は、会社の方針や労働条件に対する批判として深刻に受け止められないことは明らかであった」。

それどころか、そのような問題を会社に押しつけるべきではない。メイヨーの意見では、ウエスタン・エレクトリックは、「労働者への対処で、正義と人間性に明確にコミットした会社」であった。

ここで私たちが目にしているのは、実際の人間関係アプローチの明確な例である。セラピストの色眼鏡を通して職場を見ると、産業の経営・管理層は、すべての問題を個人的な問題とみなす傾向がある。適切な解決策は、常に個々の労働者が会社に適応することを求める。しかし、メイヨーの職場に対する見方はどれほど正確なのであろうか。メイヨー自身が引用した事例以上のものを見る必要がある。労働者へのインタビューの完全な記録はまだ入手可能であり、その記録を読むと、先の女性は結局それほど非合理ではなかったかもしれないことがわかる。

記録によると、くだんの女子工員は嫌いな監督者と、「ちょっとした冗談を言って気分を良くしてくれる」前の監督者とを対比している。一方、彼女の現在の上司は「ある程度意地悪なところがあります。しかも、彼はとても意地の悪そうな顔をしている……。彼は［下品なこと］も話します」。労働者によると、監督者は従業員が間違いを犯すたびに厳しく批判し、しばしばささいな要求をして従業員に嫌がらせをする。彼女は、他の監督者はそれほど虐待的ではないと主張している。最も重要なことは、彼女は、監督者についての彼女の気持ちが他のすべての労働者によって共有されていると主張している。「彼らは皆同じように感じています。すべての労働者は、その監督者のことが嫌いでした。彼はただ人々を傷つけるのが好きなようでした。彼は、彼が上司であることをみんなに知ってほしいだけです」。

面接それ自体に基づくと、労働者は監督者を嫌う多くの正当で合理的な理由を持っていたようである。どちらかといえば、監督者が部下に対する行動を変える必要があると主張する十分な根拠があるようだ。しかし、それは選択肢とさえ考えられていなかった。メイヨーの面接の手法は、従業員にとってかなり悪い状況に見えることに適応するための負担を従業員だけに課している。

監督者は、面接が労働者をまともにするだろうとはっきりと信じていた。言い換えれば、この技術は純粋に中立的なものとして労働者には描かれているかもしれないが、経営陣は、問題のある事例で自分たちの役に立つかもしれないので、労働者への面接を望んでいた。

この例は、人間関係アプローチの中核にある幻想を示している。人々の気分を良くするという装いの下には、生産性の向上という本当の目標が潜んでいる。ハーバード大学の社会学教授であるダニエル・ベルがメイヨーの業績と1956年に発表されたエッセイである「仕事とその不満」の中でその後の人間関係運動を再検討した。ベルによると、

> 企業の目的は同じだが、方法は変わってきており、明白な強制の古い様式は今では心理的な説得に取って代わられている。荒々しく命令を下すタフで残忍な監督者は、「人間関係志向」の監督者の穏やかな声に道を譲っている。

確かに生産性の向上は、産業企業にとって望ましい目標である。そして、誰もが厳しい監督者よりも穏やかな声の監督者を好むであろう。しかし、物事が、ありのままに伝達されていない場合は、職場には深刻な問題が生じる。そして、それは信頼を損なうことにつながる。シカゴの保険会社で職務充実プログラムがどのように開始されるかを議論した第4章で人間関係スタイルの手法を用いた陰険に人をだます事

例を見た。プログラムの本当の目標は生産性であったが、従業員はその目標が自分たちの幸福を改善することであると言われた。このような戦術は、エレクトロ・サイエンティフィック・インダストリーズの創業者であるダグラス・ストレインによって示された操作の定義の下では適格である。彼は、そのことについて次のように話している。「操作的であるというのは、あなたが自分の持っているカードを表向きにして配らないことを意味します。あなたは、人がなぜそれをしようとしているのか、あるいは人がなぜそれをすべきなのかを理解せずに人に何かをしてもらおうとしているのです」。

メイヨー自身は、インタビュー以外の手法を思いつかなかったが、彼が生み出した人間関係運動は、心理テスト、感受性訓練、職務充実プログラムなどといった名称のマネジメントスタイルを生み出し、拡大し続けている。これらの管理スタイルはすべて、職場を心理学者の視点から見ている。その後のマネジメントの理論家は、メイヨーの強迫観念と産業の不適応に関するかなり粗雑な見方に比べて、人間の性質についての理論をより洗練させ緻密なものにしていた。例えば、もともとメイヨーによってはっきりと示された足跡をたどった人の一人は、著名な人間性心理学者のアブラハム・マズローである。マズローは、欲求階層説と呼ばれる人間性の洗練されたモデルを生み出した。マズローは、人々が基本的な生存に関わる欲求を満たすと、自己実現の欲求をもつようになると主張した。二つの人気のあるマネジメントスタイルは、マズローのモデルに明確に基づいている。それらは、ハーツバーグの職務充実プログラム（第4章で議論されている）とマグレガーのY理論（感受性トレーニングと組織開発の基礎になった理論であった）である。マネジメントへの心理的アプローチの最近の代表的存在は、トム・ピーターズであり、これについては第9章で議論する。

対立のない自発的な協力

人間関係アプローチの支持者は、人間的な経営手法に頼ることで、労使間の対立が排除されることを常に示唆している。労使という二つの対立するグループの代わりに、メイヨーは誰もが仲良くしながら協力して働く「自発的な協力」を特徴とする職場を構想した。彼は、人間的な経営・管理層は、患者である労働者が心理的または動機づけの問題を克服するのを助けるので、これは自然な結果であると考えた。

協力的な労働者の職場というビジョンは、非常に魅力的である。しかし、それは個人と組織の間の基本的な利害の一致を前提としている。しかし、監督者があなたを不当に扱っていると思われる場合はどうなるだろうか。または、もし、あなたが、仕事のやり方について思いやりのある監督者に同意しない場合は、どうなるだろうか。または、会社があなたに支払う賃金が少なすぎるとあなたが思う場合はどうであろうか。このような苦情を個人の心理的問題に変えようとすることで、人間関係のアプローチは、会社の方針や慣行ではなく、従業員の気持ちを変えるだけで協力を実現できることを意味する。この意味で、メイヨーの自発的な協力の概念は、テイラーの協力の呼びかけの考え方と同じことを言っている。どちらも、経営陣だけで条件を決定することを想定している。従業員が正当な利益を持つかもしれないということは、メイヨーの理論の一部にはない。彼は、例えば、組合の問題については沈黙していた。1930年代がアメリカ産業全体にわたって積極的な組合組織化の努力がなされていた時代であったことを考えると、注目すべき怠慢である。メイヨーは組合について何も言うことがない。なぜなら、テイラーと同様に、彼は組合が産業内に存在する場所があるとは信じていなかったからである。彼は、自身の人道主義的なアプローチを採用すれば、組合は不要になると確信していた。

おそらく、より人道主義的な監督者であれば組合を複数の事業所から締め出すことができるだろうが、メイヨーの見解は、より基本的なことを無視している。それは、職場での対立を処理するための理論を欠いている。メイヨーの足跡をたどった人間関係の専門家は、大きな紛争が発生したとき、自分たちはあっさりと身を引かなければならないことを発見した。これは、人事（または人的資源）部門が通常組織のバックグラウンドに追いやられる理由の一つの説明である。人間関係運動は、組織内で人々の気分を良くすることができるが、従業員が反応しない場合は、心理的な説得と励ましの言葉以外にはあまり効果がない。深刻な職場の対立に対処しなければならない人々が、人間関係のアプローチにほとんど信頼を置いていないのも不思議ではない。そのすべての欠点について、科学的管理は、非協力的な（怠業を行う）従業員に対処する方法についての具体的な提案を示す。テイラーのアプローチは、基準を設定し、強制に関する仕組みがあるか、テイラーが言ったように、「強制された協力」である。

おそらく、人間関係アプローチの欠点は、そのアプローチが生産性をあげるための強力なツールであることが示された場合、見過ごされる可能性がある。しかし、人間関係のアプローチに対する別の、さらに実務上の批判がある。これは、科学的管理が依然として多くの職場で優位に立っている理由も説明している。労働者のパフォーマンスの研究から、幸福な労働者はより生産的であるという人間関係運動の基礎となる想定の誤りを証明する強力な根拠がある。著名な産業心理学者のビクター・ヴルームは、古典的な著書*Work and Motivation*（邦訳『仕事とモティベーション』）で次のように書いている。「通常、人間関係運動に関係するほとんどの人々は、仕事の満足度が仕事の成果と正の関係にあると考えていた。実際、人間関係は、従業員のニーズを満たすことによって生産性を向上させる試みとして説明されるかもしれない」。ヴルームは、仕事の満足度と仕事の成果との間にどのような関係があるのかを見ようとした20の異なる研究を調査した。彼の結論は、「仕事の満足度と仕事の成果の間にはまったく関係はない」というものであった。時には、より幸福な労働者はより多くのものを生産したが時には生産しなかった。ヴルームは、仕事の満足度を高めることが効果的であるという仮説を裏付ける経験によって立証できる根拠をつかむことができなかった。

このような発見をどのように説明するのか。一つの説明は、人間関係スタイルの手法の多くは、職場の構造的変化に影響を与えないということである。それらの手法は、しばしば、上司がその直属の部下とどのように関係しているかということだけに関わっている。そのため、労働者は、これらの手法を、操作的なマネジメントの副産物ではないにしても、単なる見せかけであると考えることがよくある。このように、従業員は以前よりもよく扱われ、満足していると話しているかもしれないが、だからといってそれは仕事がより効率的に行われることにはならない。

それは、生産性の向上にはテイラーのような権威主義的なマネジメントスタイルが必要であることを意味するのであろうか。ヴルームや他の人たちが行った研究をよく見るとそうではない。例えば、ヴルームは、従業員が自分の仕事についてより多くの発言の機会を持つと、生産性が向上することが多いと指摘している。ヴルームが述べているように、「……我々は、意思決定への参加が生産性を向上させるという信念の実質的な根拠を見出している。実行すべき意思決定に対する労働者のより高いレベルの影響力が、低いレベルの影響力よりも高い生産性をもたらすことを示す実験的かつ相関的な証拠がある」。言い換えれば、ノースウェスタン・ミューチュアルの章（第4章）で見たように、従業員が仕事のプロセスを通じて完全なパートナーとして受け入れられると、多くの場合、従業員はより効率的に仕事を行う。そして、同じ章で見たように、従業員は治療や動機づけを必要としていると考える人間関係スタイルの経営・管理層に従業員が服従する場合よりも、幸せになるかもしれない。

ヴルームの結論がホーソンでのメイヨーの研究と完全に一致していたのは皮肉なことである。継電器組立工がいたテストルームの環境の変化を説明する際に、メイヨーは、職場での信頼を築くための素晴らしい例として用いられることができたと書いている。

グループの精神的な態度には目覚ましい変化があった……。最初はシャイで不安で、おとなしく、おそらく会社の意図を幾分疑っていたが、後に彼女たちの態度は自信と親切さによって特徴づけられる。プログラムを変更する前には、グループに相談する。彼女たちの意見は聴き入れられ、議論される。時には彼女たちの反対意見が、提案を否定する「退ける」ことを許される。グループは間違いなく重要な決定への参加の感覚を発展させ、社会的単位のようなものになる。このような発展する社会的一体性は、彼女たちのそれぞれの家で家族と互いに気晴らしをし合うことによって例証されている。

メイヨーは、ホーソン実験からのそのような事例を用いて、より重要な従業員の民主的なシステムと意思決定への参加を主張することができたはずであった。それは他の研究者が仕事の組織化の方法を変える必要性を主張するように導いたであろう。つまり、民主的なシステムと意思決定への参加は、科学的管理に対する従業員の暗黙的な不信感に挑戦することを意味する。しかし、そのことを主張する人はメイヨーではなかった。メイヨーは生涯にわたって労働者の参加を嫌っていた。それには、彼がオーストラリア時代に敵対的意識をもっていた社会主義と労働組合主義も含まれていた。トラヘアによれば、「メイヨーは、民主主義の現代的発展によって経済分野が損なわれることを許さないアメリカ的アプローチを好んでいた」。

メイヨーは、職場でより高度な民主的なシステムを主張する代わりに、エリート経営者に期待を寄せた。メイヨーは自分のキャリアを通して、産業経営者に対して最高の敬意を表していたが、彼は産業経営者が訓練を必要としていると考えた。メイヨーと彼の信奉者の最大の貢献の一つは、特に人間関係の分野での管理者訓練の分野であった。つまり、人々をより効果的に管理するために人間の性質をどのように理解するのかということである。メイヨーは、経営・管理層が労働者に対する臨床的アプローチを発展させることが重要であると考えた。経営・管理層が監督する「非合理な」従業員とは異なり、「将来の経営・管理層は、彼自身の感情や偏見に縛られることなく、経営・管理層が実際に何をしているかについての人間社会の現実を理解できなければならない」。経営・管理層は、社会科学からの進歩的な考え方に関連してわずかながらの教育が必要であった。「私たちは有能なエリート経営・管理層が不足している状況におかれているわけではないが、いくつかの文明国家のエリートは現在、社会組織と統制に関する生物学的および社会的現実においては十分に配置されているというわけではない」。

ここで注目すべきキーワードはエリートである。メイヨーの前のテイラーとメイヨーの後に続くピーター・ドラッカーのように、メイヨーは、明確な管理階層のビジョンを提供するのに一役買った。この啓発されたエリート経営・管理層は、2種類のスキルを持ち合わせている。一つは、従業員からの情報なしに必要なすべてのビジネス上の意思決定を自分で行えるようにする、見事に洗練された管理スキルである。これはテイラーの遺産である。二つ目は、「非合理的な」従業員が経営陣の意思決定に沿って行動し、仕事を行うための配置に満足するように誘導するために必要な人間関係のスキルである。これはメイヨーの貢献である。従業員の観点からはっきりとわかるのは、自分をタフガイとして演じているか、もしくはナイスガイとして演じているかにかかわらず、経営陣はエリートであるという考えである。

第8章　ピーター・ドラッカーの経営思想——プロフェッショナル・マネジャーと職場——

経営者になることが職業上の目的であると若い人がいうのを聴くことは珍しいことではない。私たちはその考えを当たり前のことと思うが、その主な理由は、医学や法律と多少似ているが、経営を一つの専門的職業とみなすのが常識だからである。その他の専門的職業と同じように、経営の訓練を受けて学位が得られる専門的な訓練学校に行くことが可能である。そういった意味では、MBA（経営学修士）は医師の医学博士や法律家の法学博士の学位と似ている。アメリカでは年間およそ5万人がMBAを取得している。いうまでもなく、経営を実践するのにMBAは必要ないし、医師や法律家のように州が経営者に免許を与えることもない。しかしそれでも、プロフェッショナル・マネジャーになれるという考え方を私たちは当たり前のことと受け止めている。

プロフェッショナル・マネジャーを広く承認されるようにした貢献者といい得るのは、ピーター・F・ドラッカーである。1909年にウィーンで生まれたドラッカーは、有名なザルツブルグ国際音楽祭を創立したオーストリアの元政府高官の息子である。ドイツで教育を受けた彼は、1933年にナチスから逃れ、1937年にアメリカに落ち着いた。その2年後、最初の著書*The End of Economic Man*（邦訳『「経済人」の終わり』）が公刊された。それ以降、彼はほぼ2ダースの著作（二つの小説を含む）と、経済学、政治学、社会動向や経営に関する数百の論説を執筆してきた。彼はまたニューヨーク大学で20年以上にわたって経営学を教えたが、1971年からはカリフォルニアのクレアモント大学院で教えた。とはいえ、執筆と教育は副業にすぎない。自分の真の仕事は世界中にある多くの大企業の経営コンサルタントである、とドラッカーは断言する。

自分自身の影響力の評価において、ドラッカーは慎み深いと非難することはできない。彼は自らを「マネジメントを発見した男」と呼んでいる。そのことに関して彼は「[経営を]一つの知識の有機体として、また一つの秩序として初めて提示したのは私である。このことによって——多分、疑わしい成果であろうが——学校で経営を教えることが可能になったのである」といっている。彼は、自分のアイディアを受け入れたことが「瀕死のフォード・モーター」を救い、第2次世界大戦後にシアーズ・ローバックを再生させ、またGEに「分権化政策」を採用させたと思っている。この分権化政策は、彼の言葉を借りれば、「おそらく、第2次世界大戦後の時代に、大企業の他のどんな行動よりも、世界の産業構造に影響を及ぼした」ものである。それから、もちろん、彼のアイディアの採用が第2次世界大戦後の成功につながった日本の企業家も存在する——少なくともドラッカーによれば——。

日本において「私は、日本を経済大国とすることやその産業のパフォーマンスと生産性に対して、実質的な責任を担ったと評価されている……」と彼は書いている。

ドラッカーの自己評価を全面的に受け入れるか否かにかかわらず、彼は間違いなく究極の経営界の教祖である。彼は「カール・マルクスに匹敵する経営学者」、「経営理論と文学の大御所」、そして「最後の博学者の一人」――著作に文学、歴史、音楽に関する幅広い引用をふんだんに盛り込む彼の傾向への言及である――と呼ばれてきた。最も控えめにいっても、経営に関するドラッカーのアイディアの多くは、自らを経営者と呼ぶ1000万人のアメリカ人の多くによって福音として受け入れられ、実践された。

最も広く受け入れられたドラッカーのアイディアの一つが目標による管理、一般にMBOといわれるものである。そのもっとも単純な形では、管理者は目的を定義し、かつ自己の活動をそれに基づかせるべきである、ということを意味している。ドラッカーによれば、

> 「ビッグ・ボス」から製造監督もしくは事務長に至るまで、それぞれの管理者には、明確で詳しく説明された目標が必要である。これらの目標で、その人自身の管理部門が生み出さねばならない業績が何なのかを提示すべきである。他部門の目標達成を助けるために、彼と彼の部門に期待されている貢献は何なのかを提示すべきである。最後に、その管理者が自身の目標の達成に向けて期待することのできる他部門からの貢献は何かを詳しく説明すべきである。

1954年公刊のベストセラー*The Practice of Management*（邦訳『現代の経営』）にドラッカーがこの文章を書いた時、彼はアメリカの経営者がプロセスに関心を寄せ過ぎると考えていた。例えば、自動車会社の経営者は自動車製造のプロセス――デザインや出来映えの細部――に深入りし過ぎて、会社の全体目標を見失っていた。そのような経営者は名車を作りあげるかもしれないが、その会社自体が倒産することもあり得る。というのは、その経営者は、利益をあげるというような、他の目的を無視していたからである。

目標による管理というアイディアは、それ単独で考えると、粗探しは難しい。それは良い、常識的なアドバイスのように聞こえる。実施段階でそれが意味するものは別の問題である。ジョン・J・タラントがドラッカーの伝記で指摘している。

> 実際には……目標による管理という概念が、「最終利益管理」もしくは結果による管理と呼ばれかねない定式化に、すっかり転換されているのをしばしば目撃する。上級幹部は、下層で起きていることにますます無関心になっている。彼は、仕事をする誰かを雇用し、その人に期待されている「最終利益」結果を告げ、それからそれを達成した部下には報酬を与え、達成しなかった部下は解雇する、そこに自分の責任があると考えている。

このことが下級管理者に対する多くの個人的プレッシャーになる。目標が頭から離れないために、他の従業員もまたいかに神経質になりうるかを理解するのは難しいことではない。もし結果だけが大事であるのならば、誰が職場の質に関心を持つようになるであろうか。自分の目標を達成しようと苦しむ上司が、個々の従業員から信頼と信用を得ることを気にするとは思えない。言い換えれば、ドラッカーの目標による管理もまた、うまくいくことならどんなことでもいい――目的

は手段を正当化する――という哲学を助長する傾向にある。財務目標や生産目標は簡単に目標にできる。人間関係の質は、還元主義者（還元主義とは、難解で複雑な事象を単一レベルの基本的要素で説明しようとする立場）の思考の範囲を超えている。

The Practice of Management でドラッカーは書いている。「企業の仕事は幸せを創り出すことではなく、靴を売ることであり作ることである。労働者は抽象的な考え方では幸福になれない」。ドラッカーがわれわれに託した含意は、有能な経営者は「幸せを創造」しようと悩むべきではない、ということである。それは彼の仕事ではない。経営者は組織の経済的な目標に焦点を当てる。人々がたまたま仕事を楽しんでいるなら、それは彼らにとっていいことである。しかし、いい職場を創ることは間違いなく経営者の仕事ではない。ドラッカーにとって、企業の主要な目的は「顧客を創造すること」である。そのため、従業員は「経済的パフォーマンス――収益性と生産性――の要求に必ず従わなければならない」と彼は書いている。

ドラッカー自身が経営者に情け容赦なく自己の目標に専念することを要請したので、経営者が従業員を疲弊させる、とほのめかすことは誤解を招くかもしれない。彼は多くの著作と論説の中で、労働者を単に「コスト」としてではなく、「資源」として扱うことの重要性について説得力をもって書いている。思想家としてのドラッカーが免れ得ない特徴は、別のドラッカー主義によって希釈されたり、にべもなく反論されるということである。ドラッカーは多くの問題に取り組み、あらゆることに意見を持つ。目標による管理の多くの応用を、ドラッカーの思想の「通俗化」と呼ぶ伝記作家タラントに与することがより公平であろう。とは言っても、ドラッカーの著作に偶然出会った読者でさえ、押しが強く、実利的で、結果オンリーの経営者がドラッカーからいかに多くのひらめきを得ているかをたやすく理解できる。

その一方で、ドラッカーの考えには、優れた、輝かしくさえあるたくさんの洞察がある。メイヨーと人間関係運動に関する彼の批評は辛辣である。ドラッカーは著書 *Management: Tasks, Responsibilities, Practices*（邦訳『マネジメント――課題・責任・実践』）の中でその運動を「心理的専制」そして「心理学のはなはだしい誤用」と激しく非難している。彼は続ける。

> 彼らは「自己実現」、「創造力」、「完全なる人間」といった用語を使う。しかし、彼らが話したり書いたりするものは、心理的操作による統制である。……心理的専制は、経営者にとってとても大きな魅力があったはずである。それは彼らに、これまでと同じ振る舞いを続けることができると約束する。彼らに必要なのは新たな語彙を習得することだけである。

そして彼は、人間関係に基盤を置く経営者が見落とした重要な論点は、「仕事での人間関係は相互尊重に基づくものでなければならない……」ということであると示唆する。しかしながら、ドラッカーを苛立たせているのは、その洞察が従業員の観点からの職場の理解と結びついていないことである。例えば、一般的なドラッカー主義では、「経営者の基本的任務は人々を生産的にすることである」。労働者は生産性において、メイヨーとその一派のようなやり方で甘やかされるべきではなく、トム・ピーターズのようなやり方で熱心に勧められるべきでもない。経営者が彼らを生産的にすべきなのである。

ドラッカーの思いやりのなさは、大変興味深いことに、エルトン・

メイヨーとの出会いで示された。この経営思想の二大巨人の出会いの場は、1947年にハーバード大学で開催されたメイヨーの記念講演会であった。メイヨーの講演の後、ドラッカーは立ち上がり多くのコメントを述べた。トラヘヤーによれば、

ドラッカーはメイヨーの主要なポイントを正しく理解できなかった。……メイヨーは、産業界の状況に関する研究で到達した結論がこのように歪曲されたとわかって苛立ち、ドラッカーの考えをからかうために討論に加わった。人を巧みに操作する上司を部下はどのように思うのかを示すために、メイヨーは親指を鼻に当て、ドラッカーを見ながら訊ねた。「あなたはこれが何を意味するのか知っていますか」。ドラッカーは知らなかった。「それなら、あなたは知るべきである」とメイヨーは返した。聴衆は、メイヨーがジェスチャーで示したのが、傲慢な上司からの命令に同意する気のある部下の態度だけではなく、ドラッカーが述べた考えに対するメイヨーの見解でもあることに気がついた。

この逸話が明らかにしているように、ドラッカーには大衆性が欠けており、仕事や上司について労働者が実際に感じる直感的な感情移入が欠けている。実際、彼の共感と懸念は、従業員と経営者が拮抗する状況では、完全に経営者側にある。そして彼の仕事の主眼は、企業を効果的に経営する能力のある経営のエリートを創り出すことにあった。彼の世界では――世界中の何千もの組織による実践に反映されているが――従業員は間違いなく二流市民である。彼の信奉者はその手厳しい判定に抗議するかもしれない。というのは、権威主義の経営者が引き起こす回避可能な問題について、彼が数え切れないほどの鋭いコメントを書いてきたからである。そして彼が、長年にわたり、IBMの職務拡大や雇用保障政策のような経営テクニックについて、賛意をもって書いてきたからである。けれども彼は、経営者は常に誰が上司なのかをはっきりさせなければならない、と断言している。

ドラッカーは、唯一のユートピア的著作で1950年に公刊された *The New Society*（邦訳『新しい社会と新しい経営』）の中で、自らのトップダウンへの偏重傾向を明らかにしている。その中でドラッカーは彼が理想とする産業秩序を詳しく説明している。彼は利潤分配制度と従業員持株制度に反対している。彼はまた「自治的工場共同体」という考えを掲げている。それは民主的に選出された組織で、等しく労働者と管理者から構成され、工場の社会生活に関わる領域を統治する。例えば、「仕事の行き帰りの交通手段、駐車場、食堂、レクリエーション活動（スポーツクラブ、ホビークラブ、ピクニック、パーティーなど）、そして教育活動」といった領域を監督する。その組織に参加することを通じて、労働者は「管理者的態度」をより身に付け、だんだんと「責任を果たしうる労働者」になる。

30年後、ドラッカーはこう書いている。「私は常に、管理者的態度を身に付けた責任を果たしうる労働者と自治的工場共同体とを、私のもっとも重要かつ極めて独創的なアイディア、そして最高の貢献と思ってきた」。しかし彼はこう書き留めている。そのアイディアはアメリカの経営者に拒絶もしくは無視されてきた、そのことが「私の最大の、そして私をもっとも苦しめ悩ます失敗であると思う」。

けれども、自治的工場共同体というドラッカーのアイディアが流行しなかったこと、そして決して流行しそうもないことは、驚くに値しない。そのアイディアは、必ず、従業員と労働組合の抵抗に遭うか無視された。従業員は、責任を果たしうる二流市民について知ることに

書いている。

興味はない。しかしドラッカーは、どうやらこのことに気付かなかったようである。労働者の経営参加が工場の社会生活のような領域に限定されなければならなかった理由を説明する際に、ドラッカーはこう書いている。

> 一般従業員で定まった職務のある人——技能職、技術職、あるいは事務職——には、どう考えても事業の問題に関わる決定の権限と責任を与えることはできない。……命令を出すというよりむしろ受けるというのが、まさにこれらの職務の定義である。

この年代物のドラッカーの主張を以下の声明と比較してみよう。

> その仕事をしている人が、他の誰よりもその仕事について知っている。提案を募ること、特定の問題に対する可能な解決策に耳を傾けること、そして創造的な変化の実施を支援することが経営者の責任である。社員はそれぞれが無限の可能性を秘めている。

この声明は、プレストン・トラック輸送の株主に向けた１９８２年の年次報告書に含まれている。ドラッカーのトップダウンの世界観では、普通の従業員に権限と責任を渡せないのは「明白」である。プレストンでは——そしてその他の最高の職場では——従業員は信頼されている。彼らは可能な限り企業の経営に参加させられる。彼らは責任を果たしうると思われている。そもそも彼らは「管理者的態度」を証明する必要がない。

プレストンのような会社では経営者に明確な役割がない、というわけではない。少なくとも経営者は、仕事の流れを事業のその他の側面と調整する必要がある。しかし、経営者は知ったかぶりをして経営する必要はない。

ドラッカースタイルのプロフェッショナル・マネジャーに階層的態度で経営する傾向がある理由の一つは、ドラッカーの根本的な政治観に起因する。社会には経営のエリート——組織という複合的社会を経営する別個の階級の人々——が必要であると彼は心から信じている。ドラッカーの初期の著作を読むと、ドラッカーが常に企業幹部に対して非常に高度な任務を課していることがわかる。ナチズムの悪夢と、そしてドラッカーがマルクス主義の災難とみるものとによって、ほとんど破壊された西洋文明を指導する者が彼らなのである。ドラッカーはかつて言った。「経営者、その能力、その誠実さ、そしてそのパフォーマンスが、今後10年の間に、アメリカと自由主義世界の両方にとって決定的なものになるであろう」。

いろいろな意味で、ドラッカーのいう経営のエリートは実際に出現した。ドラッカーが最初に指摘していたように、またその経営状態についての辛辣な例証でしばしば指摘しているように、それは完璧なものではない。しかし、プロフェッショナル・マネジャーであると確認できるグループが実際に存在し、彼らの多くが師匠であるドラッカーの金言を読んできており、そして読み続けている。

この経営のエリートの問題点は、ドラッカーのいうプロフェッショナル・マネジャーが万能な経営者になってしまったことである。ドラッカーの見解では、民間航空会社、銀行、自動車工場、病院、あるいはコンピュータ・メーカー、それぞれの経営者の間に違いはほとんどない。ドラッカーには、これらのありとあらゆる経営者に共通する要素が見える。このことの論理的延長線上にあるのが、毎年ビジネスクールを卒業してくるＭＢＡの部隊である。ここにいるのが、会社Ａや会社B、あるいは会社Cを引き継いで経営する準備のできた万能なプロフェッショナル・マネジャーの部隊である。その事業が製品かサービスかは、あまり大したことではない。プロフェッショナル・マネジャーは経営する気満々である。

一部の現代の評者によれば、経済は、産業から産業へと飛び回る万能な経営者に悩まされている。コンピュータ会社でもっと給料のいい仕事を引き受ける前に、自動車産業で数年過ごしたMBAの転職者に、私たちは自動車の品質向上を期待することはできない。万能なプロフェッショナル・マネジャーの部隊は、従業員の勤労意欲にも有害な影響を及ぼす。傑出した者としてプロフェッショナル・マネジャーは、下位の非専門職に対して昇進の可能性を閉ざすだけではなく、実際には何も知らない分野でしばしば知ったかぶりをして振る舞う傾向がある。

一つ補足する。現代のビジネス・マネジメントスクールが金融の専門家をますます量産していることは、ドラッカーの目的指向のアプローチと一致する。金融とは、結局のところ、経営の究極の抽象概念である。すべての事業は数字に還元できる。だから、ロバート・B・ライシュが指摘するように、「アメリカのプロフェッショナル・マネジャーは形だけの企業家となってしまった」。これらの経営者は個別の産業については何も知る必要はない。彼らは、短期的に数字が良く見えるように事業を操作する方法を知っていればいいだけである。

取り替え可能な経営者の予備要員から徴用するのとは対照的に、有能な雇用主は会社内部からの昇進に高い優先度を置く、その事業で成長してきた人々によって会社が経営され管理されることに高い優先度を置く。このような会社の多くでは、経営陣と非経営陣の境界線が、ドラッカーと彼が代弁する伝統的な考え方によって支持されるものよりも、非常に不鮮明であることに私たちはまさに気がついた。例えば、デルタ航空では、同じ監督職位で働く3人に管理者かどうかを訊ねることができるが、一人からはイエス、もう一人からはノー、そして3人目からはわからないという回答が得られる。デルタでは、誰が経営陣にいるのか、誰がそうでないのかを明確にしていない、というわけではない。ただ、経営陣と非経営陣の区別が、ドラッカーが私たちに信じ込ませようとしたほどには、重要なものに見えないということである。オルガ（『100選』会社の一社）の創業者である故ヤン・エルテスゼックツェクがいったように、「経営者は職能であって、階級ではない」。

第9章　トム・ピーターズの経営思想——エクセレント・カンパニーと職場——

数年前、ビジネスウィーク誌は、第2次世界大戦以降、アメリカの経営者を魅了してきた20のさまざまな流行を列挙した図を掲載した。その中には、マトリックスマネジメント（企業全体の課題に取り組む場合に、各部門から選ばれた人材でチームを創りそれをマネジメントすること）やゼロベース予算（毎年過去の実績等にこだわらずにゼロから考えられた予算）など、職場とは直接関係のないものもある。しかし、1分間マネジメント、Y理論（参加型のマネジメント）、セオリーZ（QCサークル）、歩き回るマネジメント（優れたリーダーシップ）といったもののほとんどは、従業員の生産性の向上に大部分または完全に集中している。これらのマネジメントの解決策のいくつかは、特定の企業で生産性を向上させるという意味でおそらく「機能」したものである。それらの実施を支援した経営コンサルタントは、他の誰よりも間違いなく裕福になっている。

たとえプログラムが失敗しても、新たな生産性向上のための仕掛けに対する経営者の意欲を失わせる。そして、生産性向上の答えを持っていると主張する経営コンサルタントは常にたくさんいる。経営手法のブームは、ダイエット食品と同じくらい頻繁に現れるため、一般的な経営の教義を、かなりの懐疑心、あるいはわずかな皮肉な気持ちなしに見ることは難しい。しかし、最近の経営手法の流行は、しばしば職場に根強く残っているものであり、よくよく観察する価値がある。

ビジネスウィーク誌のリストに掲載されているたいていのビジネス上の一時的流行は、一般の人々の注意を引くことなく移り変わってゆく。さほど優れたものでもなかったのに、1982年初版の*In Search of Excellence*（邦訳『エクセレント・カンパニー』）は、500万部以上を売り上げた。同書は共著者のトム・ピーターズを40歳で億万長者にしたことに加えて、経営コンサルタントにはめったにない有名人の地位に押し上げた。ピーターズは、いわば年がら年中動いている機械であり、1年に約250回の講演を行うために40週間以上各地を巡り、時には1日に3回も講演を行うこともある。彼は全国規模の新聞に毎週コラムを書き、全国ネットで放映されるいくつかの公共テレビの特別番組に出演している。彼に匹敵するマネジメントのスーパースターを見つけるには、半世紀前にさかのぼる必要がある。デール・カーネギーの1936年の著書、*How to Win Friends and Influence People*（邦訳『人を動かす』）は、900万部近くを売り上げ、ニューヨークタイムズのベストセラーリストに10年連続で掲載され（過去最高）、数十万人の管理職が、彼の人の前での話し方と経営に関する研修コースを受講している。

しかし、控えめなカーネギーとピーターズの間には性格に大きな違いがある。ピーターズは、マッキンゼー・アンド・カンパニーという堅実な経営コンサルティング会社で華麗な評判を得ることになった。彼は時々サンフランシスコのオフィスでカーキ色のショートパンツとTシャツを着て働き、そこで共著者のロバート・H・ウォーターマン・ジュニアと出会った。このような行動は、年収25万ドルのマッキンゼーのコンサルタントとしては前代未聞である。そのことは、アイビーリーグの大学（コーネル）から土木工学の学位を取得し、スタンフォード大学で経営学の修士号と博士号を取得している人から予想されることでもない。しかし、そのようなとっぴさは、ピーターズが話すのを見たことがある人を驚かせることはない。彼は話の中で数十もの逸話をちりばめ、テレビの伝道師ジミー・スワガートのようにステージを横切って行ったり来たり歩き回ることで汗を流し、しばしばしゃがれ声をだす。ピーターズは、2時間の講演で1万5000ドルを請求し、伝えられるところによると世界で最も高給の講演者であり、年間約150万ドルの講演料と経費を稼いでいる。

　ピーターズのステージでの風変わりなショービジネスにもかかわらず、彼はビジネススクールの最も先鋭的な学者の地位を保持することができている。彼は、スタンフォードビジネススクールで教鞭をとり、"Symbols, Patterns and Settings" というタイトルで1979年に*Organizational Dynamics*という学術雑誌に、世には知られていない論文を書いた。しかし、ピーターズは、テイラー、メイヨー、ドラッカーのような独創性に富んだ思想家のふりをしていない。彼は、自分のことを解説者、言い換えるとマネジメント思想の普及者と自称している。ピーターズは、かつて次のように話していた。「[*In Search of Excellence*] の内容には新しいものはまったくありません。それは約50年間にわたる人々のさまざまな考えや資料の解説でした。それらに加えたのは、出版の最高のタイミングと本の装丁だけでした」。

アメリカからの朗報

　タイミングは確かに完璧であった。同書が出版された当時、アメリカは、不況の真っ只中にあり、失業率は約10％であった。失業者の多くは、日本を含む海外からの輸入のために最近解雇された自動車、鉄鋼、そして繊維業界の労働者であった。私たちには、数十年にわたるアメリカの産業支配の終焉がみえ始めているという、かなりの証拠に基づく広範な感覚があった。また、多くの人々は、アメリカの企業が過度に官僚的であかぬけせず、しかも共感する部分がないと思っていた。その時代を象徴しているのが、アメリカのビジネスが日本の経営慣行を採用することを提唱した、ここ数年、最も議論されたビジネス書であるウィリアム・オオウチの*Theory Z*（邦訳『セオリーZ』）であった。ピーターズが後に言ったように、「アメリカの産業は、少し前向きなニュースを伝える準備ができていた」。ピーターズとウォーターマンにはそれはまさに誂え向きで、気分を高揚させる福音であった。ある意味で、彼らの「陽気なメッセージ」は、国際的な政治的屈辱の後に国の誇りを取り戻すことを約束したロナルド・レーガンの大統領選での楽観的な美辞麗句と酷似していた。二人とも、基本的なアメリカの価値観に戻ることで、アメリカが抱えている諸問題に対する解決策をはっきりと示した。この本の序文で、ピーターズらは次のように述べている。

> アメリカからのいいニュースがある。今日の優れた経営慣行は、日

本だけに存在するものではない。しかしより重要なことは、いいニュースは、人々をきちんと扱うこと、輝きを人々に求めること、そして価値あるものを創り出すことから得られる……。経営階層と三つ揃いのスーツは、ファーストネームで呼び合い、上着を脱ぎ、感情を高めながら働き、プロジェクトに基づいて柔軟に仕事をする人に取って代わられる……。経営陣の仕事でさえも、もっと楽しくなる。つまらない象牙の塔で行っている頭脳ゲームの代わりに、それは価値を生み出し、現場でのコーチングや福音伝道を通じて強化される。それはつまり、労働者と大切な製品をサポートすることである。

ピーターズらは、アメリカで最も成功している企業で見いだされたものに基づいて「朗報」を整理した。彼らは、革新的であり、過去20年間で財務的に良好な実績をあげてきた43社を選んだ。「……それらの企業の財務実績が、その企業の威光を支えていない場合は、その企業は本当に優れているというわけではなかった」。二人は、六つの技術的な財務指標を用いた（そのうちの三つは「成長しながら長期的に富を生み出すこと」に関連し、残りの三つは「資本利益率と売上高」に関連するものであった）。ちなみに、43社のうち15社は、『アメリカで最も働きがいのある会社１００選』のリストに載った会社である（ダナ、デルタ航空、デジタル・イクイップメント、デュポン、イーストマン・コダック、ヒューレット・パッカード、インテル、ＩＢＭ、ジョンソン・エンド・ジョンソン、リーバイ・ストラウス、メイタグ、３Ｍ、Ｐ&Ｇ、レイケム、ウォルマート）。

二人によると、43の優れた会社には、八つの共通の特徴がある。それらはアメリカの経営用語の一部になって以来、章の表題になるほど詳しく考察されている。すなわち、「行動を重視」、「顧客と近い関係になる」、「自主性と企業家精神」、「人を通じた生産性」、「価値観に根差した実践的な活動」、「本業に専念する」、「わかりやすい組織・スリムな本社」、「自由と統制の特徴を同時にあわせもつ」である。優れたマネジメントとは、従業員や顧客と緊密に接触することを意味する。二人が提唱したスタイルの略称は「歩き回ることによるマネジメント」であった。

ピーターズらは、誇張を恐れずに、「優れた会社の経営慣行は、他の企業とただ違うだけではない。それらの会社は、これまでの経営の知恵に耳を傾けた」と主張した。二人は、これまでの経営が「合理的モデル」に拘束されていると主張する。そして、これまでの経営のことを、ピーターズらは「テイラー学派の科学的管理の直系の末裔」による経営であると見なしている。二人の理論は、経営者が合理主義者の罠に陥るのをうまく切り抜けることができる。

> 私たちのフレームワークで実際に行われていることは、専門経営者の人々に「ソフトはハードである」ということを思い出してもらうことである。そのことによって、私たちは実質的に、次のように言うことが可能になる。「あなたがたが、困難で手に負えない、非合理で、直観的で、非公式な組織でさえ管理することができるならば、どんな問題も処理することができる」。

In Search of Excellence はドラッカーを直接的には攻撃していないが、南カリフォルニア大学ビジネススクールの雑誌である*New Management*の論文で、ピーターズは、ドラッカーを次のようにやや辛辣に批判している。「経営者の振り子がドラッカーが主張する合理

性に向かって大きく揺れすぎていることが私にははっきりと感じるようになった。……ドラッカーの言う事を傾聴することによって（そしてより重要なのはドラッカーを極度に単純化しすぎた大勢の解説者）に耳を傾けることによって、私たちは抽象的な分析によるマネジメントの世界に到達した」。

ピーターズは、明るく輝く側面を強調することを好む。例えば、同じ論文で、彼はドラッカーに敬意を表して、「ドラッカーへの私たちの恩義ははかりしれないことはわかっている」と述べた。彼は後にウォールストリートジャーナル誌の記者に彼がドラッカーのことを常に次のように呼んでいると語った。「ドラッカーは、自分にとって高貴な人です。私は企業経営者と同じ環境にいるならばドラッカーを批判することは決してないでしょう。もし、皆さんだったら、講演を聞いている聴衆に対して一度に90%もの人々をイライラさせることはかなりばかげたことだと思うでしょう。多くの人がドラッカーは真実しか話さないと思っているんです」と語った。ドラッカーの立場からすれば、*In Search of Excellence* を「幼稚な本」として簡単に片づけてしまうだろう。

ピーターズを歴史的な文脈の中に位置付けるためには、ピーターズとドラッカーの間のこのようなやや控えめな論争は、注目に値する。ピーターズが合理主義者を非難する時、彼はテイラー＝ドラッカーの合理主義的経営モデルから離れてメイヨー―マズロー―マグレガーの人間関係モデルに戻る循環的な変動の一つを表現している。１９６０年代から70年代初頭にかけて、人間関係学派は全盛期を迎えた。特に、職務充実の考え方に人気があった。また、組織開発と呼ばれる考え方もそうであった。それは管理者が自分の感情に対処する方法を学ぶために感受性訓練を用いるものであった。しかし、10年後、人間関係運動は大部分が不評になり、大企業の人事部門または研修部門に追いやられた。代わりに、特にビジネススクールでは、ビジネスに対する感情に左右されない分析的なアプローチにかなり重点が置かれた。

合理主義者は計画化と資源の再配分を通じて生産性の向上を求めているが、人間関係運動は労働者のモチベーションを鍵とみなしている。しかし、メイヨーと彼の支持者が指摘しているように、人々のやる気を引き出すことは非常に複雑である。それは人間の本質への洞察を必要とする。この点において、講演会で「やる気を起こさせる」スピーカーと呼ばれるトム・ピーターズは、エルトン・メイヨーやダグラス・マクレガーのような経営理論家だけでなく、デール・カーネギーのような大衆的な作家も採用している因習に従っている。ピーターズらは人間の本質の理論から始めて、その応用を経営者に示しているのである。

非合理な人間

メイヨーと同様に、ピーターズらの人間性の見方の出発点は、「人々はあまり合理的ではない」ということである。彼らは、心理学の最近の研究を読んで、「人間は対立とパラドックスの究極の研究対象である」と結論づけている。人につきものの矛盾のリストの最初にあげられるのは、「私たち全員が自己中心的で、少しだけほめてもらいたい幼児であり、しかも一般的に自分自身のことを勝者と考えるのが好きだ」ということである。同時に、「私たちの誰もが、彼または彼女が考えているほど本当に良い人はいないが、そうした現実の中で自信のなさを日々示すことは、私たちにとって少しも良いことではない」。

表面的には、この発言は、人々は大物であると思いたい、心からの称賛に好意的に反応するのを好むというカーネギーの素朴な観察に少し似ている感じである。しかし、ピーターズらは、このような観察を組織戦略の基礎と見なしている。

> 私たちは皆、自分たちが最高だと思っている。私たちは、自分に熱狂するなど非常に不合理である。そして、そのことは組織化に大きな影響を及ぼす。
>
> 優れた会社が、伝えていく必要がある教訓は、この概念を継続的に強化するシステムを設計できない理由はないということである。こうした会社の社員のほとんどは、自分たちは勝者であると感じさせられるようになる。……そうした会社のシステムは、非金銭的なインセンティブを非常に活用している。それらは派手な宣伝であふれている……。
>
> 動機づけを研究している研究者たちは、動機づけられた被験者の間で、彼らが実際にうまくやっているという自己認識だけが主要な要因であることを発見している。それらが絶対的な基準によるものであるかどうかは、それほど重要ではないようである。

ここで言われていることについて、一歩下がって少し考えてほしい。人々は現実を直視したくない非合理な「幼児性」をもっている。そこで、組織は、勝者でなくても勝者のように感じられる方法を考える必要がある。重要なことは、人が自分自身についてどのように感じるかということにつきる。したがって、企業は「派手な宣伝」や「お祭り騒ぎ」にあふれた祝賀イベントを頻繁に開催する必要がある。

別の例もある。ピーターズらによると、

> ……優れた会社は、さらに別の人間的なニーズを利用しているように見える。そのニーズとは、自分の運命をコントロールするというものである。私たちの多くは、自分たちに意味を与え、したがって安心感を与える制度を生み出そうとするのと同時に自己決定も望んでいる。私たちは同じ熱量で、自己決定と安心を同時に求めようとする。それは確かに非合理である。

ピーターズらは、ここで基本的な職場の問題を提起した。つまりそれは従業員の観点からみておそらく最も重要な問題である。それは、個人と組織の間の本質的かつ継続的な葛藤である。個人は、組織で働くときは、自分の生活に関するある程度のコントロールは常にあきらめている。最低限、組織は人々に対して調整する努力を求める。従業員が自分自身のことは自分でやるというアプローチをとるために時間や費用をかけることができる組織はないために、従業員がやりたいことを完全に自由に行えるようになることは決してない。これは真の継続的な問題であり、何らかの組織（または社会）がこれまでにほとんど一度も解決したことのない問題である。

ピーターズらは、この問題を心理学的な専門用語で厳密に見ているので、彼らが心理的な解決策を提供していることは驚くべきことではない。

> 心理学者は、「コントロールの錯覚」と呼ばれる分野で自己決定の必要性を研究している。簡単に言えば、その調査は、人が自分の運命を適度に個人的にコントロールしているとさえ思っている場合に、彼らは仕事に固執することを示している。人は調整をしてそれを上手くやるだろう。人は自分にもっとコミットするようになるであろう。……

繰り返しにはなるが、自分たちにもう少し裁量があると思うという事実は、はるかに大きなコミットメントにつながるのである。

ピーターズらによると、これが優れた会社が「権限を大幅にラインに委譲し」、人々に「意見を述べる機会」を与える理由である。

ノースウェスタン・ミューチュアルの話でも見たように、組織の下位層により大きな責任を与えることは確かに称賛に値する。これは、最高の職場の重要な部分である。同様に、ピーターズが「社員を公平に扱い」、ヒエラルキーを減らし、チームでの取組みに全員を参加させることを提唱しているその他の方針の多くもいい職場で共有されている。しかし、優れた勝ち馬に飛び乗る前に、これらの手法が提唱されている状況を綿密に調べる必要がある。ピーターズらが、権限を大幅にラインに委譲するという原則の背後にあることをより詳しく見ると、落とし穴があることがわかる。心理的な原則に基づいて、ピーターズらは、もし人に自分たちの仕事に少しでもコントロールする権利を与えるならば、人は組織にもっとコミットするようになるだろうと言っている。このようにして、組織と個人との間の緊張――「自己決定と安定」――は、根絶される。自分たちに仕事をコントロールする権限が与えられるのかが、本当なのか単なる幻想なのかは問題ではない。ピーターズらによれば、この原則を無視することによって、昔ながらの合理的な経営者は、「人間性の感情的でより根本的な側面（善と悪）」を利用する機会を逃したのである。

モチベーションまたは操作

さしあたり、企業の経営者が、これらの心理的洞察と理論に基づいた方針を追求することによって従業員をうまく動機づけることができると仮定しよう。ピーターズらは、それが真実だと考えているようで、彼らはそれを実際に行っている43の会社を見出したと主張している。そのことを主張しているのは、彼らだけではない。経営コンサルタントとビジネススクールの教授たちは、半世紀の間、同じような福音の変型版を伝道し続けてきた。そして、ほぼ半世紀の間、モチベーションマネジメントの考え方には批評家がいて、そのほとんどは、それが操作的であると非難している。

メイヨーの章でみてきたように、心理学に基づくマネジメントは、しばしば操作的であると呼ばれてきた。それはもちろん、そこに非倫理的なものがあることを意味するので、重罪である。ピーターズと彼の共著者たちによって提唱されたマネジメントスタイルが同じ評価に移る前に、操作的という言葉が何を意味するのかを調べる必要がある。この点で、私たちは道徳哲学者であるレイモンド・S・ファイファーによる最近の論説"Is Motivation Management Manipulative?"を参照すると役に立つかもしれない。ファイファーは、第2次世界大戦以来のさまざまな心理学者、社会批評家、社会学者、社会政治哲学者の業績に基づいた操作の定義を示している。彼の定義は次のとおりである。

このような専門家は、人を操作することが、その人の行動、信念、欲望、感情、価値観に微妙な影響を及ぼすことに関わっており、さらにはそれが合理的に考えることを妨げているという点に、広く同意している。それは、情報の改ざんまたは看過を伴う可能性があり、あるいは人の非合理的な衝動に基づく活動を伴っている可能性がある。しかし、それは微妙でしばしば欺瞞的な説得力の要素によって広く特徴づけられている。

その定義を用いると、優れたマネジメントが適格であるように見える。ピーターズと彼の共著者は、ファイファーが「非合理的な衝動に基づく活動」と呼んでいることに非常に満足しているようである。私たちが見てきたように、ピーターズらは、人は基本的には非合理であるということを詳細に主張している。彼らのモチベーション理論の全体は、その仮説から生まれている。彼らにとって、モチベーションとは、押すべき正しい非合理なボタンをみつけることを意味する。人の心理的なニーズ（勝者になるというニーズあるいは運命をコントロールしていると感じるニーズといったもの）に影響を与えるテクニックは、経営陣が望むように行動するように、人々に対して微妙ではあるが抗しがたい圧力をかける——別な方法よりも一生懸命働くように。

優れたマネジメントは、ファイファーが人を誤らせるような誘因と呼んでいることに基づいて、操作的であるとみなすこともできる。ピーターズらが自分たちの著書で肯定的に用いているいくつかの用語の実際の意味を考えてみてほしい。私の辞書では、派手な宣伝を「戸惑わせたり混乱させたりするように考えて発せられたもの」として定義している。お祭り騒ぎは、「混乱状態を誘発する、または誘発することを意図したもの」として定義している。そして幼児は、「簡単にだまされたり裏切られたりする人」として定義されている。または、コントロールの錯覚についての彼らの好意的な議論に注目することもできる。ピーターズらは、人を迷わす手法を用いることを隠そうとはせず、それを公にする。

誠実さ vs. 民主的なシステム

ピーターズと彼の共著者たちに公平を期すために言うと、ピーターズらは操作の問題を認識しているので、彼らは「誠実さ」の重要性を強調している。例えば、*A Passion for Excellence*（邦訳『エクセレントリーダー——超優良企業への情熱』）では、ピーターズと共著者のナンシー・オースティンが「拍手・拍手」という章を祝賀会に捧げている。ある時、ピーターズとオースティンは「熱狂のテクニック」について話し、会社の人々を熱狂的にさせることを、経営陣が数年にわたってマーケティングで行ってきたことと比較している。

> 私たちが提案しているのは、新しい製品をテスト販売するときと同じように、組織の熱意を大幅に高めるプログラムの開発においても、あなた方が思慮深く、細心かつ体系的であることである。

このような考えについて書かれた章の終わりに、ピーターズらは誠実さに関して二つのパラグラフを割いている。二人は、自分たちの「穏やかな支持者」の何人かが、「警鐘」を鳴らしながら忠告をしていることを認め、経営者に次のように警告する。

> あなたたちは、このような本質をねじまげることはできない。社員は、これまで苦しい経験をした結果、とびきり優れた嘘を見抜く力を持っている。もし、あなたがそれを信じないなら、そしてもしあなたたちが少しでも操作的なやり方で行動しているなら、人は瞬時にあなたたちを見抜きます。

次に、ピーターズとオースティンは、明らかにこのような問題を抱えていない二人の企業経営者の例を引き合いに出している。というのもこの二人の経営者は、どちらも従業員を「本当に気にかけている」からである。「二人は、自分たちの社員が成し遂げたことを心から感謝しているから祝うのである。彼らの目の中の輝きと彼らの挨拶の誠実さから、それは一目瞭然である」。

これらの企業のリーダーが自分たちの企業の社員を気にかけているのは事実かもしれない。また、誰かの誠実さを正確に判断するには、その人の目や握手の質だけをみればいいのも事実かもしれない。しかし、操作は単にピーターズの個人的な誠実さの説明によって克服されるわけではない。私たちは他人を利用しながら、自分がしていることを心から信じることができる。欺瞞や従業員の非合理性に関わる本当の問題は、それが合理的な思考を曇らせることである。ファイファーが言うように、「動機づけに基づくマネジメントは、問題に対して完全に自由で、十分な情報に基づいた、オープンで、合理的で、分析的で、批判的なアプローチの結果として、労働者がやる気のある状態に到達するのを支援するものではない」。

個人の誠実さはあらゆる状況で良いことではあるが、操作への対抗手段は民主的なシステムである。この文脈での民主的なシステムは、企業の全員が鉛筆をもっと購入するかどうかについて平等に投票する必要があるという意味ではない。むしろ、ノースウェスタン生命での職務再設計プロセスのような、個人に直接影響を及ぼす問題について、社員がある程度の意見を持つべきであるという考え方である。それは、ピツニーボウズの雇用者会議やテクトロニクスの社員新聞のような、情報、アイディア、意見（および批判）を自由に交換するためのフォーラムを持つべきであることを意味する。これは、フェデックスでの公正な待遇の保証手続きといった、個人の権利が侵害されたと感じた場合に適正な手続きを保証するメカニズムを備えている必要があることを意味する。このような企業には、職場での操作に関する従業員の懸念事項を伝える明確な方針と手順がある。ピーターズは管理職に先進的な方針の無数の逸話と実例を提供している。しかし、ピーターズは実現性のある苦情処理手続きと同じくらい重要ないい職場に不可欠なことについては不思議なことに沈黙している。民主的な制度がなければ、市民は暴君と戦う正当な手続きを踏めない。同様に、職場に民主的な制度がなければ、従業員は善意の管理者に操作されることに対して何の手段もないことになる。

組織には、従業員に動機づけを求める権利がある。しかし、従業員には、組織に対して行いたいと思うコミットメントのレベル（仕事の最小要件以上）について自分で決める権利がある。組織と従業員という二つのグループは、必ずしも相反するものではないが、バランスを取る必要がある。

もちろん、ピーターズの弟子（多くの人がいる）は、この議論全体に異議を唱えられる。エクセレントという概念には潜在的に操作的な側面があるとしても、従業員にやる気を起こさせるために行われる小さなごまかしやトリックは、必ずしも大きな違反行為ではない。それはテレビ広告と比較することができる。誰もが、広告が私たちの感情を刺激し、影響を与えていると思い込んでいる。経営者が製品を売るために少しばかりの押し売り的な行動に依存する場合、それは大したことではなく、生産的ですらある。それに、ピーターズ流の経営者の殊勝な心がけでもある。これらの人々は誠実さを持っている。避けられない操作があるとすれば、それは完全に正当な理由――従業員と企業の両方に利益をもたらす理由である。

このような正当化は、従業員と企業の利益が同じであることを前提としている。つまり､結局のところ､エクセレントについてのアイディア全体が最大のセールスポイントである。優れた会社は財務上成功するだけでなく、消費者に高品質の製品と従業員に素晴らしい労働環境を提供することをはっきりと示している。もし､それが本当であれば、操作について心配する必要はない。なぜなら、企業が成功すると従業員も利益を得るからである。したがって､皆喜んで協力すべきである。

純利益

しかし、この主張は、根拠が確かであろうか。従業員の利益と企業の利益は常に一致しているだろうか。この主張を評価する一つの方法は、ピーターズが企業の利益をどのように定義しているかを調べることである。この点で、ピーターズと彼の共著者は非常に明快である。優れた会社の最終損益は従来のそれ、つまり収益性である。優れた会社は、金儲けに優れている。優れた会社は、製品の品質で選ばれたわけではない。また、優れた職場であったために、優れた会社が選ばれたわけでもない（例えば『アメリカで最も働きがいのある会社100選』）。著者たちが財務能力を実証した企業を選んだ後で初めて、職場の慣行を含む共通の特徴を探した。ハーバードビジネスレビューの *In Search of Excellence* の書評で、ダニエル・キャロルは、同じ「著者たちが、数的決定論を伴う合理的モデルへの彼らの嫌悪に疑いの余地なく､まさにそれを使用して優れた企業を選択しているようにみえる」ことは皮肉だと述べた。キャロルは、「なぜ彼らは優れた会社を篩にかける際に、伝統に代わるものを見つけられなかったのか」と疑問に思った。

これを指摘することは、お金を稼ぐことが本質的に悪い目的であることを示唆するためではない。また、利益を追求することがいい職場と矛盾していることを示唆するものでもない。実際、本書の後半で議論するように、優れた職場である企業は、競合他社よりもはるかに収益性が高いことがよくある。しかし、職場慣行と企業の財務実績との関係は非常に複雑であり､通常は企業ごとに検討される必要がある（先の書評は、ピーターズらが、技術、財務、政策、原材料、およびその他の要因も企業の財務能力にも影響を与えうる可能性を認めなかったことを指摘した）。

ここで指摘しておくべきことで重要なのは、一つの目標（この場合は収益性）に目を向けると、観察する他のすべての目標が影響を受けるということである。一つには、生産性／収益性のレンズを通してすべてを見ると、従業員の視点が見えなくなる。

世界最大のファーストフードチェーンであるマクドナルドを考えてみよう。同社は、過去30年間以上にわたって一貫して成長し、利益もあがっている。そのため、*In Search of Excellence* で繰り返し引用され、43の優良企業の中で、最も賞賛される十数社のうちの1社として選ばれたのである。それだけでなく、ピーターズらは、マクドナルドを人事管理に関する章で紹介する七つの会社の一つにも選んでいる。二人は、以前マッキンゼーにいた同僚の話を引用している。「マクドナルドについて最も印象的であったのは､その社員志向です。私がマッキンゼーにいた7年間、社員についてこれほど気にかけているように思えるクライアントを見たことがありませんでした」。

しかし、カウンターやキッチンで働く社員――最低賃金を得ていることが多いマクドナルドの新人たち――と話をしても、マクドナルドの評判を聞くことはできない。彼らは、大勢の仲間を残して自身は辞めることで、自分たちの雇用主についての気持ちを表明する。全国のマクドナルドの店舗では、年間100％の離職率が一般的である。私の共著者であるミルトン・モスコウィッツがカリフォルニアのマクドナルドの若い従業員にインタビューしたとき、彼は次のようなコメントを聞いた。

マクドナルドはほんのわずかな賃金でハードに働く場所です。私が働いていた店では、6時間の仕事で、スモールサイズのフライドポテトや飲み物とラージサイズのハンバーガーしか支給されませんでした。賃金が低く、仕事の量に対してひどい待遇なので、人々はいつも辞めていきます。

従業員の視点は、ピーターズや彼の共著者を含め、ビジネスについて執筆している多くの人々によって単に無視されている。彼らは従業員について多くのことを語り、何が従業員を動かすのか――あるいは何が動かすスピードを速めるのかについて精巧な心理学理論を展開しているが、従業員の視点から世界を考えることはめったにない。社員の士気の問題も含めて、すべては生産性の問題に還元されてしまうのである。したがって、企業経営者がどうすれば物事をより速く機能させるかは、結局のところあまり問題にはならない。目的は生産性である。マクドナルドでは、「派手な宣伝」や「お祭り騒ぎ」を通して、従業員のチームスピリットを創り上げ、皆を奮い立たせている。ピーターズがよく引き合いに出す企業ヒーローの一人である創業者のレイ・クロックは、「うまく運用されているレストランは、勝利を収めた野球チームのようなもので、従業員全員の才能を最大限に活用し、一瞬のあらゆる機会を利用してサービスをスピードアップさせている」と称賛されている。恐ろしいほどに合理主義者であるフレデリック・テイラーならレイ・クロックを愛していたであろう。

マクドナルドの例がドラマティックに示しているように、成功する企業は必ずしもいい職場ではない。そのことは、ほとんどの人の日常の経験とも一致する。マクドナルドのような会社の例は誰もが思い浮かべることができる。事実、財務的に成功しているようにみえる会社は、まさに従業員を利用しているのである。

社員第一

財務上成功し、いい職場である企業についてはどうであろうか。それらの場で会社と従業員の利益は一致するのであろうか。特にそこで働く圧倒的多数の人々によって、非常に成功していて一般的にいい職場として考えられている会社であるＩＢＭを見てみよう。ＩＢＭは、優れた会社の一つである。ある時点で、ピーターズらは、ＩＢＭについての次のような推奨の辞で同社を紹介している。

社員を大人として扱う。彼らをパートナーとして扱い、尊厳を持って扱い、敬意を持って扱う。資本支出や自動化ではなく、社員を生産性向上の主要な源として扱う。これらは優れた会社の研究からの基本的な教訓である。言い換えれば、生産性とそれに伴う金銭的報酬を望むのであれば、労働者を最も重要な資産として扱わなければならない。

その後、ピーターズらは、ＩＢＭの会長を務めていたトーマス・Ｊ・ワトソン・ジュニアが、ＩＢＭは「個人の尊重」が会社にとって最も重要なたった一つの信念であり、その信念がワトソン・ジュニアの父親（彼もIBMの会長を務めていた）にとってどのように「核心部分」であったのかということについてかつて執筆した内容を引用している。先述したように、ワトソンと彼の父親はどちらもIBMの会長を務めていた。

しかし、ピーターズらは、同じ著書の中で、「ビジネスマンとして、私たちは利益の観点から考えますが、社員は最初に位置付けられ続ける」……と明確に述べているワトソンの言葉は引用していない。ワトソンは、社員が「最初に位置付けられる」ことは、いい職場の本質的な特徴であることを示していると主張している。簡単に言えば、いい職場を創っているのは、社員が人として重要であるという明確な認識である。優れた職場のいくつかの方針と慣行は、社員がこれまで以上に高い生産性を達成するという要求に踏みにじられないことを保証するために実施されている。組織が「人」と収益性のどちらかを選択しなければならない場合にのみ、信念が「核心部分」のものなのか、それとも上辺だけのものなのかがわかる。都合の良いときにだけ「個人を尊重する」と言っても意味がない。あなたたちが、「生産性とそれに伴う金銭的見返り」を達成する方法として社員を尊重することは、人を人として尊重することとは何の関係もない。

これは、言葉をいじくり回しているように聞こえるかもしれない。しかし、それは何がいい職場を創るのかを理解する上で絶対に重要な違いである。例えば、IBMは、その長い歴史の中で、困難な時期に社員を解雇することを拒否したことが何度かあった。しかし、それは、短期的な財務上の問題を意味する場合でも、実際に社員を最優先するためである。最終損益に細心の注意を払っているIBMの幹部は、長期的には、ノー・レイオフポリシーは社員の勤労意欲を維持することによって潜在的な財務上の利益をもたらすと主張するかもしれない。しかし、それは、利益と生産性に焦点を当てたビジョンを持っている人たちにとっては重要ではない。同社が厳しい時期に人に固執するという事実は、GMやフォードのように何千人もの従業員を解雇する方がどれだけ賢明であるかについてのウォール街のさまざまな専門家たちの引用を伴うビジネスメディアの記事の氾濫を避けられそうもない。

ウォールストリートの専門家だけが、IBMのノー・レイオフポリシーの短期的な影響を非難しているわけではない。皮肉なことにピーターズもそうである。最初の著書から5年後に出版された彼の3冊目の著書の中で、彼は「持続可能な優れた会社の時代の終わり」を宣言している。世界は非常に急速に変化しているので、「今は、優れた会社はない……。どの会社も安全ではない。IBMは1979年に活力を失い、1982年に最高潮に達し、1986年に再び活力を失ったと言われている」。

最終損益へのこだわりは、多くの人が最初に優れていると思っていたことを、ピーターズが裏切ることに繋がったようである。多くの人が、*In Search of Excellence*とその続編を購入したのは、それらを通して永続的な真実を聞けると考えたからであることに疑いはない。そうした真実の中には、会社は顧客のそばを離れず、社員を厚遇すべきであるという考えがあるように思われた。単に一時的なものではない、いくつかの他の理想に対して、常識的なコミットメントの輪を持った優秀さについての何かがあったのである。

しかし、それは違う。少なくとも熱狂の発端となった優れた会社は、ピーターズらが財務上の成功には意味があると言ったという点でまさに重要である。このアイディアは、古い習慣の打破、一般大衆向け、そして革新的なものとして広く知らされていったのである。しかし、最終的には、それが拒絶していると主張するような考え方を、正確に受け入れているようにみえる（あるいは先取りしているようにみえる）。

ＩＢＭは変わっていない。その業績は、一部のウォール街のアナリストが期待していたものと比べて劣っていた可能性がある。そして、もしウォール街のアナリストの中に、何千人もの労働者をレイオフしていたら、はるかに高い業績をあげていたと信じる者もいた。しかし、同社は最終損益以外のことに価値を置いているため、いくつかの短期的な問題に進んで対処しようとしていた。しかし、ピーターズは明らかにＩＢＭには期待をしていない。だからといってＩＢＭが独自の考え方を放棄したわけではない。また、ピーターズらでさえ、優れた会社の八つの特徴を放棄したわけではない。ＩＢＭはもはや優れているとは言えない。なぜなら、１９８６年の純利益は48億ドルで、前年の65億ドルから減少し、アメリカで2番目に利益の多い企業になったからである。

確かに現代はタフな時代である。しかし、以前にもそうした時代はあったし、人がビジネスで利益を得ようとする限り、タフな時代になるであろう。ピーターズが実際に言おうとしていることは、時代が厳しいので、誰もが理解できる不変的な考えはないということである。固執するような永続のアイディアはない。言い換えれば、悩ましい時代に直面している人々のために機能するかもしれないテクニック（彼はそのテクニックを「処方箋」と呼んでいる）だけである。

ピーターズ流のテクニックの多くは素晴らしいアイディアかもしれない。それらの多くは、単体で見ると、職場の実質的な改善を表している可能性がある。しかし、効率をあげることを目的としたテクニックだけが活用されているとすれば、いい職場の心と気概は依然として失われている。この本全体で示されているように、いい職場とは、単に進歩的な職場慣行と方針の集合体ではない。いい職場とは、会社の方針や慣行から生まれる関係性のタイプによって定義される。したがって、すべてのものがどのように調和するかは、特定の方針そのものよりも重要なのである。

最終損益こそが重要であるというアプローチは、おのずから的中する予感でもある。収益を良好に保つためにあらゆる種類の変更を進んでしようとする企業は、ピーターズが説明するようなある種の混沌とした世界を創り出す。例えば、コストと考えると、コストを削減する必要があり、労働力をまさにもう一つのコストと考えると、取締役会の観点からは、レイオフは論理的で秩序だったように見えるかもしれない。しかし、従業員にとって、混乱は無秩序に拡がっていく。

一つの客観的な色に目を固定することで、世界の他の部分がみえるようになるだけでなく、世界が実際よりも混沌としているようにみえるようになる。すべてが一つの変数に縮小されると、すべてが手に負えるようになる。人や会社が原則を守ると、世界は混乱しないようにみえるだけである。これは特にタフな時代に当てはまる。いい職場である企業について私たちが学ぶことができることの一つは、タフな時代には社員へのコミットメントが変わらないということである。新しい状況に対応するための変更方法を模索する中で、社員へのコミットメントによってカバーされる変数は、最後の手段としてのみ変更される。企業がいい職場を提供するのであれば、ストレスのもとで何らかの特徴を示すからこそいい職場であるといえよう。

福音主義のマネジメント

最後にもう一つ指摘したい。マネジメントの理論が職場に与える影響を評価するときはいつでも、伝えられるべき管理職と従業員の関係の性質を調べることは常に良い考えである。テイラーの場合、その関係は思想家と実務家の関係と比較できると言えるだろう。メイヨーの医者と患者の関係も、ドラッカーの上司と部下の関係も同じことがいえるであろう。ピーターズの場合、最も近いものは福音伝道者と改宗者の関係である。

このような類似性は、いくつかの理由から適切であるように思われる。ピーターズは、従業員との関係における「福音主義」の必要性について明確に語っているだけでなく、それは彼の話し方と書き方の一部になっている。彼の2冊目の著書である*A Passion for Excellence*は、まさに祭壇からの招きのように聞こえるもので締めくくっている。

> 優れたものに対して本当の情熱を持ち、それに基づいて行動する時、あなたはよりまっすぐに立つことができます。あなたは人々の目を見ることができます。物事が起こるのを見ることができます。ヒーローが創られ、アイディアが展開され、形になるのを見ることができます。あなたの足取りはより軽快なものになります。何かのために戦い、何かを気にかけ、共有する何かを手に入れることができます。それは恐ろしいことですが、他の人々と共に戦うことができます。献身的なものから執着したものへと振り返る時もあります。私たちは平気を装ったりしません。柄にもなく自分の主張に賭けるには本当の勇気が必要です。しかし私たちは、新たな目的意識、変化を起こす意識、回復した自尊心は、入場料だけの価値は十分あると考えています。

この「優れたものへの情熱」を持った経営者は、何よりも同じ目的意識を植え付け、ピーターズが繰り返し述べているように、従業員の生活に「意味」を植え付ける。ピーターズらによると、このことの理論的根拠は、政治学者のジェームス・マグレガー・バーンズによって考えられた概念である「変革する」リーダーの概念である。合理的で官僚的な「取引をする」リーダーとは異なり、「変革する」リーダーはカリスマ的である。ピーターズによれば、「変革するリーダーは、価値の形成者、模範となる人、物事に意義を見つけ出す人になることにより成功していると考えられる教育者、メンター、言語学者のトリックに関心がある……。変革するリーダーは、私たち全員を団結させることに抜きんでた力を奮い起こし、具現化することのどちらもするのである」。

福音伝道者と同様、変革リーダーも福音——この場合は「重要な成果」——を説くことができる。変革リーダーは、献身的でない人たちを転換し、従業員をより高いレベルの生産性へと動機づけようとする。リーダーが実際に負うのは重い役目である。彼は従業員に仕事をさせるだけでなく、彼らの人生の意味の精神的な探求を助ける必要がある。この役目には犠牲が伴う。そして、ピーターズとオースティンは最初にそれをこう認めたのである。

> 充実した個人生活や、充実した勤勉なプロの生活など、「すべてを手に入れる」ことは可能かとよく聞かれる。私たちの答えは、「いいえ」である。エクセレンスの代償は、時間、エネルギー、注意、集中力である。まさに同時に、エネルギー、注意、集中力が、あなたの娘のサッカーの試合を楽しむことに向けられることもある。エクセレンスは高

コストなアイテムなのである。

エクセレントな経営者は常に同じ「情熱」を従業員に植え付けようとしているので、彼ら経営者も自分たちの人生で成し遂げた「意味」が「高コストなアイテム」であることに気付くかもしれない。これを理解すれば、最終的には優れた職場はワーカホリックの職場であることがわかる。これはまさに、*A Passion for Excellence* で繰り返し引用されているロールモデルであるピープル・エキスプレス航空で起こったことである。

メイヨーの人間関係学派の後継者として、ピーターズは、個人と組織の間の根源的な葛藤がさまざまなモチベーションのテクニックを用いることによって克服できる可能性を示している。組織の利益が最優先であるため、企業にすべてを捧げない個人のための規定は存在しない。もちろん、可能な限り一生懸命働くことに積極的かつ合理的に同意する個人については何の問題もない。しかし、個人としての従業員の権利は、組織やカリスマ的なリーダーに踏みにじられないように保護する必要がある。経営陣に従業員への説明責任を持たせるための強力なメカニズムがなければ、いい職場に内在する信頼を築くことは困難になる。

今世紀の他の経営学の権威のように、ピーターズは最終的にはエリート経営者を昇進させる。それは、組織を運営しているはっきりとした階級を確認したテイラーやドラッカーによって提案された種類のエリートではない。ピーターズが言うところの経営者は、社会科学者のスキルを組織に適用することになっていたメイヨーの「将来の管理職」の現代版である。ピーターズの場合、変革するリーダーは、「教育者、指導者、言語学者のトリック」を用いて、「価値の形成者、模範となる人、物事に意義を見つけ出す人」になる。しかし、メイヨーの経営者が孤立し、「彼自身の感情や偏見に束縛されていない」ところでは、ピーターズのいう類型のリーダーは自身が感情的であり、一軍を鼓舞するために歩き回りながらスーツを脱いでワイシャツ姿で仕事をする傾向がある。テイラー＝ドラッカー流の合理主義型の経営者と同様、メイヨー＝ピーターズ流の人間関係型スタイルの経営者は、組織の意思の具現化として際立っている。

どちらのマネジメント思想の考え方においても、従業員との真のパートナーシップの余地はない。どちらのビジョンも、組織に対する個人の潜在的な不信を克服する方法を提供していない。なぜなら、どちらも、共通の利益のパートナーシップを築くことができる個人の権利の基本的な尊重には基づいていないからである。最高の職場は、このようなパートナーシップが可能であることを示唆している。

第Ⅳ部

2社のケース・スタディー

以下の2社の事例研究が示すように、職場はその方針と慣行の総和以上のものであり、そこではさまざまな関係の複雑な相互作用を伴う。

第10章　ひどい職場はいい職場になれるのか——プレストン・トラック輸送——

いい職場は一般的には新しい会社にある。新規に設立された会社の従業員は、しばしば「家族のような」雰囲気と表現し、上司に心から感謝されていると感じると口にする。彼らは頻繁に自分たちの経験を熱く語る。ゼロから会社を創ることのスリルについて話すだけでなく、人間のように扱われていると感じると語る。彼らはゼロから何かを創っているので、仕事から深い満足を得て、一緒に仕事をする人たちと楽しんでいる。

しかし、蜜月期を過ぎると、従業員は新しい見方をするのが普通である。誰も気にかけてくれないという感覚が、新しい会社の家族的な感覚に取って代わる。また、単なる仕事にすぎないという態度は、皆が何か重要な目標に向かって一緒に働いているという認識に取って代わる。社内の駆け引き（誰が社内で権力を有し、優位な立場にいるのかを左右する従業員同士の関係や行動）は、皆が同じ船に乗り、楽しんでいるという感覚に取って代わるのである。

会社の規模が共通する犯人である。多くの従業員が採用されるほど、個人的な接触は失われる。以前なら、従業員の子供の名前を知っていた創業者は、新入社員の名前を知らないばかりか、見分けることさえできない。会社が成長するにつれて、新入社員は会社の目標やそこにおける彼らの役割の重要性を過小評価することがよくある。会社はＩＤカードを発行し、従業員のＩＤは番号になる。業務が複雑になるにつれて、専門経営者が、非公式なやり方に取って代わる人間関係の数多くのテクニックをもって職場に現れる。そこには官僚的な構造が現れ、社内伝言が個人的な会話に取って代わる。このパターンは想定通りに起こるので、鋭い観察者は職場の士気の低下の段階を指摘できるかもしれない。このパターンは、次章で見るように、ピープル・エクスプレス航空でいくつかの異様な展開をもって繰り返された。

このモデルには例外がある。『アメリカで最も働きがいのある会社100選』は、規模と社歴が必然的に職場を破滅させるという命題を反証している。同書のリストに載っている会社は、平均して約50年間事業を継続しており、約2万人を雇用している。『100選』会社のほとんどは、創業または起業の段階を経てから長い間経っている。しかし、ほとんどすべての場合において、創業者は組織の構造に、人々がどのように扱われるかについての強い戒律を植え付けた。創業者の原則を守ることは、これらの会社を成長と社歴から来る落とし穴から守るのに役立ってきた。よく知られた例をあげると、トム・ワトソンは、ＩＢＭが「個人の尊重」を事業の基礎とすることを主張し、その原則を実現するために多くの方針やプログラム（門戸開放、ノーレイオフ・ポリシーなど）を設定した。ＩＢＭの役員たちは何世代にもわたってワトソンの哲学に従ってきた。

典型的ないい職場は、言い換えれば、組織が設立された時に確立された従業員との基本的な信頼関係が破られたことがないので、いい職場であるということである。この関係は長年にわたって浮き沈みがあったかもしれないが、一般的には、これらの企業は少なくとも順調なスタートを切ったという利点を持っていた。

プレストン・トラック運送〔以下、プレストン〕についてはそんなことは言えない。最初のスタートアップ段階の後、同社は家族の感覚を失った。創業者であるA・T・ブレイドは個人的には尊敬されていたが、特別な人事方針や原則を示さなかった。チームスターズ〔全米トラック運転者組合〕と国際港湾労働組合が運転手と倉庫労働者を組織した時には、プレストンは他のほとんどの中規模のトラック輸送業者と似たようなものであった。少なくとも、それはプレストンに詳しい人たちが1978年に描いた絵であった。この年は重要な年であった。それというのも、チームスターズのトラック運転手が一人の人間による山猫スト〔組合指導部の承認を得ていないストライキ〕を止めさせたのがその年のことであったからである。彼はプレストンが一方的に課した新しい仕事の規則に腹を立てていたので、デトロイトのクライスラー工場の駐車場から自分のトラックを撤去するのを拒否した。「私はプレストンの中にいる、ろくでもないボスを教えるつもりである」と彼は宣言した。それで彼は自分の目的を達したと感じつつ、デトロイトにあるプレストンのターミナルに戻る前の数時間、反抗的にそこに座っていた。

このドライバーの抗議行動は、彼が予測できた方法ではなかったが、彼の思いがけない夢を超えて成功した。彼の行動は、プレストンの幹部たちを刺激して、社歴50年のトラック運送会社と、そのほとんどがチームスターズの組合員である4000人以上の社員との関係を徹底的に変えた一連の改革を始めるきっかけとなった。今日、プレストンの社員は、野球やアメフトの熱狂的なファンが彼らのチームについて話すのと同じように、自分たちの会社について話す。社員の変革された職場への熱意も、メディアの注目を集めている。ビジネス・ウィーク誌は、プレストンの「労働者が運転席をシェアするように」と題した全ページにわたる記事を掲載した。ワシントン・ポスト紙の記者ウォーレン・ブラウンは、多くのプレストンの社員にインタビューした後、「労働組合の宴会場でさえ、誹謗中傷する者はいない」と結論づけた。ワシントンDC郊外のプレストンのターミナルにおけるチームスターズの職場代表であるクリフ・アトキンソンは、「プレストンは家族のようなものだ。私たちは経営陣と話せるし、彼らは我々と話せる。これは物凄い会社だ。まったくもって職場代表さえ必要ない」とポスト紙に語った。

トラック運送会社がチームスターズの組合員に称賛の歌を歌わせることは十分に注目に値する。しかし、プレストンの話で特に注目すべき点は、それが明らかにひどい職場の変革のほんの数少ない例の一つであるという点である。本社はメリーランド州東岸の小さな町プレストンにあり、同社は北東部と五大湖に沿ってセントルイスに至るトラック路線を有している。デトロイトでの事件の2年前、プレストンはシカゴに拠点を置くシッパーズ・ディスパッチ社と合併し、収益で20番目に大きなトラック運送会社〔年間1億ドル強〕になった。経営陣と労働者の間の境界線ははっきりと引かれていた。組合の苦情は日常的な出来事であった。疑いと敵意が労使関係を特徴づけていた。

自動車業界の規制緩和が差し迫っていることを同社の経営トップが深く憂慮していた時期に、デトロイトで仕事のサボタージュが起きた。規制下では、すべてのトラック運転手が同じ料金を請求され、政府の認可なしには新しい地域に参入できなかった。しかし、規制緩和された業界では、新興の競合他社が既存のトラック路線に参入し、大幅に割引された料金を提供することを止められなかった。プレストンの経営陣は、新しい競争環境でどのように事業展開するかについて、厳しい考えが必要であることに気づいた。

他のトラック運送会社も選択肢を見直していた。他社は、競争を避けるため、数ある戦術の中で、賃金を削減し、就業規則を強化することを選択した。プレストンは別の道を選ぶことにした。経営トップは、業界内で戦争を引き起こすのは近視眼的であることを知っていた。デトロイトの事件は、そのアプローチの危険性をすでに明らかにしていた。このドライバーの行動は、最初はプレストンの経営陣をさらに厳しい対応に駆り立てた。その結果、同社経営陣はさらに厳しい対応を迫られ、その結果、同社はさらにスローダウンし、いっそう厳しい措置をとることになった。最終的に同社は、デトロイトの例のドライバーを罰し、同都市に向かうすべての貨物を停止し、3分の2の社員を事実上約3週間ロックアウトした。プレストンは、従業員が会社の条件で戻ることにしぶしぶ同意したので、このラウンドでは勝った。しかし、経営陣は、正面からの対立が最終的には社員よりも同社に損害を与えることに気づいた。そこで同社は、異例のパートナーシップを構築するために従業員に協力を求めたのである。

この新しいパートナーシップは、マクラーレン輸送、インターステイト、スペクター・レッド・ブルなどの巨大企業を含む200社以上のトラック輸送業者が経営破綻した規制緩和下でも生き残った。もちろん、プレストンが別の戦略を採用していたとしても、まだ事業継続は可能であった。しかし、同社経営陣は、生産性が従業員一人当たりの出荷量、クレームの減少、維持費の改善という点でいかに大幅に向上したかを示す数多くの統計を引用している。それは誇らしげに、同社が受賞した上院生産性賞を証拠立てている。

しかし、生産性や収益性の統計は、プレストンの話を語る価値のあるものにしているわけではない。一株当たり利益や自己資本利益率（ROE）などの統計が財務実績を測るような方法で、職場の質を測る簡単な道具はない。職場の質を判断する唯一の確実な方法は、従業員と話すことである。私はいくつかの異なる場所でプレストンの複数の社員にインタビューしたことがある。先に引用したワシントン・ポスト紙の記者と同様、私も反対派に会ったことはなく、会ったのは支持者だけであった。

進行中の反抗

リッチー・ストークは典型的な企業のチアリーダーではない。彼はプレストンのフィラデルフィアターミナルのチームスターズ（ローカル470）の職場代表であり、10年以上前からプレストンのトラック積み込み用埠頭で働いてきた。彼は1979年以前のプレストンの労働条件について私にこう話してくれた。

> 誰もが顕微鏡的な監視下にいました。私たちはこの会社が好きではなかったし、会社も私たちが好きではありませんでした。この点は明白で単純なことでした。会社人間だった者はほんの一握りしかいませ

んでした。つまり、本当に会社のために体を壊すほど頑張っていた連中です。残りの私たちは組合人間でした。

会社は、多かれ少なかれ、私たちにムチ打っていました。あなたは10分の休憩を貰っていても、懲戒を受けるので11分休憩できないでしょう。あなたは30分間昼食に行き、上司がそこに立ってあなたを待っているからです。そうでなければ、30分後に確実に戻ってきます。もしあなたがトイレに行ったら、彼らは「どこに行くのか。あなたはそこに3分間いた」と言います。それは労働者を動揺させるようなもので、多かれ少なかれ進行中の反抗のようでした。常に。

それは悪者や善人のようでした。彼らが悪者であったのは、彼らが仲間であったからです。彼らは私たちを懲戒する権利があり、私たちはそれを知っていました。だから私たちは彼らに説明しませんでした。私たちは以前はトラックの陰に隠れていて、彼らの一人が埠頭に降り始めた時、私たちは働いていると彼らに伝えました。私たちは仕事を終えました。誤解しないでください。つまり、私たちは働いていましたが、それは単に［現在とは］異なる雰囲気でした。

１９７８年の他のターミナルの雰囲気はフィラデルフィアのそれと似ていた。デトロイトでの事件の後、プレストンは経営コンサルトのグループ（臨床心理士のオーブリー・ダニエルズと元アメフトスターのフラン・ターケントンが率いるアトランタのビヘイビオラル・システムズ・インク）に委託して、デトロイトとペンシルベニア州ヨークのターミナルで調査を行った。デトロイトは仕事の遅れのせいで選ばれた。ヨークが選ばれたのは社員の士気の点で最良のターミナルの一つだと経営陣が考えていたからであった。しかし調査の結果、両方で士気は同等に低かったことがわかった。会社についてのいいコメントが1件あるごとに、批判的なコメントが40件あった。コンサルタントは驚かなかった。彼らの経験からすると、ほとんどの会社で士気は非常に低いとプレストンの幹部に話した。

１９７８年の調査でヨークとデトロイトの両ターミナルの社員が行ったコメントは、リッチー・ストークの気持ちを忠実に反映している。

- ある労働者は、監督者は自分たちを「クズ、ゴミ、バカ」などと呼ぶことがあったと述べた。別の人は、「ターミナル主任に『南部では彼らをニガーと呼び、北部ではチームスターと呼ぶ』と言わせても、彼らが働いている社員にあまり敬意を払わない」と報告した。
- デトロイトの社員は、プレストンでの労働生活を次のように要約した。「一般的に、混沌としている。弱い経営陣で、コミュニケーションが非常に少なく、労働者の不満度が高いことが、この状況の一因となっている。今回の調査が本社に目を向けてくれることを期待しているが、果たしてそうなのか疑問である。経営陣と組合の距離はグランド・キャニオンほどもあり、労使がそのギャップを埋めるために多大な努力をすることを望んでいるようには見えない」。

事実、プレストンはギャップを埋めたいと考えていた。コンサルタントに管理職と監督職を研修するよう依頼した。コンサルタントは、彼らがパフォーマンス管理と呼ぶシステムを教えた。外部者には、パフォーマンス管理の研修システムはかなり粗雑に見えるかもしれない。それは明らかに流行遅れの行動主義者の心理理論に基づいている（パブロフの犬やスキナーのネズミを思い浮かべてほしい）。根底にある考え方は、あなたが承認した行動に報酬を与えたり（正の強化）、承認しなかった行動を罰したり（負の強化）することで、人々の行動を変えることができるということである。コンサルタントは次のように規定して、理論すらさらに単純化した。プレストンの管理職は、社員が批判する一つの行動に対して正しく行う四つの行動を見つけ、称賛すべきである。

一見したところ、この4対1の正の強化は、露骨に操作的なもののように聞こえる。いつも尻を蹴られることから励ましの言葉をかけることになると、誰もが不審に思うかもしれない。確かに、これはチームスターズの港湾労働者やトラック運転手をだますような類のものではないように聞こえる。

しかし、それはうまく機能した。ストークの観点からすると、経営陣は「些細なことで（労働者を）毎日困らせる」ことをやめた。それだけであった。監督者は単に労働者のそばを離れずにいることを止め、ミスをすかさず暴くのを待った。労働者が深刻な規律上の問題――何度も遅刻するなど――と考えられることをした時、フィラデルフィアのターミナル主任は、この問題を解決するために職場代表のストークに頼んだ。ほぼ一夜にして、労働者から寄せられた苦情のレベルはほぼゼロになった。

この180度の方向転換は操作的なものという感じはなかった。なぜなのか。社員は二つの理由をあげている。第1に、操作は一般的に秘密または下劣な動機を意味する。誰かが操作的であると非難するのは、彼が手の内を明かしたとしても、非常に難しい。プレストンの経営陣には隠されたアジェンダはなかった。それは、管理職から港湾労働者や事務職員に至るまで、すべての人にそれが何をしていたのか、その理由を正確に伝えた。誰もが、正の強化テクニックと、彼らが達成しようとしていた4対1の比率について耳にした。そして、プレストンがこのテクニックを使用していた理由については秘密はなかった。経営陣は、新しいプログラムの目標は生産性の向上であると社員に伝えるのを恐れていた。社員が、スピードをあげるための婉曲的表現とみなされることに抵抗するのではないかと恐れたのである。同社の管理職はそのことに関して何も言わなかった。彼らは規制緩和で同社が直面する課題を語り、自分たちの目標として生産性を公然と宣言した。

さらに重要なことに、操作はしばしば他の人に、彼または彼女がすでに行っているのと異なることをさせることを示唆している。この場合、社員は変更を求められておらず、管理職と監督職は変更を求められていた。プレストンの労使紛争の文脈では、正の強化テクニックは一方的な武装解除の効果をもたらした。監督者は慣れ親しんだ武器に頼ることはできなかった。このテクニックは粗雑だったかもしれないが、その条件は明確であった。誰もがすぐに監督職が停戦に違反したことを知った。

新しい経営スタイルへのコミットメントを強調するため、プレストンの経営陣は、彼らが書いた「社是・社訓」を配布した。それは、同社の新しい経営スタイルの基本原則を説明している。この社是・社訓は、ドイツの哲学者で詩人であるゲーテの言葉を引用した、アメリカで唯一の企業哲学の声明という特徴を持っているかもしれない。「人々を、彼らがあるべき存在であるかのように扱い、あなたは彼らがなれる存在になるのを助ける」。この声明の明確さはまた、停戦違反にスポットライトを当てるのに役立った。

〈プレストンの社員は違いを生み出す〉
――成功の鍵は共に働く人々にある――

プレストンの最も重要な資産は人であり、トラクター、トレーラー、ターミナル、管理システムなどではない。ドイツの哲学者ゲーテからの次の引用は、人に対するわが社の考えを要約したものである。「人々を、彼らがあるべき存在であるかのように扱い、あなたは彼らがなれる存在になるのを助ける」。プレストンの社員は敵対者ではなくパートナーとみなされなければならないという意味である。

その仕事をしている人が、他の誰よりもその仕事について知っている。提案を募ること、特定の問題に対する可能な解決策に耳を傾けること、そして創造的な変化の実現を支援することが経営者の責任である。社員はそれぞれが無限の可能性を秘めている。優れた経営者には、より良いパフォーマンスの可能性を認識し、それを引き出す能力がある。経営者には、社員を育成し、より良い生産的な環境を継続的に創出すること以上に重要な責任はない。プレストンでは、常に改善が可能であり、継続的に改善が求められている。

すべてのプレストン社員は、敬意をもって扱われるべきである。社員の各グループは、その成功のために何が重要であり、それが会社の進歩にどのように貢献しているかを理解しなければならない。監督職は、この目的を達成するために、定期的な会議を開催することが期待されている。社員は、自分の仕事、福利厚生、わが社、あるいはグループの業績に関するより良い情報を得るための質問をすることが奨励される。社員一人ひとりが自分の仕事について、またそれが他の仕事とどのように関連しているかについて、より良い情報を与えられれば与えられるほど、組織をより効果的なものにする機会は大きくなる。

改善すべき点が具体的な成果として示されるまでは、社員一人ひとりを効果的な演技者と捉えることが経営陣の責務であり、そのためには、まずパフォーマンスの領域を明確にし、基準を作成し、社員とともに改善目標を設定し、達成することが必要である。進捗状況が記録され次第、適切な補強がなされる。

管理職は、公正で、確固としていて、積極的に下位基準のパフォーマンスや不適切な行動を是正しなければならない。解雇や無給の休暇などの規律は、明確に伝達された倫理基準や就業規則の明白な違反に対する最後の手段としてのみ用いられる。是正が必要なすべての分野において、管理職はまず部下の行動について助言し、建設的な変革へのコミットメントを得なければならない。管理職は社員が必要な改善を実現するために何ができるのかを尋ねなければならない。警告書は、個人が問題を明確に知らされ、それを是正するために十分な時間と援助を与えられた後にのみ使用される。

経営陣はミスを見て修正するが、仕事が適切に行われている時には功績を認めることも同様に重要である。健全な職場環境では、肯定的なコメントよりも否定的なコメントを多く持つべきではない。管理職と監督職の責務は、社員が常に知識を得て、優れたパフォーマンスを達成するための挑戦的な目標設定に参加できるような雰囲気作りにある。

プレストンの事業責任者であるビル・テレルは、同社が新スタイルを採用してから間もなくシカゴで起きた事件について話すのが好きである。ある管理職は、社員が社内での付合いにあまりにも多くの時間を費やしていることに腹を立てていた。とある金曜日の午後、彼は社員に社交的な会話と私的な電話を止めるよう要求する長いメモをタイムレコーダーの上に置いた。それで、ある社員がメモのコピーを作り、それを本社に送り、「すべてのプレストンの社員は、敬意をもって扱われるべきである」、「健全な職場環境では、肯定的なコメントよりも否定的なコメントが多くあるべきである」という社是・社訓の主張に従って管理されているかどうかを尋ねた。偶然にも、同じ週末に、全社社員が、社是・社訓のコピーを含む四半期報告書を会社から受け取った。例の管理職の妻がそれを読んで、夫のメモの提出が会社の理念に沿ったものであるかどうかを彼に尋ねた。それがトリックだった。月曜日の朝、この管理職自身がメモを破り、オフィスを回って各社員に個人的に謝罪した。テレルが社員からの質問を追跡するためにシカゴに電話した時には、その問題はすでに解決されていた。

敵対者ではなくパートナー

停戦が平和条約を結ばないのと同様、正の強化のテクニックは新たな雇用関係の条件を形成しなかった。プレストンは、新たな関係の基本的な条件を、社是・社訓の中で「プレストンの社員は敵対者ではなくパートナーとみなされなければならない」と概説した。「その仕事をしている人が、他の誰よりもその仕事について知っている」と宣言している。この二つの社是・社訓に新生プレストンを理解する鍵がある。経営陣と社員との間のパートナーシップというこの考え方は、ある程度詳細に見ておく価値がある。

それぞれの当事者はパートナーシップに価値あるものをもたらす。プレストンは、社員の最も価値ある資産は彼らの知識であると主張した。社員には心があり、同社は彼らの考えを評価していることを認識していた。この概念は、トラック業界の多くの会社からは異端とみられている。そこでは最高の価値はしばしば頭脳ではなく勇敢さに置かれるからである。プレストンの労働者はウォール街やシリコンバレーのヤッピー〔戦後ベビーブーム期後半に生まれた世代で、大都市郊外に住む裕福なホワイトカラー〕とほとんど共通点がないからである。貨物を運ぶことにハイテクは必要ない。しかし、同社は、事実上、ブルーカラーのトラック運転手は、通常は高給のホワイトカラーの専門家にのみ与えられる敬意をもって扱われなければならないと言っている。

この観点から見ると、プレストンの経営陣は、「その仕事をしている人が、他の誰よりもその仕事について知っている」といって、深い意味を持ついくつかのことを主張した。プレストンの労働者はすぐにその重要性に気づいた。その文章は今でもプレストンの全社員から引用されている。それは非公式な会社のスローガンである。

パートナーシップの概念はまた、各パートナーが明確なアイデンティティを持ち、他のパートナーが認めなければならない特定の権利を持っていることを意味する。4対1の正の強化テクニックを課すことによって、同社は社員に、以前の経営陣との関係を特徴づけるような乱用から隔離される権利を効果的に与えた。

プレストンの社員が享受していた権利はそれだけではなかった。皮肉なことに、同社社員のほとんどがチームスターズに属しているという事実が、真のパートナーシップの構築を助けた。組合契約は、ある種の基本的権利、特に苦情処理プロセスを通じた雇用保障を担保している。また、社員に公正な市場賃金を担保している。同社経営陣は契約を変更しようとしなかったので、社員は組合加入を通じて社員が享受していた権利を同社が損なうことを恐れる必要はなかった。また同社は社員の組合への忠誠心を損なうこともしなかった。組合は結局のところ、組合員を経営権侵害から守るために作られた社員自身の組織である（しかし、プレストンは社内伝言や会議で、組合に組織化された同社が組合が組織化されていない新規参入の運送業者と競争する際に直面する経済的不利益について率直に議論した。しかし、同社と組合の両方のメンバーによると、この経済問題は事実に即して述べられており、会社がより生産的にならなければならなかったもう一つの理由としてあげられていた）。

要約すると、プレストンの経営陣は社員に次のような提案をした。取引をしよう。ここでは多目的に働くのではなく、共通のプロジェクト――プレストン・トラック輸送を存続させる――に共同で取り組むよう提案した。もう何時間も働く必要はない。忠誠心や態度を変える必要もない。どうやって物事を遂行すべきか、あなたが一番よく知っていると想定して、それを実行しよう。あなたから私たちが望むのは、あなたが知っている最善の方法で仕事をすることだけである。

新しく定義された社員と経営陣の関係は、信頼の重要な要素である尊敬に基づいていたといってもいい。人を尊敬する時、それは二つのことを伝える。一つめは、相手に要求したりするものには制限があることの認識である。二つめは、相手が何か貢献する価値のあるものを持っていることの認識である。プレストンの社員へのメッセージは、これら両方の尊敬の要素を伝えていた。会社は社員に対する行動に制限を設け（正の強化テクニックと組合契約を遵守する意欲を通じて）、従業員の知識の重要性を認識していた。プレストンがそのノウハウを利用するために使用した具体的なテクニックを見てみよう。

私たちがそこを取り仕切る

真のパートナーシップでは、それぞれのパートナーがビジネスにおいてある程度の発言権を持っている。これは、会社が社内の人々が「敵対者ではなくパートナー」になることを提案した時に伝えた明確なメッセージであった。

プレストンにとっては、事業活動への社員の参加を検討することさえ、過去との決別であった。従業員調査からのいくつかの引用は、意思決定の古いスタイルの特徴を示している。

- ヨークターミナルのある社員は次のように報告している。「この仕事に就いてから何年も、経営陣の中で、社員の誰かにどのように物事が行われているのか、彼がそれをどのように感じているのかを尋ねた者がいたかどうかも知らなかった」。
- この社員の同僚の一人が、「すべての意思決定は経営陣が下した後、彼らが私たちの所にやって来て、これが今後のやり方だと告げる。私たちには発言権がない」と付け加えた。

デトロイトでは、ある社員が次のように述べている。「この会社は、たとえ業務を改善するとしても、社員や社員のグループが何かについて言うべき提案を聞くことを望んでいない」と。

組合はどうか。会社が従業員により多くの発言権を与えることに反対したのか。多くの雇用主は、組合の規則によって、従業員との関係のために全く異なる基盤を作ることはもちろん、多くをすることから手を縛られていると主張している。

しかし、プレストンの経営幹部は、チームスターズの契約は何ができないかを主に明確にしたものであり、何ができるかを定義したものではないという立場をとった。組合契約は、経営陣が労働者に対してより多くの権限を与えることを禁止しているわけではない。その逆である。ほとんどの会社は幅のある契約上の言語で述べて、何を、どこで、どうやって、いつ行うかなど、仕事のあらゆる側面をほぼ完全に管理することを保証している。労働契約の専門用語では、それは経営権と呼ばれる。

そのため、プレストンは事実上、社員に責任を負わせることによって経営権の一部を放棄した。同社の全管理職と監督職は、社員との定期的なミーティングを義務づけられた。これらの会議では、社員が仕事と同社の効率を改善する方法を提案した。私は、プレストンのジャージーシティーターミナルの社員が定期的にミーティングを始めた直後に、同ターミナルを訪れた。ある港湾労働者（国際港湾労働組合のメンバー）は、最初は会社の意図に懐疑的であったと言っていた。彼の態度は、同社が彼の提案の一つを実施した時に変わった。積み込み埠頭に、より明るい照明システムを設置することであった。他の場所で話した他のプレストン労働者も、似たような話をしていた。違いをもたらしたのはミーティングではなかった。同社はその提案に基づいて行動した。その多くは、新しいスナックやコーヒーマシンのような些細なことのように見えた。

これらの一見些細な問題は、社員にとってしばしば大きな象徴となった。ヨークターミナルでは、従業員は長い間、自分たちの食堂の環境に不満を抱いていた。実際、調査で最も印象的だったコメントは、ヨーク食堂に関するものであった。

> 20×25フィートの食堂の改善に対処できない数百万ドルを稼ぐ会社の将来性を考えなければならない。ああ、悪名高い食堂。それはヨークでのすべての問題の具現化された例となった。改善された食堂を求める私たちの要求は、それほど不合理なものではなかった。そして、辛抱強く、16カ月間、私たちは待ち続けた。それほど辛抱強くなく、私たちは厳しい夏の暑さの中にいて、ハエの群れとネズミの群れ、さらには数匹のドブネズミの群れの中に座ってきたが、プレストンはトレーラーとトラクターの船団を手に入れた――すべて新品で、すべて有償であった。

ヨークの食堂やジャージーシティーの埠頭の照明のような長年の悩みがやっと解決された時、同社に対する疑念は晴れ始めた。労働者たちは管理職をより尊敬するようになった。結局のところ、ほとんどの労働者は自分の仕事のやり方を上司よりもよく知っていると思っていた。彼らはプレストンの管理職（そして他のほとんどの職場）は夢の世界に住んでいて、別の考え方をしていると思っていた。彼らは社員よりも仕事を良く知っているように振る舞った管理職にはほとんど敬意を払わなかった。経営者が真実でないことを主張するのを止めると、変化が可能になった。

リッチー・ストークはこのプロセスについて次のように説明している。

> 私たちは上司と部下との社内ミーティングを始めました。彼らはよ

り多くの情報を得るようになりました。彼らは「状況を変えるには何ができるのか」と尋ねるようになりました。そして、彼らは私たちの関心事や考え方を本当に気にかけているのではないかと考え始めました。つまり、私たちには優秀で賢い人たちがいます。あの埠頭には臆病者はいません。彼らは自分たちのビジネスを知っています。彼らは自分たちが何をしているかを知っています。それが重要なのです。

彼らは私たちの話を聞き始めました。私たちの提案は以前と同じように聞きませんでした。そして彼らは多かれ少なかれ私たちを一人にし始めました。そして私たちは多かれ少なかれそこでショーをやりました。私たちが問題を抱えていたら、私たちは上司のところに持って行きました。皆が少しずつ与えました。私たちはいろいろなことについて話しました。信仰のように。ただ彼らは仕事をするだけです。今では、上司が遅れるか何かをする土曜日と日曜日の夜がかなりあります。私たちは、ドアを開け、誰も監督していない状態で仕事を始めます。

プレストンは単に従業員の提案を聞き、実行するだけではなく、情報を共有することをパートナーシップの考え方の重要な帰結としている。同社は社是・社訓の中で、「社員は、自分の仕事、福利厚生、わが社、あるいはグループの業績に関するより良い情報を得るために質問をすることが奨励される。社員一人ひとりが自分の仕事について、またそれが他の仕事とどのように関連しているかについて、より良い情報を与えられれば与えられるほど、組織をより効果的なものにする機会は大きくなる」という方針を掲げている。

言い換えれば、同社は社員に対して、文字通り、経営者にも利用可能なあらゆる情報にアクセスできるといっている。社員と監督者の両者が、現在すべての社員と自由に共有されている社内伝言や報告書の多くの例をあげている。秘密は許されていない。これは、経営者が社員よりも多くのデータを所有しているという考えを打ち砕いた。それは、両者間の権力格差をさらに縮小した。

業界の笑い物

過去10年間のアメリカの経営管理テクニックに精通している人なら誰でも、プレストンが採用した基本的なテクニックをすぐに理解されるであろう。同社はＱＣサークルの変種を採用した。この日本的経営の管理テクニックは１９８０年代初頭に多くのアメリカ企業で流行した。これは参加型経営のテクニックで、過去四半世紀にわたって多くのビジネススクールの理論家たちが提唱してきたものであった。ＭＩＴの産業心理学者ダグラス・マグレガーは参加型経営の概念をＸ理論とＹ理論の管理者の区別によって組み立てた。Ｘ理論に基づく管理職は、従業員は基本的に怠け者で、より熱心に働くように駆り立てられるべきだと信じている。それに対してＹ理論に基づく管理職は、従業員は生産的であることを望んでいるので、成功するにはいい「雰囲気」や「経営環境」だけが必要だと信じている（この哲学は人間関係運動に由来する。例えばエルトン・メイヨーは「自発的な協力」を達成するために正しい「環境」を創る必要性を強調していた）。プレストンの外部コンサルタントはマグレガーの弟子であり、同社の社是・社訓に見られるように、会社は明らかにいい「雰囲気」と「健全な労働環境」を創ることを目指していた。

しかし、プレストンで起こったことをマグレガーのＹ理論の原則に厳密に従ったことで評価するのは誤りである。一つの重要な点において、同社はマグレガーの古典的な著作である*The Human Side of Enterprise*（邦訳『企業の人間的側面』）に記述されているY理論の哲学とは異なっていた。マグレガーは参加を「特別な委任の場合」と見ており、したがって、職場の力関係の基本的な現状を維持するテクニックと考えていた。その理由の一つは、マグレガーの、労働者と経営者の間の対立についてのどちらかというと穏やかな見解である。例えば、マグレガーは、純粋に心理的な用語で「公平な休憩」を得られないという労働者の不満を説明した。彼らの「安全の欲求は達成を妨げられた」。しかし、プレストンの経営陣は、労働紛争が単に心理的な問題であると信じるにはあまりにも長い間、チームスターズの交渉担当者とテーブルを挟んで対峙してきた。

　プレストンの経営幹部は、一番肝心なものは権力であることを最初から知っていた。彼らは、社員が本当の交換条件なしに仕事をもっとコントロールできないことを知っていた。言い換えれば、それは単に委任の一形態ではなかった。なぜなら、監督者はプロセスが機能するためにある程度の権限を放棄しなければならなかったからである。

　プレストンの誰もが同意しているのは、変更によって経営者が実際に権限を失ったということである。経営者は、同社のある役員の言葉を借りれば、「職場を去る覚悟で自尊心をもって」生きることを学ばなければならなかった。上司はもはや絶対的な上司であることはできなかった。その結果、同社の経営者の約25％は、第一線の監督者から地域担当者まで、経営理念の変化によって会社を辞めた。退職した者の多くは、10年、15年、20年以上同社に勤めていた。新しいスタイルに従うことを拒否したために実際に解雇された者はほとんどいなかった。ほとんどの者は、新しいプレストンの方針に同意しなかったか、それに合わせることができなかったという理由だけで退職した。ある地域担当者は、会社の副社長に、もはや「業界の笑いもの」にならないように辞任すると言った。同社の経営陣の4分の1が辞任したのは大した問題ではなかった。同社が経営スタイルを変更した時に組織的な変更をしなかったので、退職した経営者はすべて交代しなければならなかった。

　経営陣の大量流出は、プレストンで起こったことが参加型経営のほとんどの実験で起こったこととは間違いなく異なっていた点を強調した。同社で起こったことほど野心的ではなかったとしても、経営陣の反対は通常、プログラムを冷やかに止めた。フォーチュン誌は1986年に重要な意味をもつ記事を掲載し、1980年代初期に導入された参加型経営プログラムのほとんどは、経営トップが中間管理職の反対に屈したためにすでに損なわれていたと述べた。参加型のテクニックはアメリカの経営者にとってあまりにも脅威であった。経営理論にもマネジャーの概念にも、職場に対する経営者の権限を減らすことを提案するものはない。結局のところ、フレデリック・テイラーの時代の経営理論家も、職場に対する経営者の支配力を低下させるのではなく、増大させるという目標を共有していた。Y理論の提唱者たちでさえ、権力に関しては盲点がある。Y理論スタイルの経営者が労働者の「権限委譲（エンパワーメント）」を要求するのは、彼らが実際のエンパワーメントに不可欠な交換条件に対処していないために、しばしば空虚さがある。労働者に対してより多くの権限を与えることは、管理者にはより少ない権限を意味する。それはまさに権限がどう機能するかである。

　これまで見てきたように、プレストンの経営陣はこの問題に正面から向き合った。私は同社の経営幹部にこの点を尋ねた。同社社長のウィル・ポッターは、経営幹部は変更を「脅さ」ないようにしようとしたと主張した。同社は誰かを追い出すつもりはなかった。管理職を再教育し、新しいプログラムを売り込むためにあらゆる努力をしたと言っていた。しかし、社員全体の信頼性はさらに高い優先事項であった。そして、信頼できるようにするためには、一貫性があることが必要である。ポッターはこう言った。反対意見があるからといって引き下がることはできない。あなたが最新の管理職の流行に従っているように見られる余裕はない、と。

隔年で少しずつ違うことをしようとすると、問題が生じるし、操作的になる。パフォーマンス管理の観点から、「これはこれであり、これは永遠にここにある。これからも改善を続けていく。方法は言えないが、社員が私たちが夢にも思わなかったことをした実例を時間を通じて示すことができる」と述べた。

ポッターは、「やるつもりだと言った時にやると言ったことをせよ」という自身の経営モットーにしばしば言及する。それは信頼を損なうものである。彼は約束を守らない人には堪忍袋の緒が切れた。それは信頼を損なうものである。彼は、経営者の「誠実さと信頼性」を組織の中に構築するのに2、3年かかったと見積もっている。信頼は新鮮に保たれなければならない腐敗しやすい商品である。約束を破る以上に信頼を一瞬で破壊するものはない。

プレストンのマーケティング責任者であるブルース・ケネディは、信頼についてもう一つの見方を示した。

社員はあなた方を通して見ることができます。あなた方が組織のすべての人の考えと知性を尊重するといっても、それと矛盾しない方法で行動しない場合、彼らはその行動を通して見るのです。そしてあなた方は偽善者とのレッテルを貼られます。そしてすべての敬意、すべての信頼が崩壊します。

社員との新しい関係を維持するために、プレストンは社員をアソシエイト、監督者をコーディネーターと呼び始めた。他の会社（例えば、J・C・ペニー、ウォルマート）も従業員をアソシエイトと呼んでいる。これは、プレストンが構築しようとしていたパートナーシップのようなものを意味する。

コーディネーターという用語は、監督者の地位の変化に対処しようとするプレストン自体の試みである。これは、社内での彼らの新しい役割を反映した用語である。この名称の変更は単なる粉飾ではない。同社では管理職の役割は違っている。フレデリック・テイラーにまで遡れるアメリカの経営の伝統は数年の内に捨て去られる。独立した管理職階層は、職場に対して揺るぎない権威を持っているが、新しいプレストンでは何の役割もない。エルトン・メイヨーのような人間関係の専門家やピーター・ドラッカーのような専門家、トム・ピーターズのようなチアリーダーやコーチに取って代わられることはない。管理職はコーディネーターとして行動する。彼らは、組織のある部分が行った仕事が他の部分によって効果的に利用されるように物事を組織する。あるいは、組織が行った仕事を外部の世界と結びつける。彼らの役割は、通常の意味での他の部分の仕事を監督することではない。プレストンの社員が繰り返し言うように、「その仕事をしている人が、他の誰よりもその仕事についてよく知っている」のである。

社員を特別扱いしない

プレストンの社員は、同社の経営陣が自分たちの努力に心から関心を示していると確信するようになったので、自分たちの仕事により専心するようになった。彼らは、当時のキャッチフレーズを使えば、「よりスマートに働いた」。彼らの協力の強化は、同社の管理職もより多くのリスクを取ることを奨励した。これはプレストンのいわゆるシティ・ドライバーの間で特に顕著であった。彼らはさまざまな顧客から荷物を受け取り、当該地区のターミナルに持って来て、そこで仕分けし、長距離トラックに乗せるようになった。彼らは生まれ変わったプレストンに慣れてきたので、しばしば普通の顧客からより多くのビジネスを請け負うようになった。やがて彼らはセールス・ドライバーと呼ばれるようになり、実際に販売を手伝ったのはこの業界では同社のドライバーだけであった。他のトラック運送会社では、セールスマンがすべてのセールスコールを行い、ドライバーは荷物を受け取り、配達するだけである。それは頭脳対肉体という旧来の区別である。二つの異なる職能は二つの異なるタイプの社員によって実行される。一つはホワイトカラー、もう一つはブルーカラーである。チームスターの運転手が顧客と直接話をするのを信頼するのは、一部の非難者たちの目には、プレストンを業界の笑いものにした類いの変化と写った。

しかし、結果に異議を唱えるのは難しい。

ラリー・レゴッシュは新システムが成功したという話を多数もっている。フィラデルフィアターミナルの管理職（でリッチー・ストークの上司）であるレゴッシュは、以前は他の管理職同様、従業員をいじめていたと語っている。これはストークや他の社員が証言する事実である。しかし彼は、新しいスタイルの熱烈な支持者になった。彼は、この変化は「私たちが社員を特別扱いしない」ことを意味していると言う。

レゴッシュの好例は、アメリカ・ホンダで起こったことである。アメリカ・ホンダは日本の自動車メーカーの販売業者であり、フィラデルフィアターミナルの最大の顧客である。チームスターズの路線運転手であるジョン・ウィルソンは、アメリカ・ホンダの輸送管理者から、損傷貨物のクレームが増加していることなどを知らされた。そこでウィルソンはレゴッシュのところに行って「もし私がホンダの貨物を扱うのに適切な装備と十分な時間を与えられれば、その損傷を減らせると思う」と伝えた。当時、ウィルソンはホンダの貨物（大部分は車の部品）をすべて1台のトレーラーに積み込んでターミナルまで送り、そこで別の場所に向かうトラックに積み替えた。ウィルソンはプレストンが毎日4台のトレーラーをそこに常駐しておくことを提案した。例えば、1台のトレーラーには特定の目的地に向けた貨物だけが積み込まれる。各トレーラーにはワシントンDCに向かうホンダの貨物だけが積み込まれる。その日の終わりには、そのトレーラーはフィラデルフィアターミナル運ばれ、そこではワシントンDCに向かう他の貨物も積み込まれる。取扱い量が減るので、損害の可能性は少ないだろうとウィルソンは主張した。

ターミナル主任はウィルソンの構想に同意し、4台のトレーラーを販売店の倉庫に常駐することに同意した（トレーラー1台につき1日約100ドル）。アメリカ・ホンダはその結果に非常に満足したので、プレストンをよりひいきするようになった。最初の年には、プレストンのホンダ勘定は収益が倍増し、次の年にはさらに50％増加した。直近まで、プレストンは毎日10台以上のトレーラーを使用していた。それはすべて、ドライバーの提案の一つにリスクを負うことをいとわなかったからである。

ターミナル主任のレゴッシュは、こうした状況に内在するリスク要因を次のように、十分に認識していた。

> ええ、非常にリスクの高い状況であったことに疑いの余地はありません。でも、ホンダの可能性は知っていましたし、私がそれについて話していた人物——ジョン・ウィルソン——がそれをすべて考えていたことも知っていました。私は考えました、なぜなのか、と。トレーラーの常駐は今まで一度も行われたことがありません。失敗した場合はわが社は倒産します。ミスをしたので、何か別のことを試してみました。でも、それが偶然うまくいったのです。
>
> 現下のビジネス環境、特にこの業界では、トラック輸送会社の間で大規模な割引や入札競争があるので、積極果敢に攻める必要があります。それに、たまには大ばくちを打たなければなりません。そうしないと、死に体になってしまいます。私たちの運転手もそうです。彼らは毎日余分な貨物を探します。彼らはこれを持ち込んで、これを試して、あれを試してみます。それはいつものことです。多くの運転手が毎日います。「ばくちをしてください。私はあなた方のためにそれができます」と彼らは顧客に言う。「わが社はそうしたサービスを行えます」。この種のことは、私たちを普通の会社とは違うものにします。

もちろん、私たちはこの話全体をとても皮肉に見てこう言える。もちろん、この管理職は喜んでいる。なぜなら、彼の部下たちは今、同じ金額で多くの仕事をしているからである。これらドライバーたちは営業マンとして働くようにだまされてきたが、彼らは余分な仕事のために販売手数料やその他の利益を得ていない。私はチームスターズの職場代表であるリッチー・ストークに、プレストンの社員が単に同じ金額で多くの仕事を得ているだけではないのかと尋ねた。彼は憤然としてこう答えた。

> 車で家に帰って、ムチ打たれたと感じて、その日に地獄を経験したと感じた方がいいでしょうか。それとも、家に帰った時に、会社や仲間の男たちを助けるために、より多くの貨物を手に入れることで、何らかのことを成し遂げたという個人的な満足感を得た方がいいでしょうか。そのため、他の業者は8時間の仕事をして家に帰っただけで、廃業しました。彼らは会社に対して何の心配もしていませんでした。あるいは、会社は社員や会社自体に対して何の心配もしていないことを彼らに示しました。

従業員は、追加的な努力から得られる心理的な報酬だけを得ているわけではない。数年前、プレストンは、生産性の向上による金銭的な節約を社員が直接分け合う、スキャロン・ボーナス制を導入した。このプログラムは、本書の執筆時点では、最初にトラック運転手だけが対象となるものであった。

すべての問題が解決されたという印象を与えることで、プレストンの検討を終えるのは公平ではない。ストークは次のように説明している。

> それは一つの大きな幸せな家族です。しかし、「ターミナル主任」は会社の人間であり、彼は私が組合の人間であることを知っています。私たちは、ある男とその妻のように、異なる状況について異なる見解

をもっているかもしれません。しかし、もし市内の別の主要なトラック輸送会社が「プレストンの貨物を追跡しよう」と言ったら、突然、私たちは一つになります。それから、それはもはや組合でも会社でもありません。プレストンです。そして私たちはその貨物を取りに行きます。

ストークは、言い換えれば、自分はまったくだまされていないと主張している。その現在の態度をまとめると、彼は雇われた人——社員——ではなく、今はビジネスパートナーであると言うだろう。ストークは、会社が経営を続けられるかどうかについて経営陣が単独で責任を負うのではなく、その責任を経営陣を含む会社の他のすべての人と共有していると感じている。彼は自分が彼らとより対等な立場にいると考えている。

同社は組織的な変更をしていないが、私がインタビューしたすべての社員（港湾労働者、運転手、事務職員、整備士）は、そうした変更のために階層が排除されたと感じていると報告した。例えば、本社では、事務職員のグループにインタビューした。ジョイス・コヒーはその一人だった。彼女は数十年にわたってクレームを処理してきた。リッチー・ストークと同じように、彼女は変革についてこう説明している。

私が最初にここで仕事を始めて、このオフィスに来た時、誰か、特に上司が私を見ていると毎日感じていました。ご存じのように、私がしたすべての動き、私はただ居心地が悪いと感じました。ただ、上司が私に目を付け、何か間違ったことをしているのを見つけるためにそこにいると感じました。そして、経営陣の考え方の変化によって、私の行動に対してよりリラックスした気持ちになりました。彼らは私の行動を信頼しているような気がします。彼らは私が最もよく理解している方法で義務を果たす機会を私に与えてくれています。

売掛金部門のもう一人の事務員サンディ・レッドは次のように付け加えている。

経営陣の考え方が変わった時、私ははっきりとした態度の変化に気づきました。なぜなら、こう考えるのではなく、こう考え始めることにしたからです。どうすればそうすることができるのか、改善するために何ができるのか。そして、その態度は、一人ひとりが社員ではなくアソシエイトであるように感じさせたのだと思います。

私が同僚であり、私たちが一緒に仕事をしているという観点から考えるようになればなるほど、今日私がするのではなく、私が何をすべきか、どうやってこれに取り組むべきかについて上司に報告するつもりです。あなたはここそこに一人しかいないという感覚を排除し始めます。その代わりにあなたはグループとチームになり、そのように考え始めます。

このような証言は、今日のプレストンの周りではよく見受けられる。社員の間には、自身と会社への新たな誇りを感じている人がいる。しかし、彼らを従業員と呼ぶと、訂正されることがある。彼らは今ではアソシエイトであるとあなたは言われる。彼ら自身や会社に対する誇りの高まりとは別に、プレストンのアソシエイトは、変化の大きな副次的利益は社内のリラックスした雰囲気であると感じているようである。言い換えれば、会社との関係が改善され、仕事との関係が改善されるだけでなく、社員同士の関係も改善されるということである。マイク・キャラハンはメリーランド州プレストンのターミナルで整備士をしている。彼は次のように説明した。

あなたが副社長とコーヒーを飲んだり、社長と議論したりする前は、すべてが異なるレベルにいましたが、今や全員が本当に同じレベルになりました。それに対して、敵意や緊張がかつてあったわけではありません。私はウィル・ポッター［社長］の仕事に興味はありませんし、彼は私がいい仕事をすることにだけ興味があります。でも彼はそうした興味を持っており、それが違いを生むのです。

私たちはまだ問題を抱えていますが、私たちはそうした問題を自分たちの間で解決するからです。このやり方は解決を遙かに容易にします。

これは、とりわけ、労働者の間にもっと多くの付合いがあることを意味している。プレストンで働く方が楽しい。もう一人の整備士であるジェリー・メレディスは、新しい状況について次のように述べている。

私たちは7時に仕事を始め、7時20分には駐車場が半分一杯になります。タイムレコーダーを打つために走っている人は誰もいません――誰もがとにかく10分間ここにいます。だから、ここが気に入らなければ、彼らは入ってこないでしょう。社員は会社の時間から1分たりとも自分のものにしません。タイムレコーダーの周りに社員が座っているわけではありません。私たちが早く出社する時は、私たちはそこに座ってコーヒーを飲み、お喋りします。

3人目の整備士であるハワード・ブラッドショーは、このような幸せな労働者の話に対して人々が懐疑的に反応することに慣れている。彼はある顧客グループの話をしている。彼らは整備士の工場を見学し、整備士が生産性を向上させた結果、以前は8時間かかっていた仕事を2時間で完了したという話を聞いた。訪問者の一人は、他のグループが出発した後すぐに戻ってきて、ブラッドショーを脇に連れて行った。彼はこう話している。

この男はここにこっそり戻ってきて、「本当にそうなのか」といいました。彼はそれを信じていませんでした。私は「君はどう思う」といいました。彼は「あなたに聞かなければならなかった」といいました。彼はただ自分が聞いていることを信じていなかっただけなのです。彼は私が牛耳っていると思っていました。彼は私がほら吹きだと思っていました。そして会社が私にそうさせていると思っていました。それはすてきなことでした。私は「ええ、それはすべて真実で、私はそのすべてを信じています」といいました。

ブラッドショーが私にその話をした時、私は、「あなたは10年後にそのすべてを信じていると思いますか」と尋ねた。

ブラッドショーは肩をすくめ、「10年後にまた来て尋ねてください」と言った。

プレストンの経営幹部であるビル・テレルは、ブラッドショーが何を言いたいのか正確に知っていた。彼は言った、「社員はあなたに信頼と尊敬を与えるのではなく、あなたにそれを貸すだけである」と。

第11章　壊れたロールモデル——ピープル・エキスプレス航空——

１８８０年、ピープル・エキスプレス航空（以下、ＰＥ航空）が設立されるちょうど１００年前に、プルマン鉄道寝台車会社は、シカゴの南８マイルに同社の模範的な産業コミュニティ（いわゆる企業城下町）の建設を開始した。最高の労働者を惹きつけ、彼らが「向上し洗練された」存在となるのを助けるべく、ジョージ・プルマンは人工湖、広い街路、巨大アーケード付き商店街を備えた美的で魅力ある区域を造った。彼は、その偉大な実験が「労働の歴史における……新しい時代」の先駆となることを十分に期待していた。彼の新しい時代への夢は、グロバー・クリーブランド大統領が第七騎兵を当地に入れ、19世紀最悪の労働争議を鎮圧するよう命じた14年後に悪夢に変わった。

ＰＥ航空は、プルマン社の話と直接的な類似点はほとんど提供しない。プルマンは今でも存在し（現在はトラック・トレーラーと航空宇宙部品を製造しているが）、ＰＥ航空の茶色の航空機はすべてコンチネンタル航空の赤と白の色で塗り替えられている（格安航空会社であったＰＥ航空は、コンチネンタル航空に買収された）。しかし、ＰＥ航空も大規模な社会実験であり、おそらく現代における企業民主主義の最も精巧な（そして確かに最も大々的に宣伝された）試みであった。社会実験として、ＰＥ航空は創業者たちが望んでいた理想的な職場であることが証明されなかったのは確かであった。

ＰＥ航空は最も崇高な意図をもって立ち上げられた。社長のドナルド・カルビン・バーはかつて、「私が新しい会社を始めることに関心を持った唯一の主な理由は、社員が一緒に働くためのより良い方法を開発しようとすることでした」と語っている。彼は「ピープル・エキスプレス」という社名で、人間本位の経営理念に対する同社のコミットメントを強調した。

ＰＥ航空の社員を中心に置く理念は、社員を「オーナー＝マネジャー」に変えることを目的としたさまざまな方針に転換された。ＰＥ航空には、監督職、秘書、副社長はいなかった。全社員はマネジャーの称号を与えられ、さまざまな仕事を遂行した。ほとんどの社員は、顧客サービス・マネジャーであり、月毎、週毎、さらには日毎に仕事を交代していた。飛行機では客室乗務員として、空港では出札係として、経理部門やスケジュール部門では裏方として、それぞれの仕事を交代で担っていた。彼らは生涯にわたって仕事を保証されていた。彼らは利益を分かち合い、会社の利益の3分の1は社員に分配された。そして彼らは皆、最低でも１００株の株式を所有していた。ＰＥ航空は、新聞広告の中で、「我が社を利用する場合、オーナーはすぐ隣にいます」という事実を強調していた。

バーと何人かの共同設立者たちは、飛行機が東海岸沿いのルートを飛行していた数カ月後、ＰＥ航空の目標の成文化に取りかかった。彼らは、ＰＥ航空が「他の航空会社や他のビジネスのロールモデル」であるべきだと主張するものを含めて、六つの「原則」を定めた。多くの部外者がＰＥ航空を待望していた。ＰＥ航空とその人間的な経営理念を称賛する記事を数十人の新聞や雑誌の記者たちが書いた。行われたインタビューに基づいて、『アメリカで最も働きがいのある会社１００選』に選ばれた。ハーバード・ビジネススクールは、学生のためにＰＥ航空のケーススタディを発表した。同スクール教授、Ｄ・クイン・ミルズは、ＰＥ航空は「ビジネスを今日の労働者の能力と態度に適合させるための最も包括的で自己意識的な努力である」と主張した。別の同スクール教授、Ｄ・クイン・ワイコフは、「ＰＥ航空を研究しておらず、社員を管理する方法を研究していない者は頭がおかしい」と主張した。また、当時最も人気のあった二人の経営コンサルタント、ジョン・ネイスビッツとトム・ピーターズは、ＰＥ航空とその創設者ドン・バーを彼らの経営原則の生きた実例として崇めた。彼らはＰＥ航空を自分たちのベストセラー――*Re-inventing the Corporation*（邦訳『サクセストレンド』）と*A Passion for Excellence*（邦訳『エクセレントリーダー―超優良企業への情熱』）――の中で繰り返し引用し、二人は巡回ビジネス講演会における数十のスピーチでＰＥ航空の福音を広めた。

ＰＥ航空の社員本位の経営スタイルに惹かれたのは経営学の専門家だけではなかった。事実、同航空は、その非伝統的な経営理念を主要な採用ツールとして使用していた。その採用広告の一つは、「ＰＥ航空は、人間を第一に考えることで急速に成長している」と、別の広告では、「ＰＥ航空ではチームワークが全く新しい意味を持つ」と謳っていた。それはこう続く。

> ＰＥ航空には、航空会社を経営するためのまったく新しいアプローチがあります。カスタマー・サービス・マネジャーとして、あなたは管理チームの重要な一員となり、あらゆる分野で業務を行います……。一つの限られた業務ではなく、ラインとスタッフの両方の活動に関与します。そのため、航空会社のビジネスを十分に学ぶことができます。さまざまな課題に直面して、すべての意思決定スキルを開発し、使用することができます。それこそが、ＰＥ航空で人が成長する方法なのです。複雑な問題に対してシンプルで創造的な解決策をみつけることによって……、私たちの生産性と成長に貢献する解決策をみつけることに……よってです。

求人募集はうまくいった。ＰＥ航空の面接官がある町に姿をみせた時、何千人もの応募者が現れた。インク誌によれば、「言葉のあやに聞えるかもしれないが、いわゆる社員を中心とする構造は、土曜日の夜のビール飲み会でのラストオーダー並みの集客力を持っている」とのことである。その結果、１００人につき一人しか採用しなかったもののＰＥ航空には多数の応募者が殺到した。

ＰＥ航空の社員は、入社後、5週間、週当たり6日間（無給）の集中的な研修プログラムに参加した。そのハイライトは、社長のドン・バーが彼らに語った時に訪れる。彼の行動をみた社員は、バーを「救世主的な熱意」を持って「新しい経営」の福音を説く「伝道者」として描いた。ニューヨーク・タイムズ誌の記者、サラ・リマーは１９８４年の研修セッションに参加し、こう書いている。

バーは啓発セッションを決して欠かしません。彼は冗談を言ったり、自分の好きな映画『スター・ウォーズ』を、実業界の善と悪のフォースについての説教のテキストにしたりすることもあります。そして必然的に、彼自身のビジョン『よき会社：PE航空』でこう締めくくっています。

「あなたは商品ではありません」と彼は新入社員に語る……。「あなたは打ちのめされた労働者ではありません。あなたはマネジャーです。あなたはオーナーなのです」。

彼の呪文を聞いた2時間後、新入社員はバーを「鳴り響く喝采」でもって迎えた。社員の一人は「事実上部屋から浮いた」。彼は記者にこういった。「この男は魔法使いだと思う。これは私がこれまでの人生でじっと待っていた機会で、これは自己実現への私の道である」と。

このコメントは、PE航空の中での社員の人生の最初の経験に対する彼らの反応を象徴していた。ライバルのニューヨーク航空の前代表が、「ドン・バーは動機づけの天才である」と言ったのも不思議ではない。PE航空では10時間労働と12時間労働が普通であった。これは高い生産性につながった。PE航空は飛行機1機当たり約50人の従業員で運行しており、これは業界平均の約半分である。PE航空は社員が一生懸命働くことを期待していただけでなく、「マネジャー＝オーナー」が安価で働くことも期待していた。例えば、同社は社員に平均2万8200ドルを支払ったのに対して、業界平均は4万3200ドルであった（しかし、彼らはコンチネンタル航空の社員よりも平均して多く支払われていた）。

生産性が高く、比較的安価な労働力がPE航空の驚異的な成長を後押ししたことは疑いない。この10年間のPE航空の話はシンデレラの物語であった。いくつかの尺度でみると、PE航空はアメリカのビジネス史上最も急速に成長した会社で、創業から5年足らずの間に10億ドル以上の収益をあげた。PE航空はニューアーク空港の本社からニューヨークの大都市圏にサービスを提供する最大の航空会社となった。経営不振のフロンティア航空を1985年後半に買収したことで、PE航空はアメリカで5番目に大きな航空会社となった。しかし、その拡大には非常なコストがかかった。倒産寸前のフロンティア航空を買収したことで、PE航空は精根が尽き果てた。バーは全航空会社をテキサス・エアに売却することに同意し、テキサス・エアは1987年2月1日にコンチネンタル航空の子会社と合併した。

PE航空の人間本位の経営スタイルがあまりにも宣伝されていたので、多くの人は、この航空会社の倒産は企業の民主主義が機能していないことを証明しているとすぐに結論づけた。例えば、ニューヨーク・タイムズ紙の一面には、「PE航空の凋落：時代遅れの経営スタイル」という見出しの記事が掲載された。ウォール・ストリート・ジャーナルは、「航空会社の病弊は、異端児的な経営スタイルの弱点を示している」という見出しの記事を掲載した。しかし、そのような結論はフェアでなかったかもしれない。例えば、他の航空会社が苦境に陥ったり破綻したりした時の従来の経営スタイルや正統的な経営スタイルの欠陥について同様の記事はなかった。いくつかの劇的な倒産（エア・フロリダ、ブラニフ、コンチネンタル）や、生き残ったいわゆる巨大航空会社への合併（リパブリックがノースウェストに、PSAがUSエアに、ウェスタンがデルタに、オザークがTWAに）によって多くの馴染みのある航空会社が消滅したことで示されたように、PE航空の社員方針は、どちらかといえば、会社の存続を妨げるのではなく長引かせるのに役立ったという強い主張があった。いずれにしても、ＰＥ航空はビジネス上の提案としては失敗した。なぜ失敗したのかは、多くのビジネススクールで何年も議論されることになろう。

しかし、私たちが懸念しているのは、働く場所としてのＰＥ航空にある。ＰＥ航空での仕事生活の力学をより深く洞察するため、私はニューアークにある本社への2回の出張の折りに、ＰＥ航空の多くの社員と詳細に話した。最後に訪問したのは、ＰＥ航空が独立した存在として存在していた最後の1週間であった。ほとんどの場合、社員は依然として彼らを航空会社に引き寄せた理想を信じていたが、ＰＥ航空で起こったことに対してほとんどが辛辣であった。社員は「盗まれた」、「裏切られた」、「嘘をつかれた」、「操作された」という感情を語った。社員は、ＰＥ航空がテキサス・エアに売却される原因となった財務上の混乱に陥る前に、これらの感情が大々的に表面化したことを強調した。財務上の問題は、ＰＥ航空に存在したすでに深刻な士気の問題を悪化させただけであった。要するに、ＰＥ航空の職場としての現実は、企業の民主主義というレトリックとは一致しなかった。

スタートアップ症候群

ＰＥ航空で起こったことの一部は、他の多くの会社でも起こっている。会社の立ち上げに関わることには、非常な興奮がある。誰もが組織の目標と目的を信じ、理解している。やるべきことがたくさんあるので、誰もが必要とされ、役に立っていると感じている。物事を行うための厳格で、官僚的で、日常的な方法は、まだ出現していない。ＰＥ航空の横断的な社員活用法やジョブローテーションといった方針は、スタートアップ時には申し分なく適していた。社員は、会社が急速に成長するのに必要な柔軟性を会社に与えてくれた。

初期の数年間はＰＥ航空の社員にとって刺激的な時であった。彼らは勝者のように感じ、彼らのハードワークから具体的な結果をみるのは明らかであった。しかし、スタートアップ企業で働くことには暗い側面もある。驚異的な成長率は、多くの社員が、ほとんどの場合人手不足であったので、補償されないまま長時間労働したことを意味した。これは個人の生活にストレスという大打撃を与えた。それは多くの離婚を招いた。経営責任者のロリ・デュボースはハーバード・ビジネススクールのケース・スタディーで研究者たちに次のように語った。「スタートアップ時のチームメンバーは、どうしたことか、潰瘍、高血圧、アレルギー、離婚を経験している。それは次から次へと、私たちは皆、肉体的に打ち負かされて行った」。

雇用主がスタートアップ時の人間の緊張にどう対処するかは、長期的に従業員とどのような関係を持ちたいかについても、非常に重要であることを示している。経営者は、ビジネスを成長させることに夢中になるあまり、しばしば周囲の人間にかかる負担に目をつむってしまう。中には、それを問題視しない雇用主もいる。実際には、スタートアップ環境を無期限に存続させることができる。それは、従業員が企業の興奮に飲み込まれて長時間（多くの場合、報酬を受けずに）働くという利点があるからである。遅かれ早かれ、経営者を含む多くの従業員は、個人的な信頼を失い、生活を立て直すために退職する。しかし、退職する従業員は、強烈な労働環境の魅力とエネルギーに魅了された他の従業員にいつでも置き換えられると信じているがゆえに、経営者はそのことを気にもかけない。

問題は次のようになる。会社は正当なビジネス上の理由でスタートアップ時のやり方で活動しているのか。それともその時のスタイルは搾取的な関係を覆い隠しているのか。会社は従業員の興奮や目新しさに対する愛着を不当に利用しているのか。そうであれば、会社と従業員の間の信頼など起こりえない。なぜなら、従業員は、何かユニークな貢献をする個人としてではなく、交換可能な雑兵として扱われるからである。

スタートアップ期に続く環境では、従業員は多くの責任を与えられているため、だまされることがよくある。時間の経過とともに、多くの責任は単に職務記述書の一部であることが明らかになる。責任はいいが、雇用主は従業員の義務以上の努力に対して報酬を与えない。会社は彼らの勤勉さを当然のことと考えている。

ＰＥ航空は、このスタートアップ症候群に病み付きになっている兆候を示した。横断的な社員活用法とジョブローテーションという方針は、ある種の起電力を維持するのに役立った。これらの方針は、任務の頻繁な変更が日常の育成ルーティンを不可能にしたため、常に危機的な雰囲気を醸成した。ドン・バー自身が、自社の急速な成長によって引き起こされた人間の問題にほぼ共感していなかったことは明らかである。彼はハーバード大学の研究者たちに次のように語った。

今では、スピードを落として株を買うべきだと主張する人がたくさんいます。すべてのものがはるかに良く、より簡単で、そのすべてがそうであると主張する人がいます。私はそうは思いません。人はやることがあまりないと、疲労やストレスが多くなります。私はそれを本当に信じていますし、試したいと思います。それは疑いなく明らかであるし、そうであるのをかなり強く感じています。

バーはまた、短期的なストレスは不幸なものであったが、急速な事業拡張計画からすべての人にもたらされる圧倒的な利益があったと主張した。しかし、私がインタビューした長期勤続社員の中には、その主張を受け入れる者はほとんどいなかった。彼らはバーが自分たちのために偏見に囚われ、ＰＥ航空の当初の目標を見失ったと感じていた。バー自身は、航空会社の絶え間ない拡張をビジネス担当記者に正当化した時に、その見解に次のように信憑性を与えた。

リーダーシップは社員が必要とするものに迎合するものではありません。それは社員が何を必要としているのかを定義しているのです。それは「ああ、そうだ、棒状のキャンディーがもう一つ欲しいのか。ほら、虫歯になりなさい」と言っているのではありません。それは帝国を築くものではありません……。私が望むのは勝利だけです。

バーの正当化は、他のＣＥＯたちの言葉に似ている。彼らはいい職場環境を創ろうとするふりすらしない。振り返ってみると、バーの勝利至上主義と彼の人間的な経営との間には明らかな矛盾があった。多くの会社では、経営トップは、利益を拡大し、より大きな企業を創ること以外に、組織に何か目標があることを示唆していない。しかし、ＰＥ航空は違っていたようで、多くの（ほとんどではないにしても）社員が、その賢明な経営スタイルの雄弁さからＰＥ航空に入社した。彼らは組織に信頼を置いていた。物事が変わらないのをみて、彼らは裏切られたと感じたのである。

ビッキーという顧客サービスマネジャーは、多くの社員の考えを代弁してくれた。彼女は自己管理の考え方に惹かれていて、飛行機が飛ぶ前に入社した初期採用者であった。彼女はこう言う。

基本的な問題は、社員が自分たちは常に努力していると感じているのに、何の見返りも得られないということでした。私たちは、それはいつもそうなるだろうと考え始めました。私は1日16時間から17時間働いていました。年間6万5000ドル相当の仕事をしていましたが、年間約2万5000ドルの給料しかもらっていませんでした。誰のためにも二度とこんな仕事をしようとは思いません。

すべての従業員をマネジャーに：愛社精神の処方箋

私が社員から聞いた最大の不満の一つは、PE航空が成長するにつれて「経営の方向性」が欠如していくことであった。その通りである。PE航空の非常に意欲的な「自己管理者」は、より多くの方向性と調整を望んでいた。彼らは、次に何をすべきかについてしばしば混乱していると語っていた。彼らは、経営トップはPE航空がどこに行くのか明確に伝えておらず、しばしば途方に暮れていると語っていた。

より多くの方向性を要求する自己管理者のこの明らかな異常をどのように説明できるのか。社員一人ひとりがマネジャーという概念を政治的な観点から詳しくみてみよう。すべての社員がマネジャーであれば、誰もマネジャーではないということになる。また、組織の最上位の人々と他のすべての人々との間に大きな権力の空白を残す。ほとんどの大企業では、権力の空白は考えられない。なぜなら、組織の中間層にいる人々が官僚機構の中で自分の適所を築きあげているからである。

PE航空では、官僚機構は忌み嫌われるものであった。それはアメリカ企業を瀕死状態にしたすべてのものを代表していた。PE航空はそれがない会社になろうとした。官僚機構ではなく、バーの言葉を借りれば、「従業員が創造的なエネルギーを解放できる環境を創」ろうとした。社員は意思決定に直接参加した。上司がいなくても、社員は小さなチームで仕事をして、やり方を決めていた。これはPE航空の一面であり、私が話をした社員はすべて、刺激的で充実していた。彼らは衝撃を受けたと感じた。大手航空会社を設立したという、とてつもない経験であった。

しかし、会社が大きくなり、働き手が増えるにつれて、経営トップと他の人たちとの間の溝は広がっていった。その溝を埋めるメカニズムはなかった。会社はさまざまな手段に依存していたので、社員は誰もが会社の経営に発言権を持つという意味で「マネジャー」であるという感覚を持っていた。広範な社内コミュニケーション・ネットワークがあった。社員と経営陣との月例の質疑応答会議があった。また、会社の全施設のカラーモニターに毎日15分間のニュースビデオが映し出された。バーをはじめとする経営陣は、マネジメントの権威者トム・ピーターズが推奨した、現場に足を運ぶ経営者というスタイルの偉大な実践者であった。

物事がうまく運んでいる時には、綿密なコミュニケーションは十分に機能していた。このシステムはいいニュースを拡散するのに適していた。しかし、悪いニュースの場合、社員の苦情や懸念に対処するための実行可能なメカニズムはなく、社員は経営者の意思決定における経験の功を大いに疑問視するようになった。一言でいえば、システム全体が社員と経営者との間のある種の調和を想定しており、深刻な衝突に備えていなかったのである。

例えば、PE航空には苦情処理制度はなかった。同航空はオープンドア・ポリシーに頼っていた。問題があった場合は、バーまたは取締役の一人に直接声をかけることができた。ジャックという顧客サービス・マネジャーは、最初はバーがドアはいつも開いていて、従業員の苦情は何でも聞くと言い張っていたと言っていた。しかしジャックによれば、「後になっても、彼はまだあなたを彼に会いに行かせたが、彼は聞こうとしなかった。彼はタイム紙やビジネス・ウィーク誌やフォーチュン誌に自分の写真を掲載していたし、PE航空を創ったのは自分だから、もう私たちの言うことを聞く必要はなかったという態度であった」。

秘書の何がいけないのか

ウォール・ストリート・ジャーナルのために準備したコラムの中で、ドナルド・バーは次のように書いている。

> PE航空の全社員はマネジャーです……。PE航空に秘書がいる人はいません。私たちは、秘書が一人もいなくとも、約6億ドルの仕事をする会社を経営しています。私は自分の電話に出て、自分の手紙は手書きします。いうまでもなく、手紙はあまり書きませんが。

一見したところ、バーは労働者階級の英雄のようにみえる。PE航空には秘書がいなかっただけでなく、横断的な社員活用法とジョブローテーション方針のお陰で、社員は退屈で反復的な仕事に就くことはなかった。

一歩下がって質問してみよう。秘書がいて何か問題があるのか。何千人もの秘書が自分の仕事を愛している。彼らはそれをうまくやっていることに誇りをもっている。彼らは自分が働いている組織に有意義な貢献をしていると感じている。たとえ上司を軽蔑していても、自分の仕事が興味深くやりがいのあるものだと感じることがある。もちろん、すべての秘書がこのように感じているわけではない。しかし、根本的に間違っていると感じるのは、秘書の仕事ではない。多くの秘書が好ましくないと感じるのは、上司との卑屈な関係である。高給のエンジニアや科学者でさえ、仕事を嫌いになるのは、必ずしも仕事の性質ではない。組織が個人を個人として尊重していないなど、上司と部下の関係が不健全なのは、その他の要因が原因であることがよくある。PE航空は、秘書がいないことを公にすることで、つまらない仕事がないと言いたかったのである。全社員がマネジャーだと公言する時、同航空は次のように言っていた。あなたは客室乗務員や出札係ではなくマネジャーである、と。

先ほど、秘書の何がいけないのかと問うたように、みんながマネジャーになることの何がいいのかと問えばいい。自分の仕事に対して何らかのコントロールがあると感じることが重要なのは確かである。それは、何人かの間抜けから指示される必要がないということである。しかし、非管理的な仕事も重要である。PE航空の機構の問題は、その根底にある偏見であった。つまり、この世界で重要な仕事をするのはマネジャーだけであるという偏見であった。退屈な仕事をする人たちに対しては暗黙の軽蔑があった。従業員たちがすぐに学んだように、航空会社を経営することは多くの無味乾燥な仕事で構成されている。PE航空のほとんどの社員は、他の航空会社の従業員（多くは組合に加入している）が行う仕事とほぼ同じ仕事をしていた。

また皮肉なことに、ドン・バーが新入社員に「あなたは商品ではない」といったこともある。PE航空の人事制度には、非常に商品的なものがあった。誰もがさまざまな仕事ができるよう研修を受け、定期的にローテーションされていたので、社員自身が代替可能な部品のように扱われていた。前の章での区別を用いれば、PE航空では専門的な仕事よりも分業の方が多かったように思える。社員は専門的な仕事をするように奨励されたのではなく、全体的な仕事は働き手の数に応じて分割されていた。そのプロセスは、時には理に適ったものであった。例えばデルタ航空は、困難な局面でのレイオフを避けるために、横断的な社員活用方針を採用してきた。しかし、PE航空でのように、そのような方針が標準的な業務手順である場合、社員の個性と達成感が失われる可能性がある。

最初は、誰もがマネジャーと呼ばれ、ほとんど熱狂的なペースで社員を配置転換していたので、おそらく乗客にチケットを発行してコーヒーを提供するという日常的な側面が不明瞭になっていた。多くの社員にとって、絶え間ない配置転換は楽しみであった。しかし、目新しさが薄れた時には、社員は依然として乗客にチケットを発行してコーヒーを提供していた。それだけは、最初ほど意欲をそそるものではなかった。

しかし社員は、PE航空は基本的には最後の数週間働くための「楽しい」場所であったと主張している。多くの社員は、PE航空で働くことを楽しいものにしたのは、仕事を始めた時以外は、ジョブローテーションそのものではなかったと主張している。それは、他の社員との関係であった。ジョブローテーションによって、社員は他の社員に「追いつく」ことができるようになった。また、横断的な社員活用法は、PE航空に社会的・政治的な階層が存在しなかったことにも貢献した。それはまた、リラックスした社会環境の創出を助けた。PE航空の社員は、組織の中で真の連帯感を感じていたと報告した。社員たちはPE航空の「社員」を楽しんでいた。言い換えれば、ジョブローテーションは、社員と仕事との関係を改善するという表面上の目的には失敗したかもしれないが、社員間のより良好な関係を生み出すのに役立ったのである。

三つの基本的な職場関係のうち二つに関しては、PE航空は社員の間にコミュニティ意識を醸成しているという点で高い評価を得ている。社員の仕事との関係については、評価がまちまちであった。社員は常に仕事を変えていたので、仕事への誇りという重要な要素がしばしば欠けていた。社員はチームの努力の大部分を担っていたので、彼らの誇りの感覚はチームのやり方に依存していた。PE航空のチームがうまく機能していた時、彼らは自分たちの仕事をいいものと感じていた。会社がつまずき始めた時、社員が個人的に誇りに思うことはほとんど、あるいはまったくなかった。換言すれば、多くの社員は企業の命運に巻き込まれていたので達成感を感じ、会社の失敗を個人的に受け止めた。これがつらさを深めたのである。

PE航空での経験に関する最終判断を下すのはまだ早い。これまでみてきたように、ある面でPE航空はいい職場を創った。社員は通常の場合よりもはるかに多くの責任を与えられた。社員間には大きな連帯感があった。会社は意気揚々としており、社員は非常に高い報酬を得ていた。ある時点で、PE航空の従業員の大半が大量の株式を所有していた結果、平均的な従業員の保有額は約4万ドルになったと推定された。その点では、確かにＰＥ航空は社員が同航空の成功に純粋に関われるような方針を打ち出していた。しかし、ＰＥ航空の運――とＰＥ航空の株式――が急転直下し、多くの社員が老後のために貯めた金を突如失った。長期勤続社員は、家と車を失った同僚の恐ろしい話をしている。私はＰＥ航空の株に投資して1万ドル以上の貯蓄を失ったある女性と話した。彼女はＰＥ航空からの伝統的な財務アドバイスの欠如と、雇用条件として社員にＰＥ航空株を所有することを要求する同航空の方針に憤慨していた。

ＰＥ航空の問題の多くは同航空の方針に起因しているが、最終的な分析では、ＰＥ航空の職場としての基本的な問題はおそらく方針そのものではなく、むしろ信頼が損なわれたより根本的な方法のせいで、働く場所としての実行可能な役割モデルにはなりえなかった。

ジェフ・コーエンという名前の元社員が、キャリアの消滅から数カ月後に、ベルゲン・レコード紙のシド・カーポフのインタビューを受けた。コーエンはこの問題を鋭くこう述べている。

私がＰＥ航空に来たのは、同航空の社員がやろうとしていたこと、すなわち、働くためのユニークな環境を創り、人々が飛行機に乗れるようにしようとしたことが理由でした。それはうまくいったかもしれない壮大な実験でした。しかし、ダン・バーはそれを社員から遠ざけてしまいました。ＰＥ航空のために働いていた人で、何が起きたのか、同航空が社員を扱うやり方を変えるために何ができたのかを苦にしていない人を私は一人も知りません。しかし今では、他の人たちが企業民主主義を指して「どれほどうまくいったかみてみろ」というのではなく、彼らはＰＥ航空を指して「人々に仕事を成し遂げる自由をもたせることはできない」と語ります。

コーエンが指摘しているように、問題は、ＰＥ航空の物語の悲しい部分が結局は信頼の裏切りだったということであった。従来の労働の交換では、雇用主は従業員に対して、経営陣が定義した特定の仕事を遂行するために特定の金額を支払うことに同意する。それだけの関係である。ＰＥ航空ではさらに多くのことが行われていた。ＰＥ航空は一連の約束をした。社員に刺激的な仕事を約束した。彼らは「経営陣」の一員になることを約束した。「打ちのめされた労働者」ではなく「マネジャー＝オーナー」として、経営陣はほとんどの職場よりも自分たちの仕事（そしてある程度は会社の方向性）に対してより責任を負うことを約束していた。しかし、これまでみてきたように、ＰＥ航空で働くことの現実はしばしばこれらの約束と一致していなかったのである。

ＰＥ航空の事例は、約束されたものよりも提供されたものの方が重要であることを示している。あるいは、より正確には、約束されたものが提供されたものであることがより重要なのである。

同じ点を指摘するもう一つの方法は、少し時代遅れに聞こえるかもしれない。いい職場は、人々が約束を守ることにかかっている。ＰＥ航空では、多くの社員が、約束を破ることが夢を壊すことにつながるのを知ったのである。

第Ⅴ部

すべてを合わせる

これまでの章での観察と洞察から、職場を分析するためのより完全な枠組みを提示できる。すなわち、なぜある職場がいいのか、そしてほとんどの職場がそんなにもひどいのかの理由が説明できる。

第12章　「ロボット集団」の職場を超えて——「人のための」会社——

いい職場では、「人間味のある会社」とか「ここでは人間として扱ってくれる」、または「自分らしくいられる」という話をよく聞く。いい職場の従業員は、自分が人間であると感じることが、当たり前の労働環境であると考えている。

このような発言を重要なものにしているのは、それが以前は別の場所で働いていた従業員によって行われているということである。ダン・マローンは、フェデックスに入る前に検査管理会社で働いていた。彼は今、メンフィスのオフィスで顧客の電話に出ている。彼は次のように報告している。「一種の家族のような雰囲気です。誰もが人助けを買って出ます。ここは人のための会社です」。マローンは、フェデックスで働いてみて、以前の雇用主がまったくもって人間志向ではなかったことを知った。あなたは自分の仕事をする、それだけであった。

数年前、シカゴの民俗学者スタッズ・ターケルは、現代アメリカの労働生活に関する決定版、*Working*（邦訳『仕事（ワーキング）』）を書いた。彼の物語によると、「人のための会社（人間志向の会社）」で働いていると主張する労働者はほとんどいなかった。ターケルは133人に仕事と仕事に対する気持ちについてインタビューした。先の本は、自尊心への侮辱、そして子供のように扱われることへの侮辱といった、まさに侮辱の紛れもない長大なリストである。序文の中で、ターケルは仕事が「日常的な屈辱」と同義語になっていることを観察した。侮辱的な言動は、以下のようにあらゆる場面で起こる。

ブルーカラーのブルースは、ホワイトカラーの嘆き節ほど激しく歌われているわけではない。「私は機械です」とスポット溶接士はいう。「私は檻の中にいます」と銀行の出納係はいう。そしてホテルのフロント係も同じことをいう。「私はラバです」と鉄鋼労働者はいう。「私のやることは猿でもできます」と受付係はいう。「私は農具以下です」と移民労働者はいう。「私は物体です」とハイファッションモデルはいう。ブルーカラーとホワイトカラーは、「私はロボットです」という同じフレーズを唱える。

終わりのない一連の非難はその犠牲を伴う。多くの人は、自分たちの人間性が仕事で奪われていると感じている。だから彼らは、自分たちを無生物や動物と対比しているのである。

いい職場を良きものにすることを一言でいえば、そこでは働く人たちが人間のように扱われていると感じているということである。彼らは、ターケルが取りあげた人々が列記したような非人間化を常に経験しているわけではない。彼らは、職場が人間らしいものを生み出すと感じている。

人間志向の会社について話し、人間のように感じることは、あまりにも主観的で抽象的に聞こえたり、あまりにも敏感に感じたりして、多くの意味を持てないかもしれない。しかし、それはいい職場で働く人たちにとっては明らかに意味がある。だから、最高の職場を他の職場と何が違うのかを理解するには、職場の人間関係の文脈で人間の概念が意味するものに取り組む必要がある。一つのアプローチは、人間とロボットの概念を区別することである。まず、二つの概念の違いをいくつかあげてみよう。そのほとんどは明らかなものである。しかし、それらは職場の慣行に反映されるほど明らかではない。

- 人間はユニークであり、複製可能ではない。似た人間は二人といない。一人ひとりには奇癖や個性がある。一人ひとりが評価されない時、私たちは反抗する。一人ひとりが他の人と違うことを知っている。そして、仕事では通常、明確な貢献をする方法を強く意識している（あるいは、許可されればそれができる）。従業員が機械やロボットのように扱われることについて話す時、彼または彼女は、雇用主が個々人を特別なものにしているものを認識していないことを一部含意している。

ルイーズ・カップ・ハウはその著書 *Pink Collar Workers* の中で、この点を例にあげている。ハウは、シカゴのダウンタウンにある大手保険会社の事務職員数人にインタビューした。ある時点で、同社は職務充実プログラムを開始した。同社はこれを賢明な措置だと考えていた。なぜなら、このプログラムは事務職に対してある程度の多様性と責任を与えることを目的としていたからである。しかしダイアンという労働者は違った見方をしていた。

> 彼らはみんな同じことを望んでいると思っているようです。私はそうではないと思います。女性の中には、もっと責任を持ちたいと思っている人もいれば、そうでない人もいると思います。ゆっくりと慎重に仕事をするのが好きな人もいれば、すぐにそれを忘れてしまう人もいます。他の人と一緒にいたいと思う人もいます。それから、私のように一人で仕事をするのが好きな人もいます。でも、彼らはみんな同じように行動します。

ダイアンは、社員が個人的なスキル、能力、制約を持っていることを雇用主が認識していないといっている。また、社員が個人的な好き嫌いを持っていることも雇用主が認識していないため、社員の仕事の効率に影響がある。この認識がなければ、会社は社員を完全な人間とはみなしていないとダイアンは言っている。それと対照的に、すべての社員が似ているわけではないという個性を認識することは、いい職場の重要な特徴である。

同時に、いい職場では、社員500人の会社には社員との関係は一つだけではないことを認識している。社員との間には500通りの異なる関係がある。人は、自分たちが個別に扱われていない時にそれに気づく。確かに、全社的な給与および福利厚生に関する方針は、職場全体の性格に大きく貢献している。賃金が安いと感じる社員は、雇用主が何をしても搾取されていると感じる可能性がある。しかし、全社的な方針に加えて、人はちょっとしたことにも注目している。それは、いい仕事をしたことに対する励ましの言葉、自分の家族についての要求されていない（もし本当なら）問い合わせ、会社のトップが進んで社員と非公式に話をする意欲などである。

このような行為は、会社が人を人間として大切にし、尊重し、大切にしていることを示している。『アメリカで最も働きがいのある会社100選』は、制度化された多くの小さなことを引用している。例えば、タイム・インクが残業するスタッフに提供する無料のタクシー・チケットから、メアリー・ケイが社員に送った個人的な誕生日カード、フェデックスが（抽選で選ばれた）社員の子供の名前をつけた新しい飛行機、ホールマークの25周年記念パーティーに至るまで。このパーティーでは、社員は社内の友人を招待でき、通常は会社の会長が出席する。

- **人間は自己決定的であり、プログラム化できない**。人間は自己の行動を始め、コントロールできる。私たちは自分で食べ、身を包み、ある場所から別の場所へと移動したりする。私たちは自分たちが何をするか、いつするか、どのようにするかなどを決定する。それは、私たちが純然たる自由の状態で存在することを意味するわけではない。私たちの行動にはしばしば社会的制約がある。また、どんな職場にも多くの制約がある。社会と同じように、各組織はその構成員に対して暗黙的および明示的な制限を行う。組織の目的と優先順位は影響を受けざるをえない。しかし、職場では、個人が自分の行動をコントロールされていると感じる程度が大きく異なる。職場では、自分をコントロールできるかどうかは、自分の仕事のやり方に積極的に参加できるかどうかにかかっている。ロボットのように感じている人は、自分のイニシアチブに自由を感じないといっている。彼らは命令に従っているだけであり、彼らがしたいように仕事をする能力がない。彼らは他者によってコントロールされ、プログラムされている。

コントロールされた職場環境は人間に損害を与えている。ロバート・L・ベニンガとジェームズ・P・スプラドリーは、*The Work/Stress Connection* の中で、仕事の燃え尽きの主な理由として、不必要な組織的規則をあげている。彼らは次のように書いている。

> 大規模産業組織の成長に伴い、労働者の数を規制する規則が一般的になった……。一般労働者を対象とすることが多く、厳密な規則は、綿密な監督と狭い境界でより効率的に働くことを前提に作られている。規則の締め付けはすべての労働者を同じように圧迫するわけではないが、多くの人は、自分たちの仕事が袋小路に入ったように見えることに制約を感じている。

従業員が息苦しさを感じると、健康が損なわれることがよくある。全国労働安全衛生研究所は最近、高血圧、心疾患、潰瘍、うつ病の原因となる労働関連ストレスの主な要因として、仕事に対するコントロールの欠如をあげた。ある労働関連ストレス研究者は、ストレスに関連した常習的欠勤、生産性の低下、医療費として、アメリカ産業に年間1500億ドルの損失という正札を付けている。

すべての人が内向きになったことによる欲求不満に反応するわけではなく、それは個人的な健康問題を引き起こす可能性がある。一部の人は、欲求不満を引き起こしている人に対して外向きに反抗する。明らかな労働者のサボタージュ（欲求不満の組立ライン労働者によく見られる）の例を別にすれば、多くの人は個人的に怠業し、自分の反抗を黙って表現する。

誰もポジティブな労働環境のポジティブな影響を追跡することはできない。そこでは人は自分の運命をコントロールする感覚以上のものを持っている。充実した生活の価値を測ることは難しい。

- **人間は知性があり、感情豊かな生活をしている。** マイク・ラフィーバはシカゴ近郊の製鋼工場で働いている。彼はスタッズ・ターケルにこういった。「仕事で最初にしなければならないことは、腕が動き出した時に脳を停止させることです」。多くの社員は仕事について考える意味がないと信じている。彼らは「考えることに対しては報酬がない」と繰り返し告げられている。誰も彼らの意見に関心がない。誰も彼らが仕事のプロセスを改善する方法について何か考えていることを知りたがらない。彼らは何も持っていないことに満足しているからである。しかし、事態はそれよりも深刻である。誰も彼らの感情に関心がない。人々はしばしば、彼らが一緒に仕事をしている機械に対する単なる従属物として考えられている。彼らを駆り立てる感情、彼らの夢、彼らの野心、彼らの家族に対する懸念は、せいぜいのところ、仕事とは無関係であると考えられている。

バーバラ・ガーソンは、エレンという名前の保険会社の事務職員が巻き込まれた事件について、その著書 *All the Livelong Day* で解説している。エレンは、彼女が入力していたフォームの一つに食い違いがあることに気づいた。数字が店のオーナーの方針の間違った行に記載されていたので、彼の店は破壊行為に対して16万5000ドルの保険を掛けていたが、火災に対しては5000ドルしか保険を掛けていなかった。店のオーナーのために、エレンは上司に間違いを伝えたかったが、彼女はすぐにそれをよく考えた。

> ちょっと待って。私はこれらのフォームを読むべきではなかったかもしれない。私はただ一つの列を別の列と照合することになっている……。もし彼らが私にロボットの仕事を与えるつもりなら、私はそれをロボットのようにするつもりだ。

エレンの反応は普通のものであった。非思考の生き物のように扱われると、多くの労働者はそのように行動し、会社だけでなく自分自身にも損害を与える。しかし、もう一つの身近な反応がある。後に著者のガーソンがエレンに確認した時、彼女は若い店員が結局のところ上司に間違いについて話していたことを発見した。ガーソンはこう指摘した。「ほとんどの人にとって、悪しき仕事をするのは難しくて不快である。仕事は食べ物と愛の欲求の直後に続く人間の欲求である（マズローの欲求階層説を想起せよ）」と。

ガーソンの主張はよく理解されている。人は知性がないように扱われることが多いが、彼らの尊厳は与えられた役割を果たすのを拒否させることがよくある。職場はこのように人を非人間的にすることが多いが、人は自分の価値の感覚を保持するための無数の手段をみつける。時には、仕事そのものをより面白くするために、彼ら自身でゲームを発明してそれを行うこともある。あるいは、人は仕事について空想したり、他者と交流したり、上司を打ち負かす方法をみつけたりする。何らかの形で、人は心を使って感情を表する。ひどい職場では、人の自己表現はしばしば破壊的になる。いい職場では、従業員は彼らの知性と感情を積極的に伝えることができる。

- **人間は成長して学習する。ロボットはプログラムで制約される。** 生まれて以降、人間は成長する。私たちは決して学習を止めない。私たちはより多くの知識とスキルを身につける。私たちはますます複雑なことができるようになる。これまで見てきたように、組立ラインに代表される科学的管理は人間のこの側面について何も規定していない。労働者はあらかじめ決められた枠に入ることになっている。労働者が仕事で有能になるにつれ、より多くの責任を得るための規定はない。責任は経営者だけの掌中にある。

いい職場では、人間の成長はシステムの一部である。人々がより多くのスキルを身につけるにつれ、仕事は拡大される。人々は成長するにつれ、より多くの責任を与えられる。内部昇進という方針は、個人の成長が報われることを伝える。また、仕事はその逆ではなく、しばしば人に適合させなければならないという認識もある。いい職場の従業員は、人は予期せぬ方法で成長するため、会社には厳密な職務記述がないとしばしば発言する。成長もまた、しばしば補助金を受けた大学レベルの教育を含む、いい職場での研修に重点を置くことによって奨励される。

錬金術師としての信頼

下段の表は、人間とロボットの違いをまとめたものである。

「人間」の属性リストで注目すべき点は、信用が入り込むとすべてが資産になり、不信があると負債になるということである。人間の合理的で感情的な性質を例にとろう。人間は信頼されると、予期しない問題に対処するために知性を使える。「仕事に対して熱意に燃えた」時に感情が働き、仕事はより速くより良いものになる。逆に、何があってもある種のやり方で仕事をすることが信じられず、期待されていると、知性が邪魔をして、「別のアプローチを試してみよう」という悩ましい声が聞こえてくる。感情は反抗して、エネルギーを浪費する。

最高の職場は、社員を最も重要な資産として扱うだけでなく、人間がどういった存在――信頼を得て成長する生き物――であるかということから、最良の属性を引き出す方法も学ぶ。逆に、信頼を拒否することは、人間性を否定し、人間から最悪のものを引き出すことになる。

社会科学者は、スタッズ・ターケルや他の多くが書いた、士気が低下し、人間性を失った職場を他の要因のせいにすることを好んできた。産業革命とその結果としての労働者の機械への従属性を指摘する者もいた。自動車労働者やマイク・ラフィーバのような鉄鋼労働者の仕事で明らかなように、自動化は確かに主要な要因であると考えるべきである。また、機械は無数のホワイトカラーやピンクカラーの労働者の労働生活を支配している。たとえとして、「中西部の大規模な事業所」の受付係であるシャロン・アトキンズへのターケルのインタビューを取りあげよう。アトキンズは、機械の時代が始まって以降、何千人もの労働者が寄せた苦情を繰り返した。

ロボット	人間
1. 複製かつ使い捨て可能	1. 独特で取り替えが利かない
2. プログラム可能	2. 自己決定的
3. 思考または感情を欠く	3. 合理的で感情的
4. 本質的に制約的	4. 成長可能

> 機械が命じる。ボタンの付いたこのくだらない小さな機械、――あなたはそれに応答するためにそこにいなければならない。あなたはそれから離れて、聞こえないふりをしてもいいが、それはあなたを引き寄せる。あなたは何もしていないし、誰のためにも多くをしていないことを知っている。あなたの仕事は何の意味もない。あなたはただの小さな機械だから。猿は私のしていることができる。誰かにそんなことを頼むのは本当に不公平である……。あなたはただ機

器を扱うためにそこにいる。あなたは電話のような機器の一部のように扱われる」。

また、利益追求の動機が職場の不満の原因であると非難されることもよくある。マルクス主義の用語では、資本主義体制は労働者を一次産品の地位にまで引き下げる。より高い利益を得るために、資本家は必然的に労働者を搾取する。この分析にも利点がある。貪欲で搾取的な雇用主の顕著な例は多い。

さらに、大規模な官僚組織は本質的に非人間的であると示唆する者もいる。エルンスト・フリードリッヒ・シューマッハーは彼の古典的な本 *Small Is Beautiful*（邦訳『スモール イズ ビューティフル』）で次のように書いている。

> 大規模な組織が好きな人はいない。その上司の命令を受けた上司に命令されることを好む人はいない……。官僚によって作られた規則が非常に人道的であっても、規則によって支配されることを好む人はいない。すなわち、すべての苦情に対して、「私が規則を作ったのではなく、単にそれを適用しているだけです」という答えを持つ人々によって支配されることを好む人はいないのである。

上にあげた三つの要素――機械の時代、利益の動機、大規模な官僚主義――はそれぞれその犠牲を払っている。しかし、上に述べた条件にもかかわらず、いい職場がどのようにして存在するのか。それらは社員が機械を扱う産業に存在する。ワージントン・インダストリーズとニューコア・コーポレーションの鉄鋼労働者、フィッシャー・プライス・トイズの工場労働者、ノースウェスタン・ミューチュアルの保険事務職員は、自分が機械のように感じることなく、一日中機械を扱えることを証明している。いい職場は収益性の高い会社に存在する。実際、後述するように、いい雇用主は競争相手よりも収益性が高いことが多い。そして、大規模な組織にはいい職場が存在する。

職場を訪問して研究してきた経験から、相互の信頼が存在するところでは、非人間的になりがちな現実を相殺するために、より深いレベルで相互の信頼が機能していると信じるようになった。換言すれば、信頼の有無はどの職場においても最強の影響力を持つということである。

第13章　仕事での信頼——商品とギフトの相互作用の違い——

イランとの対立に関する1987年夏に開かれた公聴会で、ジョージ・シュルツ国務長官は、ワシントンでのキャリアの初期の出来事を語った。その時、シュルツのメンター〔良き師〕は、ワシントンでうまくやっていくには「信頼は法定貨幣」であるのを常に忘れてはならないと彼に告げた。

職場についても同じことが言える。信頼は良好な職場関係の通貨である。信頼がなければ職場の人間性が失われやすくなる。従業員は仕事から切り離されているように感じ、ロボットのように感じる。しかし、信頼があれば、良好な職場関係が築かれる。人々は自分の仕事に誇りを感じ、一緒に働いている人との関係をより深く享受できる。

信頼は職場の人間関係にとって重要であるにもかかわらず、職場について記述する人たちはそのようなことはめったにはいわない。したがって、以下の信頼についての議論は、私たちをほとんど未知の領域へと導く。いい職場での人間関係の最も捉えどころのない要素を解明するための最初の取り組みとして、本章は職場での信頼についてのより完全な理論のスケッチにすぎない。しかし、それは始まりである。

信頼の物語

クアッド・グラフィックス（以下、クアッド）は、タイム、ニューズウィークから、ブラック・エンタープライズ、プレイボーイ、アトランティック・マンスリーまでの数十の主要な全国誌を印刷するアメリカの商業用印刷会社である。1971年に設立された同社は、最近の売上高が4億ドル超という、アメリカ国内最大手の週刊誌の印刷業者へと急速に成長した。1時間につき2000万ページの速度で、1日300万冊以上の雑誌の印刷を、週7日、24時間体制で行っている。クアッドの29台の最先端ウェブはそれぞれ600万ドル近くの価値があり、三つのグラビア印刷機のそれは1000万ドルである。その印刷機の速度と機器の価格のせいで、比較的小さなミスなら数千ドル、主要なものは数万ドルのコストがかかる。

年に一度、クアッドの400名の管理職と監督職は、同社の印刷工場を3000人の労働者の手に委ねている。その理由は、クアッドの恒例行事「スプリング・フリング（以下、SF）」のためである。会社が小さかった頃、SFは1日をかけたイベントであった。その間、経営陣は同社創業者であるラリー・クアッドラッチの湖畔の夏用別荘に引き籠った。会社が大きくなるにつれてSFは中止され、ミスにはより多くのお金が必要になったと考えるかもしれない。しかし同社はSFを、地元の大学でのセミナーを含む二泊三日のイベントに拡大した。SFの全期間を通じて、社員が緊急援助を要請しない限り、管理職は誰も印刷工場に踏み入れないようにしている。管理職はこれまで一度も呼び出されたことはない。

クアッドのSFは、信頼とは何かという我々の常識的な考えと合致する。私たちは、クアッドは少なくとも年に2日間、社員を信頼しているといっていいと思う。それは、生々しい例なので、同社で何が起きているかをもっと詳しくみてみよう。

信頼はリスクを意味する。経営陣が社員に工場を運営させた時、彼らは事業に対する運営上のコントロールを放棄することになる。このことは会社を脆弱にする。社員は通常通り仕事ができるが、工場の機械の一部を台無しにしたり、場合によっては破損したりすることもある。社員が問題を起こさなくても、予期しない事態が発生して、勤務中の社員が誤った判断を下し、会社のコストが発生する可能性もある。それを回避する方法はない。会社はリスクを負っている。クアッドラッチが言うように、「私たちは彼らを信頼していますが、ミスが小さいことも願っています」。

信頼に関わるリスクは盲目的に引き受けるものではない。クアッドが、労働者が自分たちで印刷機を扱えると信じる正当な理由がなかったら、問題から顔を背けた経営陣は愚か者になる。信頼とは、言い換えると、失敗の可能性を承知の上で計算されたリスクであるが、それは成功を期待して大きくなるものである。

最後に、クアッドのSFのような信頼に基づく行為は、私たちのほとんどが慣れ親しんでいる一種の社会的絆を促進する。信頼することで、同社は事実上、社員はビジネスの重要な部分であると言っている。それは、社員との新しい種類の関係を創り出し、経営側と社員との間の厳格な区別を曖昧にする。信頼に基づく行為は、両者が同じチームの一員であることを示唆している。SFは、両者が自分の役割と互いの関係を見直す効果がある。経営陣は、自分の役割は単に社員のそばにいることではないと考えている。社員は、多くの懸念から自分たちを解放し、自分の仕事に集中できるようにしてくれる経営陣の日常的な責任をより高く評価するようになる。期待通りに物事が進むと、両者の関係は強固になっていると感じ、そうした経験から成長できる。成長は、両者が関係そのものを気にかけていることで可能となる。両者が互いに相手が関係にもたらすものを尊重するので、両者は関係を強固にすることが重要だと感じる。

この例から、一見簡単に思える信頼という行為は、非常に複雑であることがわかる。それにはリスクと脆弱性が含まれるし、他人の態度と能力についての判断が含まれるし、権力と統制の問題が含まれる。

クアッド／グラフィックスの「信頼に基づく信頼」

・チームワークに対する信頼
社員は、一人ひとりが別々にいるより、一緒にいた方が良い結果を生むと信じている。

・責任に対する信頼
雇用主は、各自が公平な負担を担っていると信じている。

・生産性に対する信頼
顧客は、価格、品質、革新性において最も競争力のある水準で製品が生産されると信じている。

・経営者に対する信頼
株主、顧客、従業員は、会社が短期的なチーム目標や今日の利益ではなく、長期的な視野に立って決定的な判断を下すことを信じている。

・個々人に対する信頼
私たちはお互いに信頼し合っている。私たちは、お互いを対等な人間として見ている。私たちは、個人の尊厳を尊重し、個人の業績だけでなく、個人と家族の気持ちやニーズを認識している。そして、私たちは、人生において同じ目標と目的を共有している。

信頼は簡単に得られるものではない。しかし、それはクアッドの信条〔表「信頼に基づく信頼」を参照〕から推測されるように、いくつかのいい職場の構造の一部となっている。

信頼の貯水池の構築

信頼はすぐに生まれるものではない。それは職場での時間の経過とともに起こったことの産物である。この場合、職場関係における信頼とは、他者との関係性における信頼のことを意味する。特定の諸行動が、私たちの他者に向けて感じる信頼度を高めてくれるが、一方、他の諸行動がそれを低める。私たちはこのプロセスを熟知している。誰かが貸した本を返さなかった場合、その人の信頼度が影響を受ける可能性がある。同様に、誰かに秘密を話し、その人が私たちの内緒事を尊重してくれた場合、その人に対する信頼度が高まる可能性がある。

この現象を説明する一つの方法は、信頼の貯水池という観点から話すことであろう。

次の実例を考察してみよう。前の章で説明したプレストン・トラック輸送（以下、プレストン）だが、同社は変革を遂げる前に、ある外部のコンサルタント会社に調査を依頼した。ペンシルベニア州のヨークターミナルでは、ある社員が同社社員の典型的なキャリア・パターンを次のように評価した。

> 新入社員は、第1に、皆に気に入られようと、熱心に仕事に取り組む。第2に、試用期間後も、勤勉な労働者であり続けようとする。第3に、しばらくしてから、自分の仕事に対する称賛や評価すらなく、同じことを経験した同僚のベテラン社員の否定的な態度が悪影響を及ぼして、彼は怠け始める。彼は自身の業績に対して無気力になる。彼は、会社がまったく気にしないなら、なぜ自分がそうすべきなのかという意見を持つようになる。第4に、この時までに、その社員は次の岐路に立たされる。（a）肯定的な態度で自身の職務遂行を改め、会社に影響を与えようと試みる。もしくは、（b）それ以上のことはしようとはせず、単に時間を浪費する。残念ながら、（a）は何のメリットも無いように思われるために、大抵（b）が選択されることとなる。

このプレストンの社員によって述べられた感情は実に身近なものである。彼の説明は次のように解釈できるだろう。入社時の新入社員の信頼の貯水池は高く満たされた状態である。彼はいい仕事をしたいと欲する。彼は職務記述書の狭い定義を超え、精いっぱい頑張ろうとさえする。彼は、雇用主が彼のコミットメントと忠誠心を認識し、報酬を与えてくれることを信頼できるものと想定している。しかし、彼の期待通りとはならないために、雇用主が自分を気にかけていないことに、徐々に気づきはじめる。彼の信頼の貯水池が枯渇していく。そしてついには、全力を尽くすことを止めてしまう。信頼がなければ、社員は意味ある関係の唯一のものは会社によって提供される関係であると感じる。これは彼が時間を投入して給料を持ち帰る単純な商取引である。主観的には、彼はロボットのように人間性を失っていると感じる。

このような経験の後、多くの従業員は単に最悪の事態を想定し、仕事でのロボット化された存在以上のものを期待しない。自身の信頼の貯水池の浸食に対する最も一般的な反応は、シニカルなもので、職場での感情を内に閉じ込めることである。しかし、時には、労働者は反撃して、信頼のない職場の現実によって奪われた人間の尊厳を取り戻そうとする反応を示すこともある。例えば、労働組合組織化の原動力は、典型的には信頼の崩壊に起因する。私が労働ジャーナリストとして観察したすべての組合組織化において、労働者は裏切られたという気持ちを述べている。組合組織化は、通常、注意すべき出来事、つまり、不当解雇や就業規則または福利厚生についての恣意的な変更によって引き起こされる。その出来事または一連の出来事は、典型的には従業員に、雇用主との関係をより正式な方法、特に組合協約の形で強制する必要があると確信させる。もはや雇用主の言葉を信頼することはできない。労働者は常に、自分たちの最善の利益を守るために雇用主に頼ることはできないと主張する。だから彼らは保護を求めて組合に頼るのである。

ロバート・B・ライシュは自身の著書 *Tales of a New America* で、社会で信頼が崩壊した時に起きることについて述べている。

> この信頼の体系的な浸食は、あらゆる種類の予防措置を促進する。商取引は、これまで以上に複雑な契約によってヘッジされる。具体的には、従うべき就業規則や規定、基準が増す。要求や期待については、あらかじめ十分に文書化される。そのため、執行手続きは詳細に記述されることとなる。

ライシュの観察は、職場で一般に起こることに直接あてはまる。信頼の浸食は、職場関係をより形式的なものに向かわせるだけでなく、他のさまざまな症状の根源と見なすことができる——例えば、個人的なストレスの高まりや生産性の低下などである。

反対に、信頼の貯水池が満たされるときのプロセスについて考察してみよう。それは、前に引用したインタビューの後、数年内にプレストンで起こったことである。それは最高の職場で起きていることでもある。実際、信頼の貯水池の継続的な補充は、最高の職場で最も際立った特徴である。従業員は、会社が自分たちを大切にし、尊重していることを認識している。この認識によって、従業員は会社との関係と会社の仕事に対して、より自由にコミットするようになる。同時に会社が負ったリスク（従業員に進んで報酬を支払い、そして、仕事を承認し、進んで従業員により統制権を委譲すること）が、会社の従業員に対する期待につながるということに気づく。その期待に応えることが、いとわずに仕事に全力を尽くそうとする従業員のいる会社を創出する。この種の相互作用が、職場関係が、外部圧力により、会社（もしくは職場関係）の経験する困難時に関係を存続させるのを助長する信頼の貯水池を構築してくれる。このダイナミクスが今後の相互作用に向けての強靭な基盤をもたらす。それが、いい職場をさらに良きものにする。

ギフトと商品

どのようにして、最高の職場は信頼の貯水池を構築しているのだろうか。その問いに答えるには、信頼を構築する相互作用の性質をより詳しく見ていく必要がある。なぜなら、いい職場の従業員ほど、ある相互作用のゆえに、しばしば「仕事以上の」感覚や、「家族」もしくは「パートナーシップ」の一部と感じていると話すからである。同時に、いい職場内の他の相互作用は、他の会社で起きることとまったく同じではない。従業員は、自分自身と家族を養うために、仕事に時間を割いて、給料を手にする。いい職場では、従業員は二つの異なるタイプの交流や相互作用に定期的に参加しているようなものである。一つはどんな職場にも馴染みのあるもので、もう一つはいい職場に特有のものである。言い換えれば、従業員はあたかも二つの異なるレベルで同時に活動しているようなものである。

この間、私はいい職場の源泉について理解するための手がかりを与えてくれる1冊の本と出合った。詩人でエッセイストのルイス・ハイドが執筆した *The Gift*（邦訳『ギフト――エロスの交易』）で、この本には市場志向社会での創造性が占める場所の説明がなされている。ハイドは、芸術作品は、商品というよりもむしろ、ギフトであるという見解を述べている。それゆえ、芸術作品は二つの平行した経済――市場経済とギフト経済――に存在する。市場経済は需要と供給の法則によって支配されている。例えば、絵画はオークションで、1000ドルで販売されるかもしれない。しかし、絵画はギフトとしての異なる価値を持つ。作品を創るために必要なアーティストのギフト（もしくは、才能）の主観的側面を除き、その作品を見る人々はそれをギフトとみなす。

> 私たちにとって重要な芸術――心を動かしたり、魂をよみがえらせたり、五感を楽しませてくれたり、生きている人たちに勇気を与えたりする芸術。しかし、私たちは経験を表現することを選択する――仕事はギフトとして私たちに受け取られるということである。美術館やコンサートホールの入口で料金を払ったとしても、芸術作品に触れると、その値段とは何の関係もない何かが私たちに到来する……。その作品は、ジョゼフ・コンラッドが言うように、我々の存在の一部に訴えかけるものであり、それ自体が贈り物であって、獲得物ではない。

人類学者たちは、貨幣や物々交換よりも古くから存在するギフト経済の慣習や習俗について幅広く論じてきた。典型的なギフト交換では、ギフトを受け入れることは、受取人に一定の暗黙の義務を負わせる。多くの場合、受取人は見返りとして返礼する義務がある。時にこの義務は、ギフトの贈答者に友好的であることや、感謝や善意を表明するだけの場合もある。すべてのケースにおいて、ギフトが交換されるたびに明確な社会的絆が生まれる。ハイドはそれについて次のように述べている。「ギフト交換と商品交換との基本的な違いは、ギフト交換は贈与者と受取人の間に感情的な絆を築くが、商品の販売には必要なつながりを残さないことにある」。贈与者と受取人の双方が認識していること、それは、贈与者が自分自身の一部をギフトとして提供していることである。ギフト交換において、このお互いの認識が、当事者間の「感情の絆」の基礎を説明する手がかりとなる。

ハイドの本を読んでいて、私は最高の職場で起きていることと、彼が説明したギフト経済の運営との間の類似に感銘を受けた。会社と従業員との間の相互作用は、暗黙のルールに従って行われる。会社と従業員は、この暗黙のルールはギフト交換の際の暗黙のルールに似ていると理解している。第10章で述べたプレストンのドライバーが、アメリカ・ホンダの顧客を引き継ぐことを申し出た時、彼はまるで会社にギフト――彼の創造的な仕事――を贈与しているようであった。それは、労働者がもっとお金を受け取れるなら、もっと仕事をしたいと言っているような報復の申し出ではなかった。プレストンは彼の提案の性質を認識し、適切に対応した。上司は、仕事をするための適切な設備と時間を彼に与えただけでなく、贈られたギフトに対し、さまざまな方法で感謝の意も表したのである。

ギフト経済のアナロジーはもう一つの重要な理由で共感を生む。それは、人間の仕事はただの商品ではない、ということである。プレストンの変革につながった同社の労働者の心に影響を与えた要因、それは、労働者はただ単に商品――仕事に費やす時間――を提供しているといった扱いのマネジメントを、同社は現在ではしなくなったことである。すなわち、変革の前には、同社は、シンプルに時間とお金とを交換するという視点だけで労働者と関係していた。その交換の多くは、労使間のチームスターズ〔トラック運転手が加盟する組合〕との組合協約に詳細に明記されていた。一方、仕事は厳格に境界を定められない。仕事には個人のイニシアチブと創造性が含まれる。人々が働くとき、単にお金のために働くのではなく、彼らが個人的な本質と考えるものの一部、彼らを人間として区別するものの一部を提供している。この仕事の側面を認識している雇用主は、自分たちの従業員が、前章で説明した非ロボット的な資質を持っているのを認識していることを効果的に伝える。人間は独特で、自己決定的で、理性的で、感情的で、成長できる。

　しかし、無神経な雇用主が労働者との人間関係の人間的要素を完全に無視することを可能にするのは、まさに仕事の持つギフト的な特徴であることに注意してほしい。ギフトは拒否される可能性がある。ギフトの提供または受け入れには自由意志の要素が付随している。会社が社員から自由に提供された仕事を受け入れることを拒否した場合、会社は完全に自由にそうすることができる。事実、数世代に及ぶ経営イデオロギーは、雇用主に仕事の商品的な側面以外のものに目をつぶることを奨励してきた。この章で先に引用したプレストンのヨークターミナルの社員は、仕事のもつギフト面を雇用主に無視されるのがどんなことかを説明した。いい職場を特別なものにしているのは、会社が社員とのギフトの交換のような可能性を認識し、それらの交換を積極的に育成していることにある。

　商品のような仕事とギフト的な特徴を持つ仕事を区別することは、最高の職場に存在する二つのレベルの相互作用を理解するのに役立つ。ギフトの交換は、会社と従業員が特定の仕事を特定の給与額で行うという単純な合意、つまり商品の交換に代わるものではない。むしろ、ギフトはそのレベルと共存している。要するに、商品のような仕事とギフト的な特徴を持つ仕事の交換は、相互に排他的な考え方ではない。これらは仕事生活の二つの異なる側面を表している。これらは職場内の異なる交換様式である。

　次に、2種類の職場での相互作用の主な違いを簡単に説明しておこう。

　商品の相互作用では、双方がほぼ同等の価値のあるものを受け取るために何かを引き渡す。労働者は40時間の仕事を引き渡し、その見返りに週1回の給料を受け取る。これに対して、ギフト型交換は信頼の拡張性に依拠するため、より複雑となる。信頼の本質は、その見返りがあるという保証はなく、むしろ、一方が何かを手放すということである。クアッドのSFの例では、同社は従業員を信頼できると期待している。しかし、その信頼には、単純な一対一の交換には存在しないリスクの要素が含まれる。

　もう一つの重要な違いは、商品のような交換で何かがうまくいかなければ、元の交換の条件に基づいて調整できるという点である。従業員が1時間遅れた場合は、給与から1時間分を差し引くことができる。信頼が関係する仕事の交換ではそうではない。クアッドの例では、印刷工が通常通りに作業しないことを決定し、代わりに釣りに行きたいという理由で何千部もの大型注文（経営者は証明できなかった）を意図的に印刷しなかった。この損害に適切な救済策はない。誰かが信頼に背いた場合、相手は自分が裏切られたと考えることがある。これは非常に厄介な状況である。裏切りの感覚は、自分の弱点を利用した人との関係に常に影響を及ぼす。

裏切られたと感じる理由の一つは、信頼は終わりが決められない文脈の中で生じることである。これは、1回限りの商品交換との、別の明確な違いを示している。商品交換において、その両当事者は、常に他の選択肢を持っている。クアッドは社員を雇うことができ、社員は退職して他の会社で仕事を探すことができる。一方、ギフト型交換の相互作用は継続的関係を示唆する。SFに関する例からすると、印刷工は経営陣の感情が影響を受ける期間に制限があるとは考えなかった。経営陣は、何年も後に社員が自分たちの信頼を裏切ったことを発見した場合、怠慢な印刷工に腹を立てる可能性がある。

ギフトの交換と商品の交換の間には､もう一つの大きな違いがある。商品取引においては、交換のための条件は、一般的にすべての者が利用できる。時給10ドルは、仕事をする意志のある者なら誰でも利用できる｡これはクアッドまたはその他の職場での雇用関係の一部であり､良し悪しは関係ない。信頼を伴う交換は異なる。条件は､誰が関与し､何が危険にさらされているかによって完全に異なる。経営陣は、最初に出勤してきた者に印刷工場を引き継ぐわけではない。クアッドは、社員の技術的能力に信頼を置く前に、社員の研修に何年も費やした。信頼の相互作用は高度に個別化され、高度に個人化されている。

高度に個人化された信頼の性質については、一歩下がって商品交換の力学と、ギフト交換の力学を比較すると、より明確に理解される。商品交換では、双方が交換から最大の価値を引き出そうとしながら、できるだけ諦めないというルールが明確にある｡古典的な経済理論は、誰もがこの賢明な自己利益のゲームをするという前提に基づいている。中でもアダム・スミスは、すべての人にとって最大の利益は、すべての人が自己の利益に従うことから得られることを主張した。

ギフト型の相互作用は、異なる一連のルールを規定している。互いに相手を犠牲にして最大限の利益を得ようとする競争的なゲームではない。ギフト型の相互作用は､それぞれの利益を追求するのではなく、双方が掌中にしているものを我慢することを必要とする。双方が、共通のより良い関係を構築するためのギフトとして自分の犠牲を認識するのを信頼しているので、何かを喜んで放棄する。ハイドが説明するように、ギフト型の相互作用は､「自己の一部が抑制されたり制限されたりする時ではなく、自己の一部が与えられる時にコミュニティが現れる」と想定している。結果的に形成されるコミュニティ、もしくは、より良好な関係は信頼に基づいているため、双方がお互いを進んで信頼し、自己の一部を贈り続ける時だけ、ギフト型交換の関係が成立する。そのことが、信頼がギフト型交換の相互作用の基本的通貨であるという理由である。また、貨幣が商品型の相互作用における交換の基本的手段であるという理由でもある。同様に、商品交換では貨幣が要求され､ギフト型交換の相互作用では信頼を必要とする。さらに、信頼が厚ければ厚いほど（信頼の貯水池が満杯に近いほど）、双方はギフト型交換の相互作用に関与し、より強固な関係を構築することが可能となる。

上記の力学は職場と特別な関連性を持っている。当事者間の関係が発展するにつれて、当事者は他の方法では不可能なことを共にできるようになる。言い換えれば、信頼は人々が互いに協力する力を高める。労働者の協力を獲得することは、もちろん、以前の章で見てきたように、フレデリック・テイラーの時代から何世代にもわたって経営者の目的であった。しかし、経営理論は、ほとんど完全に、従業員との商品型の相互作用を通じてその協力を獲得しようとしてきた。あるいは、より正確に言えば、多くの経営理論家、特にさまざまな動機づけテクニックを信奉する連中は、経営者の権力を犠牲にすることなく、従業員に共通の利益のために自分の一部を放棄させようとしている。一方の側だけがギフト型の交換のルールに従って行動しているという事実が、動機づけテクニックがしばしば従業員からそのような不信をもって見られる理由である。真の協力が存在するためには、双方がギフト型の相互作用に自発的かつ自由に参加しなければならない。差別化するのは、いい職場の経営者がギフト型の相互作用に積極的に参加することである。

下段の表に、二つのタイプの相互作用の違いをまとめたものを示す。

仕事を商品化する

ギフト型交換は、協力を達成する上で明らかに有利であるため、職場ではきわめて一般的であるべきである。しかし、多くの職場では、ギフト型の取引は事実上存在しない。この異常を説明するにはどうすればいいのか。歴史的に正しい説明がある。市場の進展に関する人類学の研究によれば、ギフト経済は人類間の交換の最初の形態を表していた。時間の経過とともに、物々交換が導入され、今日の支配的な貨幣経済がそれに続いた。この移行を実現するためには、交換のアイテムを客体化する必要があった。ある部族がギフト経済で他の部族に自分の魚を提供すると、誰もがその魚が何を提供するものであることを理解した。それゆえ、ギフトを受け入れることは、贈与者と関係を結ぶことを意味していた。しかし、本格的な市場経済が成立する頃には、魚を買うことは売り手に対する義務ではなくなった。それは魚が需要と供給の法則によって決定される貨幣価値を持つ商品になったからである。市場経済が機能するためには、非個人的な物である商品を必要とするのである。

各相互作用の特徴

商品型交換の相互作用	ギフト・信頼型交換の相互作用
１対１の交換	様々な対応が可能
低リスク	高リスク
悪い交換の修正は容易	背信は修復が困難
交換のたびに関係更新が必要	終わりのない関係
全ての人が利用できる条件	非常に個人的な条件
双方は相手の犠牲で利益を最大化する	双方は共通の目標のためには何かをあきらめる
目的は個人の利益	目的は相互の成長
通貨はお金	通貨は信頼

だが、仕事をそれほど容易に客体化することはできない。経済学者のエリザベス・E・ホイトは市場経済の進展について調査し、*Primitive Trade*（邦訳『交換のアンスロポロジー——その原始心性と経済の統合』）で、財とサービス（人々の仕事）における交換の違いについて論じている。

……交換の対象は単に物とみなされることがあるが、サービスはそれ

> を行う個人と完全に切り離して考えることはできない。彼の存在は、サービスにおける個人的な要素を絶えず思い出させるものである。

あたかも一部の経営陣は、従業員の存在が「個人的な要素」を思い出させないように行動していることが、幾分示唆できる。一部の経営陣は、人々が関わっている場合でも、難なく市場経済へと移行したと見ている。もしくは、本章の言葉を用いて言うと、経営陣はあたかも完全に客体化された時間とお金の交換が職場の唯一の現実であり、ギフトのような仕事の交換の要素を完全に無視しているかのように行動している。

従業員との関係を他の形態の商品取引のように扱うことができるかのように行動するのは、一部の会社だけではない。経済学者や経営理論家たちは、一般的に（お金のための時間交換ではなく）ギフト型の仕事を正当な研究対象としては無視してきた。これは、会社をビジネスとしてではなく職場として評価する概念が欠如していることを説明している。経済学者たちは賃金水準を説明するために、需要と供給の法則などの概念を使用して、労働取引がどのように行われるかを説明する精巧なモデルを開発してきた。同様に、経営理論家たちも、職場に関して同じことを行ってきた。彼らは、生産性を価値基準として、経営者が新しい形の報酬と福利厚生パッケージを導入したり、最新の動機づけテクニックを採用すれば、従業員は以前よりも迅速に生産できると主張してきたのである。これまでの章でみてきたように、最も啓蒙的な経営理論家たちでさえ、典型的には、彼らの動機づけのテクニック（しばしば「信頼」や「誇り」のような言葉を使用する）を財務的成功の文脈の中に真正面から位置づけている。財務上の最終損益だけが依然として唯一の最終損益なのである。会社と従業員との間の相互作用は、費用便益分析の観点からのみ評価される。それゆえ、職場は最終的に会計士の色眼鏡を通して見られ交換可能な商品に対する従業員の貢献を減らし、職場関係の重要な側面を完全に無視したり歪曲したりする。

もちろん、さまざまな財務面や生産性の指標に基づいて職場を評価することにはいくつかの利点はある。商品交換は職場の一つの現実である。人々はお金と引き換えに仕事に時間を費やす。しかし、商品型の労働取引だけが現実ではない。本書でみてきたように、最高の職場には独特の相互作用のパターンがある。雇用主と従業員との間の信頼の維持と成長は中心的な概念である。また、自分の仕事に対する誇りや、一緒に働く人との関係を楽しむ感覚も必要である。お金と時間との商品交換の辞書には、信頼、誇り、楽しさといった要素の記載はない。これらの性質は、単純で報復的な商品型の交換によっては生み出せない。このような性質は、雇用関係の両面で最も際立った人間性を引き出すギフト型の相互作用によってのみ育むことができるのである。

第14章　何がいい職場を創るのか

「社員は私たちの最も大切な資産です」。アメリカ中の組織が、このスローガンのさまざまなバリエーションで新入社員を歓迎する。オリエンテーションや従業員ハンドブックでは「この会社はあなたを人として尊重します」、「あなたは会社にとって重要です」、「あなたを大切にしているので、あなたの最善の利益を守るために私たちを頼って下さい」という同じようなメッセージが伝えられている。しかし残念ながら、このような常套句は多くの場合、職場の現実とかけ離れている。ほとんどの会社の従業員は、そのような陳腐な決まり文句がビジネススクールの人間関係論の教科書からの受け売りとわかっている。

しかし厄介なことに、真によい経営者もまた同様の言葉で心から新入社員を歓迎している。アドバンスド・マイクロ・デバイス（ＡＭＤ）は「社員第一、製品や利益は後からついてくる」というスローガンを長く使用しているし、ＩＢＭの社員ハンドブックでは「個人の尊重」が同社のビジネスの第一義的な考えであると宣言されている。また、パブリックス・スーパーマーケッツには「パブリックスの社員は会社に貢献する」という横断幕がさまざまな場所に貼られている。

問題は、ほとんどの組織が、従業員（および潜在的従業員）に、自分たちがいい上司であり、従業員を大切にしていることを納得させたいと思っていることである。多くの会社がいい職場を創ろうと真摯に努めている。時間の経過とともに、市場の圧力により、会社の善意と現実の職場との間のギャップは広がる傾向にある。したがって、会社のスローガンだけを聞いて職場を評価することはできない。

職場を判断する最善の方法は、その会社を訪問して従業員と話すことである。それが、その会社で働くことが実際にどんなことかを知るための、唯一確実な方法であり、私が共著者と『アメリカで最も働きがいのある会社１００選』の調査を行った時に採用した方法である。しかしながら、最善の方法は常に一番簡単な方法とは限らないし、最も現実的な方法というわけでもない。

もう一つのアプローチは、会社の人事方針や具体的な人事施策から何が学べるのかをみることである。しかし、ある会社がいい職場かどうかを決めるのは、それらの人事方針や施策が職場の人間関係の本質について述べているかどうかである。人事方針と人事施策を調べてみると、二つの異なるレベルで機能していて、それらには二面性があることがわかる。私たちがコモディティレベル（単なる時間とお金の交換）と呼んでいる基本レベルでは、人事方針は単に雇用主と従業員との間における時間と金銭の交換に関する合意を意味している。しかし、どのような人事方針も、トラストレベルでは、企業の基本的な姿勢に関する情報を伝える重要な宣言になる。私たちが重視するのは、このトラストレベルである。ある人事方針は信頼を損なうようなメッセージを発信し、あるポリシーは人間の仕事の贈与的側面を認めることで信頼を高める。働きがいのある会社は、後者の特徴があり、職場の人間関係における信頼度を一貫して向上させる人事政策や人事施策がある。

この方法による職場の評価がどのように機能するかを確認するために、さまざまな職場方針をみてみよう。

雇用条件

職場には二つの基本的交換要素がある。それは時間とお金である。具体的には、会社の報酬や雇用保障に関するポリシーが含まれる。

時間は従業員が与えるものである。仕事に就くことで、彼らは大きな犠牲を払う。彼らは、起きている時間の大半と生産的エネルギーの多くを会社に与えている。すべての余暇活動は、一日の残りの時間や仕事のない休日に押し込まなければならない。従業員はまた、自分の意思に関係なく仕事に多くの力を捧げている。職業が人々を社会的に特定する主な手段であるのも不思議ではない。それは、大工、銀行家、あるいは秘書などである。仕事というのは、たとえひどい仕事であっても、時間、エネルギー、自己意識の面で大きな個人的な献身を表しているという事実は避けられない。

最も基本的なレベルでは、いい職場は、賃金と福利厚生が公正かつ公平になるような報酬を設定することで、時間とお金の交換における会社側の責任を果たすようにしている。いい職場の多くは、給料が良いとの評判を受けている。トランメル・クロウやゴールドマン・サックスのように、社員に非常に高い給料を支払っている会社もある。しかし、信頼関係の構築は給与の額だけで決まるものではない。給与を十分に支払うことで、個人的に会社に捧げたものが評価されていると感じることができるようになる。重要なのは、企業が公平であり、できるだけ多くの給料を支払おうとする誠実な試みをしているということである。だから、従業員にとって、自分たちが働きがいのある職場であると感じるのは、企業が少なくとも同じ業界や地域の比較可能な企業と同じくらいの金額を支払わない限り、難しい。企業が従業員の金銭的な利益を享受しているようにみえる場合には、通常とは異なる利益や機会は、長期的にはほとんど効果がない。基本的な時間とお金の交換における不公平は、信頼の貯水池を汚染する。

また、いい職場では、従業員の時間を守るためには、まともな賃金と福利厚生以上のものが必要であることもわかっている。いい職場の多くでは、自分たちの仕事の保障も約束している。例えば、『会社100選』の3分の1近くは、ノーレイオフ・ポリシーを持っているか、または完全雇用を維持しようとすることを明示している。ただし、フェデラル・エクスプレスのフレッド・スミスが言うように、会社が「死に瀕している」場合はこの限りではない。スミスは、企業戦略の大きな変更についても言及していない。1986年、ZAPメールサービス部門の事業は大赤字だった。同社は直接または間接的に携わっていた数百人の従業員を解雇することなく、この部門を廃止した。全員が社内の別の場所に再配置された。ノーレイオフ・ポリシーを持つその他の会社には、デルタ航空、ディジタル・イクイップメント、ホールマーク、HP、IBM、ジョンソン・ワックスなどがある。ノーレイオフ・ポリシーは、信頼度を強力に高める。それは、会社は単に従業員が仕事に費やす時間に対して報酬を支払うという合意に基づく関係以上のものを考えていることを伝える。関係は厳粛なものだと伝えている。一夜限りの情事ではなく、結婚のようなものである。

社員と長期的な関係を築こうとする企業は、現代の企業社会における多くの企業とはまったく対照的である。多くの企業は、問題が起きるとすぐに給料を減らし、従業員との関係は便宜的なものでしかないのは明白である。経済が少しでも悪化すると、何十万人、何百万人もの労働者がレイオフされる。しかし、レイオフに加わるのに景気後退や不況は必要ない。ここ数年、50万人以上のアメリカ人労働者が、企業のリストラ――金融投機家による買収や合併によってもたらされた変化――の結果として解雇されてきた。これらの投機家は、完全に健全な企業を買収したかもしれないが、すぐに最も価値のある従業員の多くが骨抜きにされる。このような戦略は、短期的な利益をもたらすという理由から正当化される。従業員は財務面の貸借対照表上では、資産ではなく負債としてのみ表示される。

乗っ取り屋や企業経営者は、長期雇用の従業員を解雇する法的権利に完全に取り込まれている。事実、アメリカの法律は、従業員がどんな会社とも長期的な関係を期待する理由がないことを明確に規定している。20世紀への転換期に、アメリカの裁判所は、「随意雇用」と呼ばれる法理を公表した。それは、従業員と雇用主が自由な労働市場において実質的に対等であることを前提としている。労働者がどんな価格であれ自由に労働力を売ることができるのと同じように、会社は雇用条件を規定する権利がある。労働条件が気に入らない労働者はどこにでも行ける。同様に、会社が労働者の仕事ぶりが気に入らなければ、労働者を解雇して、労働市場から望み通りの仕事をする労働者をみつけられる。この法理によれば、どちらか一方の当事者が他方に対して負う義務は、労働者の仕事のやり方のように、お互いの契約によってのみ定義される。しかし、アメリカの労働者の大部分は組合に加入しておらず、個別の雇用契約もない。組合に組織化されている会社でさえ、従業員をレイオフする権利に対する制限はほとんどない。一部例外はあるものの、組合契約は一般的に従業員をレイオフする方法、つまり誰が最初にレイオフされるのかを明示しているだけである。したがって、随意雇用の法理は、企業の経営陣が雇用を維持する義務がないことを意味している。この文脈では、一部の企業が雇用保障に向けて約束をしていないことは、なおさら明白である。

ノーレイオフ・ポリシーが信頼を築くのに役立つもう一つの理由がある。それは、会社が社員との関係のために自らに負担をかけようとすることを意味する。つまり、前の章でみたように、信頼の主要な構成要素を示すリスクがあることを意味している。ホールマークでは、カンザスシティの工場長であるJ・D・グッドウィンが、「業績が悪化した時には経営者に問題があるというのが私たちの姿勢である。それは社員の問題ではないはずである」と説明している。これも単なるレトリックではない。1981年から82年にかけての不況期に、同社は約600人の製造部門の社員を他の部署に貸し出して、さまざまな仕事（塗り直しなど）をさせたり、社員にボランティアの仕事をさせたりした。その仕事に対してホールマークから報酬が支払われた。同社は、事業が再開されるまで、余剰従業員の仕事を維持するために総計で1000万ドルを費やした。オルガ社の創業者であるジャン・エルテスゼックは、そうしたノーレイオフ・ポリシーは「非常に切迫した厳しい規律を創り出す。それは、会社が利益を計画するのと同様に、雇用を計画しなければならないということである」と説明している。ロサンゼルスを拠点とする女性用下着メーカーの計画がうまくいかなかった時、雇用を維持するために創造的な解決策を模索した。１９８２年の景気後退の間、オルガ社はワークシェアと呼ばれるカリフォルニア州の無名のプログラムに参加することでレイオフを回避し、従業員は5日目の給料の一部を州が引き受けて週4日働けるようにした。

最後に、ノーレイオフ・ポリシーは、経営トップだけでなく社員全員が重要であることを示すものである。ミネソタ州に拠点を置く接着剤メーカーであるH・B・フラーは、この点を劇的に強調する雇用保障方針を有している。同社で少なくとも2年間働いている人は特定の工場で人員削減が行われた場合、全員が等しく影響を受けることになる。例えば、１９８２年の不況では、掃除機部門の全員が、同部門担当の副社長を含めて週4日労働に削減された。

いくつかの季節性・循環性の高い産業では、ノーレイオフ・ポリシーが現実的でないのははっきりしている。例えば、玩具業界では、ほとんどの製品をクリスマス・シーズンに向けて製造している。そのため、フィッシャー・プライス・トーイズは、クリスマス繁忙期の後、定期的にニューヨーク州北部の工場で数百人（一部の工場では従業員の4分の1）の社員をレイオフしている。しかし、同社は社員に何を期待するかをできるだけ早く知らせるために全力を尽くしており、十分に確立された年功序列に従って従業員をレイオフしている。そのため社員は、たまにあるレイオフの可能性にもかかわらず、同社が彼らに対して長期的なコミットメントをもっているというメッセージを提供しているのである。

仕事

仕事とは所定の労働時間を会社で過ごすことではない。特定の課業、職務を遂行することを意味する。三つの仕事に関する要素、いつ、どのように、誰がそれをするのか、をここで考察する。

どのように仕事は遂行されるのか：仕事に取り掛かる時、私たちは一般的にプロセスの中で何かを達成し、自分たちの仕事に誇りを感じたいと思っている。これはどんなに大変な仕事にも当てはまる。アンリ・デ・マンは、１９２０年代半ばに数十人のドイツの産業労働者にインタビューした。彼の古典的著書 *Joy in Work* の中で、デ・マンは、「すべての労働者は仕事の喜びを目指しており、すべての人間が幸福を目指しているのと同じである」と結論づけている。彼は、毎日平均１万３０００個のフィラメント電球を紙に包んでいた女性の話を引用している。彼女は、電球を包む方法を頻繁に変えることによって、自分の仕事に意味を見出すことができた。彼は、多くの職場で仕事が妨害されているように見えると主張しているが、それにもかかわらず、いい仕事をしようとする強い衝動があることを発見した。

人は一般的に、絶対に必要な最低限以上の労力を仕事に費やしている。いい職場は、いい仕事をしたいという欲求を認識していて、それは実質的に会社への贈り物（ギフト）であり、必要最低限以上のものである。いい職場はそれを受け入れることによって、このギフトを認めている。つまり、いい職場は、人が自分の仕事に対して、より大きな責任を引き受けられる方法を提供しているのである。

ノースウェスタン・ミューチュアルとプレストン・トラック輸送を

取り上げた章では、両社がどのようにして仕事のやり方に対する社員の責任を増大させるプロセスに関与しているかをみた。例えば、プレストンでは、「仕事をする人は他の誰よりもそれについて知っている」という非公式のスローガンを採用したことに言及した。このフレーズは、会社が社員が提供する重要な貢献、会社が受け入れる意思のある貢献があると会社が考えていることを伝えている。両社とも、社員の責任を増大させる方法として参加型経営のテクニックを採用していた。ノースウェスタンでは職務充実スタイルのプログラムであり、プレストンではQCサークルである。しかし、これらのテクニックだけで違いが生じたと考えるのは誤りである。参加型経営のテクニック自体は、職場関係のコモディティレベル（単なる時間とお金の交換）にのみ影響を与える。意思決定への参加の増加が職場での信頼の構築につながるかどうかは、他の要因によって決まる。

一つには、参加型経営のテクニックは、従業員の雇用保障を弱体化させるための薄っぺらな取り組みとみることができる。自分の仕事を最終的に排除する可能性があると従業員が信じているプログラムに信頼を見出すのを想像するのは難しい。そのため、例えば、ノースウェスタンの経営陣は、同社が職務再設計を始めた時、誰の仕事も危険にさらされないという書面による保証を与えた。同時に、参加型プログラムは、労働組合の結成を阻止したり、既存の組合を弱体化させたりする手段として認識された場合、信頼を向上させる手段としては失敗する可能性がある。ノースウェスタン・ミューチュアルとプレストン・トラック輸送の両社で、経営陣はわざわざ組合をプロセスに関与させた。そうすることで、社員が会社の目的は生産性であると言った時に会社を信じることを容易にした。会社が言っていることと実際に行っていることとの間に明らかな矛盾がある場合には、信頼は生じ得ない。

参加型経営プログラムはまた、矛盾するメッセージを伝達する可能性が高い。それは、一般的に心理学理論に基づいた経営コンサルタントの創作物であるからである。エルトン・メイヨーとトム・ピーターズを取り上げた章でみたように、このような心理学に基づくテクニックは、労働者が幸福でさえあればもっと働くだろうという仮定に基づいている。最近の産業心理学の研究では、仕事に対する不満は自分の仕事に対するコントロールの欠如に起因することが示唆されているので、経営理論家たちは、現在アメリカの鉄鋼業界や自動車業界で人気のある職務充実やQWL（労働生活の質）プログラムのような参加型経営プログラムを提唱してきた。これらのテクニックは、労働者が自分を表現するためのフォーラムを提供しているので、労働者の気分を良くすることが多い。もちろん、従業員が職場で幸福であることには何の問題もない。しかし、第4章でみたシカゴの保険会社の場合にみられるように、より充実化した仕事や定期的な仕事の討論グループを通じて幸福にするという下心がないことを社員に納得させるのは非常に難しい。その疑いは、プログラムが改善されるはずの士気そのものを破壊する可能性がある。

いい職場を際立たせているのは、QCサークル（プレストン・トラック輸送で使用されている）や職務充実（ノースウェスタン・ミューチュアルで使用されている）などの生産性向上テクニックの本当の動機についてのオープンさと誠実さである。従業員は、実際の目標が定められた目標に対応していることを理解している。それに基づいて、信頼関係を築くことができる。同様に、いい職場は、従業員の責任がより大きくなる政治的影響から目を背けてはならない。以前なら上の人間が決めていたことが、今は従業員に任されていることもある。プレストンでは、社員が負う責任の重さに耐え切れず、監督者や管理者が退職していくケースが多く見られた。いわゆる参加型のプログラムは、従業員の気分を良くするだけで、職場の力関係を変えようとしないので、従業員の責任感を高めることはできなかったのである。

最後にもう一点。従業員の仕事に対する責任を高めるには、多少のリスクはつきものである。だから、マーチン・ラボラトリーズでは、経営者は正直なミスを喜んで受け入れなければならないと強調している。もし、社員が失敗し、ミスを犯す許容を与えられないなら、社員は、おそらく真の責任を負わないだろう。責任の増大はリスクを伴うため、（前の章で述べたように）信頼のダイナミズムに直接影響を与える。信頼とは、ある程度のリスクを伴うものである。タンデム・コンピュータ－ズの会長で創業者であるジェームス・トレイビッグは、同社が社員にかなりの責任を負わせているのは、社員が創造性を発揮できると信じているからだと説明している。

創造性はプロセスです。単なる偶然ではありません。さまざまなアイディア、さまざまな種類の人々を集め、それに取り組み、成長させていくことです。ほとんどの人は、物事が始まる前に壊してしまおうとします。でも、それは若木のようなものです。創造性を発揮するには、さまざまな人を受け入れ、失敗を受け入れることが必要です。人々は、クリエイティブであれば、文句を言われることはないし、失敗しても大丈夫だということを知っておく必要があります。

いつ仕事をするのか

いい仕事をしたいという気持ちを認めるポリシーの好例がフレックスタイム制である。フレックスタイム制は、従業員に勤務時間に関する選択肢を与える。例えば、8時間勤務の社員は、朝の7時から9時の間に出社し、午後の3時から5時の間に退社することができる。時間とお金の交換の一環として、フレックスタイム制を導入しても、従業員が1日8時間働くという合意を変更するものではない。しかし、信頼関係という点では、フレックスタイム制は重要な意味を持つ。それは、会社は従業員を信頼し、いつ仕事をするかを決めさせているということである。それは、従業員自身のいい仕事をしたいという気持ちを尊重しながら、同時に、自分の生活の観点からシフトで働くのに最適な時間をみつけ出すということである。

ノースウェスタン・ミューチュアルが1970年代初頭にフレックスタイム制を導入した時、それは大手企業では最初の試みであった。子供をもつ女性事務職員の多くは、この制度は彼女らの多くが直面している真の問題を認識しているとコメントしている。同社の社員の中には、フレックスタイム規定を、町の反対側にあるミラー・ブリューイングの本社で1988年5月中旬まで実施されていた制度と対比させた者もいた。ミラーでは、社員は8時までオフィスにいることが義務づけられていた。当時、オフィスのドアには鍵がかかっていて、社員証を挿入口に差し込むことで遅刻者を識別して入室できるようになっていた。従業員が遅刻するたびに、彼または彼女はナスティグラムと呼ばれるもの、つまり叱責の手紙を受け取った。3度目のナスティグラム後に、社員は解雇される可能性があった。この種の柔軟性のなさと無神経さは、基本的な敬意を示すものではなく、職場への信頼を損なうものであるのは確かである。ミラーの元従業員によると、旧式のタイムレコーダーよりもひどかった。

誰、が、仕、事、を、す、る、の、か、：従業員がより多くの責任を負うことを可能にする主な方法の一つは、企業の成長から生じる機会を従業員に与えることである。企業は成長する有機体である。成長するにつれ、企業は規模を拡大し、より多くの従業員を抱えるようになる。そして、より多くの商品を生産し、新たなサービスを提供する。いい職場では、企業の成長はそこで働く人々の努力によるところが大きいと考えられる。そのため、従業員が企業とともに成長する機会を提供するような人事ポリシーと人事施策がある。

そのため、いい職場であれば、内部昇進はほぼ全ての職場で福音となっている。いい仕事が部外者に開かれているこの国の多くの企業での慣行とは異なり、いい職場では、まず社内から採用しようとする傾向が強い。多くの企業はジョブポスティング制度を持っており、社外の人材を検討する前に、社内で（社内報や掲示板を通じて）求人が発表される。デルタ航空が、社内報に二人のスタッフライターが必要としたとき、編集長は社内には適任者がいないので外部の人を雇わざるを得ないだろうと思った。ところが、驚いたことに100人近いデルタ航空の社員が応募してきた。18人はジャーナリズムの学位を持ち、10人は放送局や新聞社での経験があった。採用されたのは、同社に入社3年から7年目までの人たちだった。会社は自分たちの従業員こそ主要な資源であると仮定したからこそ、隠れた才能を発掘することができた。同時に、このようなポリシーは、従業員は自分が成長する能力があるとみなされ、チケットエージェント、スチュワーデス、または自分がたまたま担当している職種以上のものとして認められていると感じさせるのである。

昇進を通して会社の成長を社員と分かち合うことは、全体像の一部でしかない。いい職場は、充実した社内研修プログラムが用意されていることが多く、社員の成長が会社の成長の基盤であると考えられていることが伝わってくる。国内で最も優れた社内研修プログラムの一つは、ニューヨークのJ・P・モルガン銀行にある。このプログラムは、新入管理職を対象としたもので、半年間にわたって研修生が同行のあらゆる側面に触れることができる。研修プログラムを担当する副社長のレオナード・ランガーは、このプログラムの主な目的の一つを次のように説明している。

> 当行は、行員が銀行のために働いているとは感じないようにしたいのですが、彼らが本当に銀行の一部であるのを確認したいのです……。当行はパートナーシップの姿勢を非常に多く有しています。

J・P・モルガン銀行が研修生の教育に多大な投資をしていることは、彼らを単に仕事をするために雇われた人間としてではなく、真に銀行の大切な一部、パートナーとして考えていることを示している。

職場のルール

すべての職場には、個々の従業員が権限のある者と同僚の両方からどのように扱われるかを決定するさまざまな方針と慣行がある。これらの方針のいくつかは、従業員ハンドブックにルールとして成文化されている。その他は、職場内の関係に重大な影響を与える、文書化されていない慣行である。

仕事を引き受けることで、従業員はさまざまな形で会社の言いなりになってしまう。従業員は不快な仕事をするよう命じられたり、説明なしに昇進または降格させられたり、脅迫されることや警告なしに解雇されることがある。従業員の脆弱性の多くは、前述の随意雇用に起因する。アメリカ人が市民として享受している権利は、単に従業員としては存在しない。例えば、憲法の権利章典は、言論の自由を保護し、不合理な捜索と押収を禁止し、同僚による正当な手続きと裁判を規定している。しかし、ごく少数の例外を除いて、アメリカ企業は日常的にこれらの権利を侵害している。従業員は自分の心を語ったことで罰せられることもある。経営陣は従業員の机を時間を掛けて検索できる。従業員は薬物検査に尿の提出を要求され、警告なしに解雇され、ましてや組織内で誰も頼る者もいない。*Work in America* という表題の連邦政府の研究では、次のように述べられている。

> 合衆国は、社会における民主主義と職場における権威主義との間の、わが国の矛盾を解決しなければならない。

組合は従業員の脆弱性を減らすことができ、また減らそうとしている。組合契約は個々の従業員が虐待のために選ばれる可能性を低くするが、組合は使用者がグループとしての全従業員に対して悪い行動をするのを防げない。同様に、特定の虐待から従業員を保護するための法律が可決されている。最低賃金、残業手当、差別禁止に関する法律がある。半世紀前よりもはるかに厳しい健康と安全に関する法律が現在施行されているが、日常的な問題のほとんどに対して、この法律は安心感を与えることはない。実際には、自分が不当に解雇されたと考える従業員が、（典型的には契約違反で）訴える権利しかない。実際には、このプロセスは時間と費用が掛かるので、解雇に異議を唱える労働者はほとんどいないし、いたとしてもほんのわずかである。

いい職場は従業員の脆弱性を認識し、公正さを保証するためのセーフガードを提供するために多大な努力をする。公正さがなければ、従業員の仕事のギフトは破壊される可能性がある。いい職場は従業員の労働意欲を尊重するので、彼らは仕事が評価される環境があると主張する。

公平性を確保するには、二つの大事な問題に取り組む必要がある。一つは、個々の従業員に対する組織の力の大きな不均衡で、もう一つは、第一級市民として扱われるべき経営者の傾向と、従業員がせいぜいのところ、第二級市民として扱われる傾向である。いい職場には、典型的には、階級の区別を減らすさまざまな慣行がある。『アメリカで最も働きがいのある会社１００選』の調査で訪れた企業の中には、管理職用食堂があるものはほとんどなかった。もしあったとしても、そうした食堂は、特定の顧客と食事する場所としての明確な機能をもっていた。多くの場合、それを利用する正当な理由のある従業員や従業員グループが利用できた。職場の二級市民には立ち入り禁止の場所と理解されているわけではないのである。

いい職場はまた、特権階級の存在を強調する傾向のある他の種類の明らかな役員の特典を排除しようとしている。マリオン・ラボラトリーズのように、これを福利厚生にまで拡大している企業もある。例えば、同社の全社員はストックオプションを取得するが、この福利厚生は通常、ほとんどの企業では経営トップにのみ用意されている。私たちが遭遇した管理者特典の欠如の最も具体的な例は、役員用駐車場のないアドバンスド・マイクロ・デバイスであった。このことは、同社の華麗なる創業者ジェリー・サンダースが遅く出社した時、彼はロールス・ロイスを外側の駐車場に駐車し、他の遅く出社した人たちと同じように歩かなければならないことを意味する。

組織と個人の間の権力の不均衡に対抗するには、従業員の権利を拡大することが必要である。例えば、マリオン・ラボラトリーズは、すべての新しい従業員（アソシエイトと呼ばれる）に彼らの権利リストを渡す。それは次のように書かれている。

各アソシエイトは、次の権利を有する。

- 一人の人間として扱われること。
- 業績に応じた報酬が得られること。
- 仕事で期待されることを知り、その期待に対して自分がどこに位置づけられているのかを知ること。
- 問題を解決し、意見を聞くこと。
- 個人およびキャリアの成長を通じて会社の成長を分かち合うこと。

実際にマリオンの事例に従って、従業員の権利章典を発行しているいい職場はほとんどない。しかし、ほとんどの職場では、いくつかの重要な問題について明確な方針が示されている。会社が権利を保証することは、自らの権力に制限を課すことになる。だからこそ、従業員の権利を拡大する方針は、職場での信頼を築く上で大きな役割を果たす。権利は、従業員の脆弱性という非常に現実的な問題に直接対処することによって、組織側の誠意を示すものである。ここでは、多くのいい職場を特徴づける権利のいくつかの例をあげる。

正当な手続を踏む権利：最も基本的な権利は、従業員が不公正とみなす決定に対して上訴する権利である。第5章で説明したフェデラル・エクスプレスの「公正な処遇の保証（GFT）」の手続きは、このような方針が従業員間の信頼を構築するためにどのように役立つかを示している。GFTは複雑な苦情処理手続きであるだけでなく、最終決定は同業者による裁判の後に下される可能性がある。また、GFTは、すべての社員が職場コミュニティにおいて平等な市民であるという事実を強調している。それというのも、GFTは、昇進で先を越されるなど、不当に扱われたと感じた時に管理職社員によっても使用されるからである。

完全かつ正確な情報を手にする権利：フェデラル・エクスプレスの社員にも情報を手にする権利がある。同社の方針では、他の社員の人事記録、競合他社に利用される可能性のあるプラン、および証券取引委員会が早期に配布することを許可していない機密財務データの三つの例外を除いて、すべての社員が随時に情報を閲覧できる。例えば、配送担当が自分の給与が競合他社のドライバーの給与と比べてどうなのかを知りたい場合、ユナイテッド・パーセル・サービスとエメリーで給与調査と比較可能な給与表を要求し、表示できる。秘密を持たないという方針は、職場のコミュニティ全体に信頼を築くのに大いに役立つ。なぜならば、人々の信頼を損なうような噂を止めるのに役立つからである。誰もが同じ情報にアクセスできるようにすることで、人々は共通の関心事について自分自身の意見を形成できるのである。

しかし、情報を入手する権利は全体像の一部にすぎない。いい職場のほとんどには、企業のあらゆる面に関する継続的な情報を提供する精巧なコミュニケーションシステムがある。広く行き渡る情報は、高級な企業雑誌によくみられる、高度に健全化された現実に限定されるものではない。フェデラル・エクスプレスのフレッド・スミスは、このアプローチは時代にそぐわないとこう主張している。

あなた方は今日非常に洗練された労働力を扱っています。彼らは全員が正式に高学歴であるとは限りませんが、彼らはあなた方に連邦政府の赤字について、日本人について、ＭＸミサイルについて話せます。彼らがテレビからすべてのニュースを聴いたとしても、彼らはそこで議論されているあらゆる種類の問題――汚職や堕胎について観ています。そして夜のニュースは人々が大げさにしていることを示しています。だから、マンビーやパンビーといったキャラクターが周りにいて5年物のピンについてしか話さないような企業の出版物は、社員に対して何の信頼性もありません。顧客からひどい手紙をもらったり、私たちのバンが巻き込まれたひどい追突事故があったり、誰かがＦＢＩに捕まったりした時に、あなた方はそれについて話すべきです。あなたはそのニュースをそこで話すべきなのです。

いい職場の中には、このアドバイスを心に留めて、通常は神聖な報酬の問題を明らかにすることにポイントを置いているところもある。例えば、ピッツニーボウズの年次求職者レポートには、最低賃金の事務職員から最高経営責任者まで、さまざまなレベルの社員がどれだけの給与を受け取っているかを示す詳細なチャートがある。ロサンゼルスに本社のあるセキュリティ・パシフィック銀行にも同様の慣行がある。新入行員には、行内の30の給与等級ごとの給与範囲と業績評価範囲をリストにしたカードを渡す。このような情報を広く公開することで、すべての行員は職場コミュニティで同じ立場に立てるのである。ある人は他の人よりも多くのお金を稼いでいるが、少なくとも収入が少ない人も多くのお金を稼いでいる人と同じ情報を得る権利がある。

言論の自由という権利：前の章で論じたように、テクトロニクスの社員新聞が享受している言論の自由は、この権利が機能している好例である。同社の社員は、仕事の問題について自分の意見を持つ権利だけでなく、それらの意見を報復を恐れずに広く伝達する権利も有している。意見を表明する手段は、同社の新聞だけではない。同社の地域代表活動は、社長を含む社員が社内の誰からでも質問したり回答を得たりすることを可能にする。

タンデム・コンピュータでは、社内ＴＶ衛星ネットワークを利用して、全国の事業所や工場を結ぶ社内会議を定期的に開催している。社員は最新の情報を同社のトップから直接聞くだけでなく、その場で質問できる。同社はテレビ会議での発言内容を編集することはない。

また、タンデムの社員は、机の上に置かれたコンピュータ端末を通じて、互いに即時かつ継続的にアクセスできる。社員は誰でも、このネットワークを通じて他の社員にメッセージを送信できる。これは電子メールと呼ばれ、経営陣が意思決定した場合、すぐにフィードバックを得られることを意味する。最高財務責任者（ＣＦＯ）が社員の旅費を記録するための新しい手続きを開始した時、彼はすぐに４００通以上の電子メールを受け取った――すべてが否定的なものであった。方針はすぐに変更された。ジェームズ・トレイビッグ社長が指摘するように、「要はひどい政策であったということで、社員が彼（ＣＦＯ）にそれを表明したのです。それは直接的なコミュニケーションの価値を示す一例です。彼はおそらくこの政策を始める前に自分の下で働いている人たちに話したつもりでしょうが、彼らは彼に何も言いませんでした」と。

権威ある者と対峙する権利：いい職場のもう1つ共通する特徴であるオープンドア方針を通じて、上司による処遇に不満のある従業員は、報復を恐れることなく、上位階層の他者に訴える権利をもっている。多くの企業では、従業員は社長に直接訴えることができる。低いコモディティレベルでは、これは単に会社のハンドブックにあるルールで、病気になったときに誰に連絡すればよいかという規定の一つにすぎない。しかし、オープンドアポリシーは、単に何をすべきかについてのルールではなく、それ以上のものである。オープンドアポリシーは、従業員に権利を拡大し、たとえ下位の階層の者であっても、公平に扱われているかどうかを、会社が気にかけていることを伝えるものである。これは、経営者であっても、自分自身の一部を会社の仕事に提供している人々を不当に扱ってはならないことを示している。

ピッツニーボウズの年次社員会議は、社員が上級幹部に対して公に質問できる機会であり、権威ある人々に立ち向かう権利のもう一つの例である。この権利は、職場のすべての人、特に経営陣が、自分の行動について仲間の社員に説明責任を負うことを示している。それは、明らかに不平等な二つの階層の社員――すべての力と特権を持つ者と持たない者――を生み出す傾向に対する解毒剤となる。

家族／チームに属さない権利：多くのいい職場の従業員は、会社には家族やチームのような雰囲気があると感じていると言う。しかし、同じ家族という感覚が、それに従うことへの社会的圧力につながることがある。それは、組織が弱い立場にある個人を横暴にする最悪の方法の一つになる可能性がある。いい職場は、一匹狼や変わり者に対して寛容な態度であることが多い。「私はここで本来の私になれるような気がします」とテクトロニクスのある社員は説明した。この意味で、いい職場は本当の家族によく似ている。そこでは、人は何もしなくてもいいし、その一部であることも証明しなくてもいいのである。

また、個人差に寛容であることは、いい職場では企業とのコモディティ（商品）型の交換〔単なる時間とお金の交換〕だけを受け入れるということでもある。ドナルド・ホールは、アメリカで最も家族的な企業の一つであるホールマークの会長であるが、彼は「1日8時間を過ごして家に帰りたいだけの人のための場所がなければならない。家族の一員になりたくない人のための場所がなければならない」と強調している。これはいい職場の非常に重要な特徴であり、ホールマークやデルタ航空のような会社の素晴らしい家族的またはチーム的な精神に人々が注目するときにはしばしば見落とされる。

本章で議論してきた種類の方針は、会社が従業員の仕事へのギフトに応える方法であることは注目に値する。会社はそのギフトを受け入れ、従業員が仕事へのギフトをより十分に与えるためのさまざまな方法を提供することで対応する。例えば、いい職場は、企業により多くの自らを与えることを望む人に対してより高い責任を与える可能性があるが、従業員はより多くの責任を常に拒否できる。同様に、権利はそれが行使された場合にのみ存在する。フェデラル・エクスプレスの社員は、事実上すべての情報に対する権利を持てるが、その権利を行使する必要はない。従業員に権利や責任を与える方針は、個人に対して基本的な敬意を払い、個人の関与のレベルを決定する。

他の権利と同様､家族やチームの一員ではない権利はリスクを表す。従業員の中には、自分の生活を組織に支配されることに厳しい制限を加えたい社員もいれば、自分の存在の大部分を組織に委ねたいと考える社員もいる。経営者はワーカホリックが充満する職場を好むかもしれないが、ピープル・エキスプレス航空の例でみたように、そのような環境はそこで働く人間に多大な犠牲を強いるものである。働きがいのある職場とは、何よりも人が成長する場所である。人は、どれだけ貢献したいのか、ある程度の発言権がなければ成長できない。会社が人間の仕事のギフトのような性質を真に認めるには、それは会社との時間とお金の交換以上に関わりたくない人たちに役割を提供しなければならない。仕事は、それが受け手によって指示された条件だけで与えられなければならない場合、ギフトではない。

成功への関わり

いい職場は、報酬だけでは従業員の企業への貢献を十分に認識したことにならない点をわかっている。こうした企業は、従業員の役割が企業の成功または失敗の中心を担っていることを認識している。そのため、従業員が企業に対して真の利害関係をもち、共同の努力の報酬を分かち合えるようにしている。これは、利益や所有権を分かち合うことによって大部分は達成されるが、すべてではない。

　報酬の分かち合い：『アメリカで最も働きがいのある会社１００選』に掲載されている企業の半数以上には、明確な利益配分制がある。コモディティレベル〔単なる時間とお金の交換〕では、利益配分制は従業員の給与に反映される報酬の手段にすぎないと考えられる。言い換えれば、利益配分制は金銭のための時間の基本的な商品交換の一部を表す。ただし、トラストレベルでは、利益配分制はまったく別の意味を持つ。利益の一部を従業員に直接支払うことによって、企業は従業員が会社の成功の報酬を共有するのに十分な価値があると主張しているのである。ＨＰの共同創設者であるデビッド・パッカードは、「社員は自分たちが可能にした成功に参加すべきである」という単純な理由で、50年近く前に最初の利益配分制の一つを開始したと説明している。そのため、利益は資本を提供する株主だけでなく、企業に命を捧げる者とも共有されるべきであり、これは時にスウェット・エクイティ〔労働の提供〕と呼ばれる。従業員は株主と同様、成功の報酬を受け取る資格がある。

　いくつかのいい職場、ダナ、ドネリー・ミラーズ、ハーマン・ミラー、プレストン・トラック輸送などには、スキャンロン・プランと呼ばれる精巧な制度があり、従業員が仕事を改善し財務的な利益が得られた場合に、その利益を従業員に分配している。このプランは概して作業グループの改善に対して報酬を与えるものである。また、定着した手法として提案した人々に金銭を分配する提案賞がある。おそらく最もうまくできている提案賞の制度はメイタグ社のもので、有資格者の95%近くが提案をしている。スキャンロン・プランのように、これらの制度は、個人の自発性を具体的な報酬で評価するものである。

　参加型経営のテクニックと同様、利益配分制やその他のインセンティブのテクニックも万能薬ではない。企業はさまざまな理由で利益配分制を策定しているので､従業員の解釈もさまざまである。例えば、多くの企業は利益配分制を単に生産性を高めるための別の手段とみなしている。生産性の向上が利益配分制の唯一の理由である場合、こうした方針は、より多くのお金を得るためにより多くの仕事をせよ、といった直接的な商品取引以上のものを示唆していない。

　いい職場の多くでは、会社は生産性の向上が利益配分制の根拠の一部である点を明確にしている。最初に知られた利益配分制の一つを振り返ることは有益である。エドム・ジャン・レクレールは、１８４２年に初めて利益配分制を始めた時にパリで塗装会社を経営していた。１８８２年までに、同社の１０００人の社員は賃金の22％に相当する年間利益配分ボーナスを受け取っていた。レクレールは利益配分のために次のように主張した。

> ［労働者たちは］もはや機械のように働き、終了時間を告げる時計が鳴り止む前に仕事を止める単なる日雇い職人ではない。彼らは、全員が自分たちのために働くパートナーとなったのである。これによって、職場には彼らが無関心であるはずのものは何もない。全員があたかも特別な管理者のごとく道具や材料の保全にも注意を払っている。

　会社成功の報酬の分かち合いがもたらすのは、企業の一員であるというこの感覚である。テクトロニクスは、この国で最も寛容な利益配分制の一つを提供しており、全企業利益の35％を従業員に配分している。しかし同社は、一部の競合他社よりもわずかに低い基本給を支払っているので、不況の際には同社社員はＨＰやインテルといった企業の従業員よりも少ない収入しか得られない可能性がある。しかし、好況の年には同社社員はより多くの収入を得ることができる。利益配分制が従業員の生活に果たす重要な役割は、ほんの一部にすぎない。利益配分制は、企業と従業員との関係において絶対的に基本的な政策である。テクトロニクス社長であるアール・ウォントランドは次のように説明している。

> 利益配分は、社員が1日8時間以上の人間であるとみなされることを意味します。社員は、産業界と現実的・具体的な関係を持っていなければなりません。そのため、利益配分を構造化して、社員がグループとして株主と同等の利益を得られるようにしています。利益配分は、利益率と業績の面で株主グループと同等の利益を得ることができるようにしています。そうすることで、社員は実質的な利害関係を持ちます。利益配分が当社の給与に不可欠な部分となるように給与を構造化しています。だから、社員は、集合的により生産的であれば、より多くの収入を得るチャンスを得られるのです。

　所有権の共有は利益配分に似ているが、これは企業の成功に貢献した人たちに利益の一部を与えるもう一つの手段である。いい職場は、高い割合で何らかの形で従業員に所有権を提供している。例えば、パブリックス・スーパーマーケッツやクアッド／グラフィックスのような１００％の従業員所有の会社から、ロウズ・カンパニーズやホールマークのように4分の1から3分の1が社員によって所有されている会社、プレストン・トラック輸送やダナのように企業の従業員所有の割合が小さい会社まである。一部の会社では、従業員の所有権は、特に年金プランにリンクされている場合は、単にもう一つの福利厚生とみなされる。しかし、ほとんどのいい職場では、所有権に別の側面が強調される。従業員の所有権は、従業員が他の誰かや不在株主のためだけに働いているのではなく、自分自身のために働いていることを意味する。

承認の分かち合い：利益の共有と所有権の共有は、職場内で報酬を共有する唯一の方法ではない。報酬の最も重要な形態の一つは承認である。誰かが適切に承認されているかどうかは、職場での信頼の構築――または破壊――において重要な役割を果たす。従業員は最初に会社で働き始めた時、一般的には、自分がどれだけ貢献できるかを示すために自ら背伸びする。これは、会社との強固な関係を構築するために、自らの一部を贈与しようとするものと解釈できる。この信頼が、彼らが行った追加の努力の承認によって報われない限り、従業員はしばしば傷つけられたと感じ、裏切られたとさえ感じ、自分の殻に閉じこもる。

このように裏切られたと感じるのは、新人だけではない。仕事は私たちが人間らしさを感じる中心的なものだから、自分のしていることを、単に時間とお金の交換という、単純な商品取引の一部と考えるのは難しい。私たちの多くは、自分が思っている以上に仕事に打ち込んでいる。そのため、直属の上司や同僚による、その事実の正しい認識なしには、私たちの仕事に対する創造的な努力がどんどん減っていってしまう。

いい職場のほとんどには、社員の仕事の努力を認める数十もの公式・非公式の方法がある。デルタ航空のある社員は、自分が会社で一番気に入っているのは、いつもいい仕事をしていると認められていることだと語った。彼は、社員は自分たちが「承認の風土」の中で働いていると感じているとも語った。

筆者がこれまでに出会った中で最も変わった形の表彰はテクトロニクスで行われたものである。ジョー・フローレンは「よくやったで賞」の話をするのが好きである。元コミュニケーション担当管理者のフローレンは、何年も前に副社長の上司とコーヒーを飲んだことを思い出す。上司は、会社の急成長に起因する問題について考えていると言っていた。彼は会社が大きくなってきたので正式な表彰制度が必要だと思っていた。そのため、彼はこの問題に関するいくつかの人事ハンドブックを読み、勤続年数に応じて与えられる伝統的な金時計のいくつかのバリエーションをフローレンに話し始めた。

すべての提案はフローレンにはばかげていると思われた。驚いたことに、上司はフローレンに何かもっといいものを考えることを求めた。フローレンは、「よくやったで賞」と呼ばれる賞の証明書を作成し、すべての社員がそれを別の社員全員に送付することを提案した。

フローレンが驚いたことに、上司も同意したので、フローレンは印刷したものを手に入れて配布し始めた。二人は夢中になり、それはテクトロニクスでの生活の一部となった。フローレンへ：「社員はあなたにいいことを言いますが、社員が一枚の紙に自分の名前を書いてそれを言うのに時間をかけることは、もっと意味があります。社員は通常、机の横にそれらを置いていますが、経営者は通常、それらを引き出しに入れて、時々みています。」

働きがいのある会社のためのチェックリスト

基本的雇用条件	1　公正な給与、福利厚生 a 同等の会社と比べて遜色がない b 会社の支払い能力に比して公正である 2　雇用保障 3　安全で魅力的な職場環境
仕事	1　仕事遂行において最大限の責任を与える 2　勤務時間の柔軟性 3　成長の機会 a 昇進 b 研修 c 学習プロセスでのミスの容認
職場のルール	1　経営・管理層と一般従業員との間の社会的、経済的格差の縮小 2　正当な手続きを受ける権利 3　情報を知る権利 4　自由に発言できる権利 5　地位の高い人に面会できる権利 6　家族／チームの一員でいなくてもいい権利
成功への関わり	1　生産性向上による報酬 2　プロフィットシェアリング 3　株式の割当 4　正当な評価の共有

注）働きがいのある会社は，ある特定の人事方針や人事施策のあるなしで決まるわけではない．重要なのは，会社と従業員の間で育まれた関係の質である．その点を念頭に置いて，このチェックリストを会社における職場関係の動向を知る方法として活用できる．最高の職場は上記リストの特性のほとんど，あるいはすべてを持つ傾向にある．

第15章　ひどい職場を見極める——搾取的な職場から父権主義的な職場まで——

最高の職場に存在するさまざまな方針やプログラムをみた後で、本書の冒頭で指摘した点を再度強調する必要がある。最高の職場は、その構成要素の総和よりも大きい。前章にあげた方針のほとんど、あるいはすべてをもってしても、最高の職場を創出することはできない。さらに重要なのは、さまざまな方針や慣行がどのように組み合わされて、従業員が彼らの仕事を信頼し、彼らの仕事に誇りを持ち、経営者を含む他の従業員との関係を楽しむことを奨励するパターンを形成するかである。

残念ながら、このような表現に当てはまる職場はほとんどない。従業員が直面する可能性の高いほとんどの職場には、信頼を損なうような方針や慣行のパターンがある。もちろん、さまざまな種類のひどい職場がある。以下では、四つの最もよく知られているひどい職場のパターンについて説明する。

搾取的な職場

強制的な奴隷労働が搾取の唯一の形態ではない。初期の産業革命の観察者たちは、工場生活と奴隷制との間にほとんど違いがないことを認めた。フリードリヒ・エンゲルスはイギリスの繊維工場について、1845年の工場労働者の窮状を「1145年のノルマン人男爵の鞭の下でのサクソン人の農奴」の窮状と比較した。彼は、例えばマンチェスターのケネディー工場で労働者が遅刻したり、監督者の許可を得ずに職場を離れたり、自分の工具を供給しなかったり、「他人と話したり、歌を歌ったり、口笛を吹いたりして」、摘発されたことで罰金を科せられたように、工場所有者が課したさまざまな規則を引き合いに出している。さらに悪いことに、雇用主は「最も無慈悲な態度で、余分な利益を蓄積する目的で」罰金を徴収した。しかし、この制度に異議を唱える意味はなかった。それは、次のような理由からである。

> ここで法律上のすべての自由が終わる。事実、……［工場の中で］雇用主は絶対的な法律制定者である。彼は意のままに規則を作り、喜んで法典を変更・追加する。さらに、もし彼が最もクレイジーなくだらない考えを挿入したとしても、裁判所は労働者にこう言う。「あなたはあなた自身の主人である。もしあなたが望まなかったら、誰もあなたにそのような契約に同意するよう強制しません。しかし今、あなたが自由に契約を結んだ時は、あなたはそれに拘束されなければなりません」。

半世紀後、アプトン・シンクレアは、1900年代初頭のシカゴの食肉処理場を舞台にした彼の小説*The Jungle*（邦訳『ジャングル』）で同様の状況を記述している。ある雇用主について彼は次のように書く。

> 例えば、ここに、できるだけ金儲けをしようとしているだけで、どうやって金儲けするかには無頓着な男が所有するダーラム社があった。この男の下には、軍隊のような階級があり、支配人と工場長と職長がいて、それぞれが直属の部下を酷使し、部下からできるだけ多くの労働を搾り出そうとしていた。同じ階級の者はみな互いに競わされていて、それぞれの記録は別々に保管されているので、誰もが自分が失職するのではないかと戦々恐々の日々を送っていた。このようにして、上から下まで、会社は嫉妬と憎悪が煮えたぎる大釜以外の何物でもなかった。どこにも忠誠心や品格といったものはみつからない。そこには、1ドルの価値もない人間の居場所はなかった。

英国の製粉業者やさまざまな形態の奴隷制と同様、シンクレアの食肉処理場は搾取的な職場の典型である。それは、使用者が組織的に従業員を不当に利用するものと定義できる。前章の用語を使用すると、そのような企業の従業員はほとんど、またはまったく権利を有せず、責任のない仕事を与えられ、企業の報酬を分かち合わない。より具体的には、搾取的な職場は次の諸特徴を共有する。

1. **権利なし、恣意的な規則**：搾取的な職場には正義がない――あるいは正義への希望がない。不正が他の種類の職場との最大の違いである。奴隷制を認める社会では、国家の法は保証人に法律上の権利を与えない（またはほとんど与えない）。例えば、アメリカの奴隷の結婚には法的地位がなかった。従業員が完全な市民権を有する場合でも、エンゲルスの先の引用が示すように、法廷での従業員としての彼らの権利は嘲笑的である可能性がある。雇用主の頭越しに訴えられない場合、当該雇用主はしばしば自分は免責されて行動し、気まぐれによって支配できると信じるようになる。これは専制主義や専制――ジャングルのような職場に繋がる可能性がある。

今日のアメリカでは、従業員は20世紀への世紀転換期頃よりもはるかに多くの法的保護を受けているが、ヨーロッパや日本の主要先進工業国の従業員よりもはるかに少ない。また、前章で説明した「随意雇用」の法理は、搾取的な職場を作ることを可能にしている。それというのも、アメリカの法的枠組みは雇用主に有利になるような立場をとっているからである。これは特に労働が過剰供給されている産業に当てはまる。そのため、無節操な雇用主は、法的に義務づけられた最低限の賃金と安全以上のものを提供するインセンティブをほとんど持たない。従業員が不法移民などのように完全な市民権を与えられていない場合、一部の雇用主は法的な最低基準を満たすことさえ関心を払わない。

組合化の推進は、職場における正義の欠如によって引き起こされることが最も一般的である。組合オルグは常に搾取というスローガンを掲げる。彼らは一般的に、気まぐれな解雇、不当な賃金削減、あからさまなえこひいき、社員の健康や安全を危険にさらすことを気に留めない点を指摘する。不正と無秩序に直面して、組合の契約はある程度の公正さと安定を提供する。これは搾取的な雇用主が行使する恣意的な権力に対する歓迎すべき対抗手段である。

2. **虐待的な監督**：数年前に石膏産業で起きた山猫ストの話で、著者のアルヴィン・W・ゴウルドナーは、ある労働者が自分の監督者をどのように感じていたかを引用している。

「労働者が監督者である彼を呼んでいるように、彼について私が知っている唯一の言葉は、ただの悪口だけである。彼は労働者にその仕事をさせ、尻に箒を突きつけ、同時に床を掃いてくれと望んでいる奴である。彼は自分のことしか考えていない。できる時にはナイフを突きつけるような奴で、自分の名をあげて、物事をうまくみせて、生産性をあげたいと思っている。彼はどんな労働者に対してもまったく何も気にしない。労働者はすべての設定に腹を立てているし、それについて好きなものは何もない」。

チェックされないままにしておくと、この種の監督行為は職場を破壊する。労働者は当然のことながら、自分たちが主人＝奴隷の関係にあると考え始める。監督者に労働者を虐待させる雇用主は、明らかに彼らの幸福をほとんど気にかけていない。

いい職場には、傲慢な経営者を排除する強力なシステムがある。フェデックスのフレッド・スミスが説明するように、同社の公正処遇保証（GFT）方針は苦情処理手続き以上のものであり、攻撃的な監督者を見極めるメカニズムとしても機能する。HPの共同創業者であるデビッド・パッカードは次のように付け加えている。

人間には、上司になると自分の力を振り回したいという傾向があるようである。現在、第一線の上司は、会社で最も多くの人の上司である。もし彼が適切に行動しなければ、彼はすべてを台無しにする可能性がある。もし彼が適切に行動すれば、彼は正しい哲学を他のすべての人に伝えられる。

3．**社員の福利を無視する**：アプトン・シンクレアの小説には、社員の健康と安全に対する恐ろしい軽視の詳細がある。シンクレアによれば、食肉処理場でのそれぞれの仕事には独特の危険があった。屠場作業員、肉から骨を抜く係、肉を切り取る係はナイフで親指や指を何度も切り、漬物工場では酸に触れることで手が腐食し、冷蔵室ではリウマチに悩まされ、プレス機械ではしばしば手の一部がちょん切られた。最悪なのは、肥料工場と加熱処理室で働いていた者であるとシンクレアは次のように書いている。

肥料工場の男たちの体臭を嗅ぐと、一般の見学者は100ヤード離れた場所でも退散するので、こうした男たちは一般の見学者にはみせられない。蒸気が充満するタンク室で働く男たち（加熱処理室で作業している）の中には、床面に近い所に蓋なしの大樽があるタンク室で働く者もいて、そこに落ちるという他では起こりえない事故に遭う。体は釣り上げられても、みせる価値のあるものはほとんど残っていない。時には、骨以外のすべてがダーラム社製の純正リーフラード（豚の腎臓周りの脂肪から作る上質のラード）となって世間に出回るまで、数日間放置されることもあった。

今日、私たちには、いくつかのより厳しい法が法律書にあって、この世のダーラム社を罰している。最近のある事例では、会社のオーナーと経営者が社員を毒性化学物質に被爆させたとして殺人罪で有罪判決を受けた。しかし、職場の事故や病気に関する統計は依然として衝撃的なものである。毎年1万人以上の職場関連の癌が診断されている。*The Jungle*と同様、これらの事故の多くは、シンクレアの言葉を借りれば、「1ドルの価値もない人間」を信用しない搾取的な雇用主のせいで起こっている。連邦の労働安全衛生局（ＯＳＨＡ）によると、これらの事例の25％は、雇用主が毒性物質への被爆に関するＯＳＨＡの基準に故意に違反した事例に由来していた。

４．従業員に対する分割統治方針：搾取的な職場の最悪の側面の一つは、労働者が互いにどの程度対立しているかである。この慣行は、従業員が他の従業員と共に働くという、基本的な職場の関係の一つを享受する可能性を奪う。エンゲルスが記述したマンチェスターの工場の規則の中で、従業員が労働時間中に他の従業員と話をしたことで罰せられた点をみた。この規則が仕事の効率を高めるために導入されたのかどうかは疑わしい。しかし、従業員が団結して組合を結成するのを防ぐ方針としては意味がある。主人と奴隷の関係では、主人は奴隷を集団ではなく個別に扱える時に最強であると感じる。したがって、奴隷を互いに対立させることは彼の社内政治的な利益に役立つのである。

機械的な職場

組立ラインは産業文明の最もよく知られたシンボルであり、人間に対する機械の勝利、個人に対するシステムの勝利を表しており、機械的な職場のパラダイムでもある。

チャールズ・Ｒ・ウォーカーとロバート・Ｈ・ゲストは2年間にわたって自動車組立ラインの労働者と話をし、合計１８０回の詳細なインタビューを行った。１９５２年に出版された *The Man on the Assembly Line*（邦訳『オートメーション工場』）は、この問題に関する古典的な研究である。労働者たちは憂鬱さを次のように描いている。

「組立ラインは仕事をする場所ではないと私は言えます。1万本のボルトを入れた樽をあなたのそばに置いて、それをすべて使い切ることほどやる気を失うことはありません。次にもう1万本のボルトを入れた樽を横にすると、その1万本のボルトの一本一本は、取り出されて最後の1万本のボルトの一本とまったく同じ場所に配置されなければならないことをあなたは知っているのです」。

「最悪なのはプレッシャーです。犬ぞりのようなものです。笛が吹かれると直ぐに、彼らは『急げ』と叫び、あなたは車を製造しに向かいます。会社は少なくとも5分の休憩を私たちに与えるべきです。さもなければ、ペースが遅くなる可能性があります。会社が有している唯一の良きものは病院で、それは本当にいい病院です」。

「質と量を手に入れることはできません。それがこの職場についての私の大きな心配事です。私はこの職場が嫌いです。私はいつも自分の仕事で誇りを感じたいのです。しかし、私はこの仕事では誇りはあまり感じません。誰もがスピードというあまりにも大きなプレッシャーの下で働いており、誰もが『この職場から逃げ出します』」。

これらの引用は、組み立てラインの仕事に関して最もよく引用される問題を示している。それは退屈で、反復的で、知性を必要とせず、プレッシャーを受ける。しかし、ウォーカーとゲストは、組立ラインの仕事の最も心理的に厄介な結果は、「個性が奪い去られ、残りの自分自身も没個性的になるという感覚」であると指摘している。労働者たちは、自分たちを「ロボット」、「単なる馬力」、「車輪の歯車」、「機械の一つ」、「代替可能」のように感じていると表現した。労働者が個性が奪い去られていると感じるのは偶然ではない。組立ラインの知性上の父であるフレデリック・テイラーは、科学的管理は人間的な要素を作業工程から排除するものと考えた。仕事をするための「唯一最善の方法」を決定するのは、人間味のない客観的な権威――科学――であるとした。個人の裁量の余地はなく、個性の余地もなく、人間を作り、ロボットを作らない性質の余地もない。

自動車の組立ラインから推測されるように、機械的な職場には三つの主な特徴がある。すなわち、作業のペースは機械（または機械的なシステム）の要求によって決定されること、仕事は高度に定義され、専門的であること、そして、人間味のない権威が職場基準の最終的な決定者であることである。

機械的な職場は工場の組立ラインの外でもみられる。多くの大手金融機関は、事務作業を組立ラインの一部であるかのように組織している。また、機械的な職場は、官僚的に組織された機関にもみられる。*Contested Terrain* において、経済学者のリチャード・エドワーズは、現代企業の経営がどのように従業員に対して力を行使しているかを説明している。現代企業は権威主義的な監督に頼るのではなく、システムを開発している。この点をエドワーズは次のように説明している。

> 官僚的統制は、企業の社会的・組織的構造に組み込まれており、職務分類、就業規則、昇進手続き、規律、賃金体系、責任の定義などに組み込まれている。官僚的統制は、支配の基礎として「社内規則」や「会社方針」といった非人間的な力を統制の基礎として確立している。

従業員の視点からみると、組立ラインで働くことと、エドワーズが官僚的統制と呼ぶものを通じて運営されている組織で働くこととの間には、ほとんど違いがない。個人はシステムに従属しているので、プロセスの単なる付属物――機械の一部のように感じる。どちらの場合も、ロボットにすぎないという没個性化が結果として生じる。

プラス面では、機械的な職場を退屈なものにしているのと同じ要因――規則の厳格な遵守――もまた、搾取的な職場の恣意的な無法性と対照的である。繰り返しになるが、これはテイラーの著作にみられる。彼は、労働者は科学的管理を歓迎すべきであると繰り返し主張した。なぜなら、それは彼らの仕事が受け入れられるかどうかについての些細でしばしば苦い議論から彼らを解放するからである。従業員が仕事を適切に行っているかどうかは誰もが知っている。それには適切な方法があるからである。従業員は規則を作成する役割を担っていないかもしれないが、少なくとも一貫して適用される規則がある。この法と秩序の尊重は、虐待的な監督者を制限するのに役立つ。

機械的な職場における組合は、経営者が規則を遵守することを保証するのに役立っている。組合協約は、結局のところ、経営者と労働者がどのように相互作用するかを規定した規則集ではないとしても、何の意味もない。テイラー自身は組合の強力な敵であったが、彼に従った多くの産業技師が１９２０年代から30年代にかけて組合と協力して働いていたことは、科学的管理の歴史の興味深い余話である。多くの大企業における労使間の同盟は、多くの甚だしい搾取的慣行を確かに排除してきた。しかし、それはすべてが「書物によって行われる」機械的な職場をもたらした。

起業家的な職場

起業家的な職場では、何事も書物によってはなされない。それは、強力でカリスマ的なリーダーが統率する、新興企業に最も多く存在する。リーダーは、柔軟性、変化、創造性、挑戦の福音を繰り返し説く。これらの企業は特別な社会的側面も示している。起業家的な職場は、従業員が誰もが「一緒にいる」と感じるという意味で、一つの大きな幸せな家族のようにみえることが多い。機械的な職場と違って、人は仕事の枠で区分されていないので、誰もが一緒に仕事をしている。

魅力的かと問われれば、そうと答えるであろう。起業家精神のある会社は労働市場における新参者を主に雇用するから、特に理想を持っている人や若者にはそうである。さらに、特にそのような環境で働いたことのない人たちにもそうである。起業家精神のある職場には、言うべきことが多数ある。従業員は多くの場合、本当に大きな責任を負っている。彼らは機械的な職場のように単に仕事を割り当てられているだけでなく、ピープル・エキスプレス航空のように、主要プロジェクトに完全に参加できる。同航空は典型的な起業家精神のある職場であり、そこでは新入社員が航空会社の経営に直接影響を与える重要な意思決定をしている。

起業家的な職場は、個人をあらかじめ決められた仕事に就かせないのと同じように、階層的な関係を避ける傾向がある。どちらかといえば、起業家的な職場には明らかに非権威主義的な色合いがあるかもしれない。誰もが同じ家族ではなく同じチームの一員であるようにみえる。

起業家的な職場はユートピア的にさえみえるかもしれない。*Brave New Workplace* の中で、ジャーナリストのロバート・ハワードがこの書名の言葉を使って、カリフォルニア州のハイテクシリコンバレー企業に代表される、起業家的な職場の非常に洗練されたバージョンをこう説明している。

……企業は、非個人的な官僚主義としてではなく、思いやりのあるコミュニティとして、職場は自己実現の世界として、企業は現代社会におけるアイデンティティの基本的な源として考えられている……。そうした企業は、伝統的な不満が統一感と良き感情の雰囲気の中で解消され、紛争と分裂が廃止され、現代の産業生活の両面性がユートピア的なビジネス文化のきらびやかな外観の背後で消滅する世界を約束している。

起業家的な職場の「きらびやかな外観」の背景には、もう一つの現実がある。従業員は仕事に対してかなりの責任を与えられているが、彼らにはほとんど権利がない。搾取的な職場と同様、起業家的な職場における正義は、明確に確立された規則ではなく気まぐれに基づいている。なぜなのか。柔軟性の福音なのか。起業家的な職場では、経営者はその選択肢を留保することを好む。また、正当な法手続きなどの確立された権利は経営者の自由を束縛する。

もう一つ、もっと狡猾な理由がある。起業家的な職場の経営者は、自分たちの自由な行動を束縛されることを避ける。彼らは従業員の長時間労働の恩恵を受けている。ある期間が過ぎると、従業員は燃え尽きることがあり、厳しいペースを維持しようとしない人たちは、幸せな家族から追放されることになる。

いい職場では、幸せな大家族に参加しないための特別な規定を設けている。それは、8時間の労働をして家に帰りたいだけの人に場所を提供する。さらに重要なのは、家族、友人、個人的な趣味など、生活の中で仕事以外の他の約束をすることを可能にしている。これは従業員の視点からみると、公平性の基本的な問題である。起業家的なスタイルの職場で、仕事が人々の生活の中で唯一のものであることを要求することは公平ではない。そこでは、人々が成長したり、より完全な人間的になったりする余地はない。

父権主義的な職場

最高の職場と区別するのが最も難しいのは、父権主義的な職場である。本書の研究中に起こった出来事は、この問題を例証している。パブリックス・スーパーマーケッツの二人のトップにインタビューしながら、父権主義は悪いことだと思っているのかと尋ねたところ、二人はすぐに答えた。会長で創業者のジョージ・ジェンキンスはそれはいいことだと思っていると答えたが、社長のマーク・ホリスはそれは悪いことだと思っていると答えた。それぞれは、この言葉に対する理解が少しずつ異なっていたようである。ジェンキンスは父権主義を、父親が子供を大切にするのと同じように、会社が従業員を大切にすることだと理解していた。ホリスはこの考え方は独裁主義のようなもので、父親のような人物が子供のような従業員に自分の意志を押し付けるものだと考えていた。

父権主義にはその両方の意味があり、さらに多くの意味もある。職場に適用される場合、それは非常に高くつく用語である。組合の闘争では、その用語は軽蔑語として使われる。したがって、父権主義的な職場とは何を意味するのかを最初に明確にすることが重要である。

19世紀には、父権主義的な雇用主の例がいくつか知られていた。19世紀の初めに、マサチューセッツ州ローウェルにあった織物工場は、地方の健全な産業の模範となるように設立された。労働者は周辺の土地から来た若い女性で、工場で数年間働くことになっていた。雇用主は、工場にいる間、（親代わりとして）彼女らを世話する責任があるという立場をとっていた。そして経営者は、彼女らに仕事だけでなく仕事をしている時にできることについて、非常に厳しい規則を課した。

今日、特に労働組合員の間で、父権主義がそうした悪しき名称を持っているのは、部分的にはローウェル、プルマン社、そして類似の産業実験の歴史のためである。父権主義的な職場には以下の二つの主要な要素があり、どちらも職場の関係を歪める。

1．**ギフトによる支配**：ギフトは父権主義の雇用主の最も明らかな特徴である。彼らは従業員に対して、従業員が期待する以上に多くの福利厚生を与える。この点に関して、ギフトはいい職場で当然のこととして見出される物と似ているかもしれない。また、いい雇用主にとっては、他の仕事で期待できる以上のものを従業員に提供することもある。しかし、父権主義のギフトには根本的にまったく異なる動機がある。父権主義のギフトの贈与者は支配を求める。生存中は父権主義の雇用主として知られていた雑誌界の大御所は、「彼らを甘やかそう。甘えっ子のように、彼らはいつもあなたに文句をいい、あなたが名前を呼んだ瞬間にビクッとした」と語るのを引用された。

このテクニックはよく機能する。父権主義的な雇用主の圧倒的な寛大さのために、従業員は決して返済できない負債を負うことになる。会社のために何をしても、それだけでは十分ではない。雑誌出版社が認識しているように、彼はこの戦術で従業員の愛を買うことはできない。従業員は自分たちの窮状の不公平さに腹を立てているので文句をいう。通常、そのような職場の従業員は、父権主義的な雇用主が結局のところ自分たちの雇用保障上のニーズを満たしているので、自分たちを支配させるままにしている。しかし、プルマン社の事例（本書119ページ参照）で前述したように、怒りはしばしば激怒に変わる。抑圧的な父権主義的な環境は人々の尊厳に対して非常に侮辱的であるから、労働者は純粋に搾取的な雇用主よりもさらに憤怒をもって父権主義的な雇用主をしばしば非難する。

父権的なギフトの贈与と対照的に、いい職場の原動力は、従業員の仕事へのギフトから始まる。いい雇用主は、さまざまな方法で、そのギフトを認め、認識する。いい雇用主は、規範を超えて、他のほとんどの雇用主よりも多くのことを行うというギフトのようなジェスチャーで対応することがある。しかし、状況は常に、提供されているものに対応するということである。マリオン・ラボラトリーズのユーイング・カウフマンが強調しているように、彼は社員にギフトを贈与しないので、社員は受け取るものを「稼ぐ」。企業が従業員に提供するどんな福利厚生も、雇用主の寛大さの結果ではない。福利厚生は社員が事業に貢献する仕事のために存在する。父権主義的な雇用主が、福利厚生を提供する行為に対して社員に感謝させようとする場合、いい職場は、まずは福利厚生が存在するのを可能にした仕事にまず焦点を当てる。

2．**現実からの保護**：エレクトロ・サイエンティフィック・インスツルメントの創業者であるダグラス・ストレインは、父権主義的な雇用主は「世界の状況から社員を保護する」傾向があると述べている。彼は、経営陣はこの役割を演じる権利はないと考えている。なぜなら、それは従業員に権限を与えるのではなく、支配しようとする試みも反映しているからである。

リチャード・セネットは父権主義を「偽りの愛」と呼ぶ。その著書 *Authority* の中で、父権主義の雇用主は従業員に愛情ある父親としての自分をみせようとするという。しかし彼は、「養育の本質的な質は否定されている」と書いている。これがいい職場と単なる父権主義的な職場との重要な違いである。いい職場では、従業員に示される敬意と配慮は、企業の利益のためだけでなく、従業員が自身の利益になるよう成長するのを助ける効果がある。父権主義的な職場では、父権主義的な心遣いは個人的な成長を無効にする。皮肉なことに、それは長期的には企業を抑圧することにもなる。

すべての類型と同様に、職場のパターンを記述するためのこうした図式は、特定の職場の記述としてみるべきではない。ほとんどの職場には、これらのパターンの組合せがある。これは、本書全体を通していい職場として説明してきた会社にも当てはまる。どの会社も、組織内のすべての人に対して、常にあらゆる点で完璧であるという意味でいいとはいえない。悪しき方針が実施され、個々の監督者が従業員を酷使し、従業員がそれに挑戦しているようでは、やりがいのある仕事を与えられることはない。より大きな視点からみると、IBMやパブリックス・スーパーマーケッツのような会社は、社員に対して父権主義的な側面を有している。クワッド／グラフィックスやフェデックスのような会社は、起業家的な職場に匹敵する。ピツニーボウズやプレストン・トラック輸送のような会社には、機械的な職場の要素がある。次の表は職場の分類に役立つガイドを示している。

職場のタイプ

	最高の職場	父権主義的	起業家的	機械的	搾取的
関係性	パートナー	親／子	リーダー／フォロワー	機械／部品	主人／奴隷
権利	＋	−	−	＋	−
責任	＋	−	＋	−	−
報酬	＋	＋	＋	−	−
一貫性	＋	＋	−	＋	−
忍耐	＋	＋	−	−	−
オープンさ	＋	−	＋	−	−
親近感	＋	＋	＋	−	−
コミットメント	＋	−	−	＋	−
公正さ	＋	−	−	＋	−

第VI部

職場と社会

職場は、社会を反映するだけでなく、人々が生活する社会のあり方を定義するものである。いい職場と営利事業との関係、経営者の役割、職場が社会に与える影響などを検討すると、最高の職場という概念に内在する新たな職場倫理の必要性が理解できる。

第16章　経営者の台頭と腐敗――従業員所有へと向かう事例――

現場は、サンフランシスコのダウンタウンにあるクラウン・ゼラバック社（以下、クラウン）のビルの下にある小さな広場であった。6人前後の社員がトランプ遊戯台に座ってサンドイッチを食べていた。全員が解雇されようとしていた――企業乗っ取り屋ジェームズ・ゴールドスミス卿が最近この製紙会社を敵対的に買収した際の犠牲者であった。社員たちは自分たちのために別れの「宴会」を開いただけでなく、象徴的な抗議もしていた。

その数週間前、クラウンの16人の経営トップは、ブルーフォックスの豪華なレストランで送別会を催していた。この機会を記念して、彼らは大型戯画版のレオナルド・ダ・ビンチの「最後の晩餐」を贈られた。パネルは、最高経営責任者（CEO）のウィリアム・クレソンをイエス・キリストとし、15人の「使徒」をテーブル脇に並べて描いていた。リムジンサービスを含め、その晩の予定額は1万ドル以上で、全額が会社の金庫から支払われた。

社員にとっては、自分たちの茶色の紙袋に入った昼食と、経営幹部の「最後の晩餐」との対比は、まさに譬えとしてふさわしいものであった。彼らと何百人もの長期勤続のクラウンの社員は、まもなく職を求めて街頭に出てくるだろう。しかし、16人の経営トップは、総額920万ドルの退職金（「ゴールデン・パラシュート」）をもって同社を去った。CEOのクレソンだけで、掛け値なしの230万ドルをもって去っていった。

それぞれの送別会は、アメリカ企業が乗っ取り、合併、レバレッジド・バイアウト〔対象企業の資産や将来的なキャッシュフローを担保に、譲り受け企業が資金調達して行う買収〕、資産の売却、巨大な負債の引き受けによって「再編」された年の春に行われた。それは、J・P・モルガンらが巨大な企業合同を形成した時代である、20世紀初頭以来のアメリカのビジネスにおける最大の激変であった。企業再編の直接的な結果として、3年間で50万人以上の人々が職を追われた。犠牲者の多くは会社で10年、20年、さらには30年もすごしていた。クラウンの社員のように、ほとんどはそれまでの仕事に匹敵する仕事をみつけるわずかな機会しかなかった。

残された人たちはどうなのか。CBSのアンディ・ルーニーは、彼の週刊新聞のコラムの中で、リストラが自身のビジネスに与えた影響についてテレビニュースでこう語った。

> 20年以上にわたってNBC、CBS、ABCのニュース部門に忠誠を誓ってきた私の友人の多くは、苦々しく思ったり幻滅したりしています。三つの（ネットワーク）すべてが、レイオフを伴う大きな変化

を経験しています……。これらの新しい買収ビジネスのリーダーたちは、不必要な仕事を排除し、利益を増加させます。彼らは製品の品質にほとんど関心を持っておらず、品質が何か違いをもたらすとはほとんど信じていません。彼らはサーロインステーキの筋組織からの脂肪分を知らなくても、脂肪を除去しようとしています。彼らが最初に事業を買収する価値のあるものにした忠実な従業員を解雇していることは、これらビジネスリーダーにとって重要なことではありません。

これらの変化による人的被害は甚大であった。しかし、これが労働者の被害者としての長い歴史のもう一つの章であったと考えるのは誤りである。適切に理解されているように、現在の敵対的買収の波と何百ものアメリカ企業の再編は、単なる経済現象ではなく、政治的闘争とみるべきである。根本的には、アメリカ企業を誰が所有し、支配するかを巡る戦いである。曖昧な点がはっきりすると、企業の形は取り返しのつかないほど変化する可能性がある。その結果は専門経営者の時代の終わりを告げるかもしれない。少なくとも、アメリカ中で繰り広げられている戦いは、21世紀にかけて職場に深い意味を持つであろう。

20世紀後半の視点でみると、企業経営者によるコントロールは自然の配剤であった。しかし、必ずしもそうではなかった。アダム・スミスの時代には（1世紀後にはカール・マルクスの時代にも）、ほとんどの従業員はオーナーがボスである小企業で働いていた。工業企業の規模と複雑さが増すにつれて、一人の人間がすべてをコントロールすることができなくなった。オーナーは日々の事業を運営するために経営者を雇わなければならなくなった。

20世紀初頭には、オーナー（時には一人の男性か彼の家族、しばしばパートナーシップ）が事業の財務面での目的を遂行し、経営者と職長が職場を支配することが一般的であった。フレデリック・テイラーは経営者にイデオロギーを提供した。科学的管理は生産性の福音であって、役員室ではなく現場を対象としたものであった。同様に、エルトン・メイヨーや他の人間関係学派の経営理論家たちは、同じ階層の経営層――日々従業員を扱う層の中に敏感な聴衆を見出した。

しかしながら、科学的管理も人間関係学派も、組織全体の運営という鳥瞰については語るべきことはあまりなかった。それは、１９１５年のテイラー没後の経済的変革の結果として起こった。成長するには、多くの工業企業が資本の提供を必要としていた。それで彼らは株式市場に目を向けた。そこでは何千人もの投資家が熱心に新しい供物を購入していた。それによってこれら投資家は多くの大企業の名目上の所有者となった。１９３０年までに、アンドリュー・カーネギーの鋼鉄帝国の後継社であるＵＳスチールは6万人以上の株主を有し、最大の単一株主は全株式の1％未満を所有していた。同じ年にＧＥは20万人近くの株主を持ち、最大の投資家はわずか1.5％の株式しか所有していなかった。

アメリカにおける企業所有の構造は１９３２年にアドルフ・バーリとガーディナー・ミーンズが先駆的な著書 *The Modern Corporation and Private Property*（邦訳『現代株式会社と私有財産』）の中で明らかにした。二人は大企業２００社を調査した結果、現代の会社の所有と支配は分離されていると結論づけた。大企業の3分の2近くは、実際には何千もの個人株主によって所有されていた。不在所有者としての株主はオーナーよりもむしろ「投資家」と表現されるべきである。株主は通常、これらの企業の日々の活動にほとんど注意を払っていなかった。ほとんどの株主はさまざまな会社の株式ポートフォリオを保有していたので、個人投資家は個々の会社について何かに気づいた場合には、四半期の収益と配当の報告にしか注意を払わなかった。一般的には、投資家は特定の会社に対して何の関与もしていなかった。彼らはより良い投資機会があれば、すぐに株を売った。バーリとミーンズによれば、株主は会社に対して「権力を持たずに、責任を引き受けた」、「受動的な財産所有者」であった。権力は静かに専門経営者の手にわたっていった。

その後数十年の内に、経営者はもはや、彼らが見過ごしていた社員と一緒に働く単なる雇われ人になった。別の階層の経営者が出現し、彼らは企業に対して議論の余地のない支配を行使した。ジェームズ・バーナムは、1941年の著書 *The Managerial Revolution*（邦訳『経営者革命』）の中で、「経営者階級」による乗っ取りについて語った。バーナムは、この革命は100年前にカール・マルクスが述べた革命に匹敵すると主張した。マルクスが封建主義に対する資本主義革命を描いた場所で、バーナムは資本家に対する経営者革命を描いた。「世界経済の拡大する部門では……、資本家の経営上の特権は次第に縮小されつつある。このプロセスの完了は、資本家が経済に対する支配から排除されることを意味する。すなわち、支配階級としての彼らの消滅である」。

経営者階層の出現に対して、動揺する者がいたのはなぜであろうか。結局のところ、専門経営者は企業管理の専門知識を提供した。彼らはおそらく、最初の起業家を含めて、他の誰よりも複雑な企業を管理する資格があったか、あるいはそれ以上の資格があった。バーリとミーンズのような初期の観察者はその点を認めた。彼らは別の問題に悩まされていた。経営者は何の権利によって権力を掌握していたのか、という。

経営者の正当性の問題は、職場に特別な関連性がある。円滑に運営されている企業には、責任者が他者に指示を与える権限について深刻な問題はない。経営トップの正当性は、単に階層ピラミッドの頂点にいるという事実だけに頼れるものではない。社会学者のラインハルト・ベンディクスは、彼の古典的な著作 *Work and Authority in Industry*（邦訳『産業における労働と権限』）の中で、この点を次のように説明している。

> 企業が設立された時には、少数の人が命令し、多くの人が従う。しかし、少数の人は、アイディアに対するすべての関心を冒涜したとしても、より高い正当性なしに命令することに満足したことはほとんどなく、多くの人はそのような正当性を引き起こさないほど従順であったことはほとんどない。

新しい経営者はどのようにして彼らの権威を正当化したのだろうか。彼らはすぐに次のように答えた。経営者は株主に奉仕するために存在し、株主は今度は企業の収益性と成長という最終収益に関心を持っている。これが経営者階層のシボレス（特有の慣習）となった。

株主のための受託者としての経営者は、多くの理由から経営の権限を正当化する適切な役割を果たしてきた。一つには、専門経営者は歴史的に起業家オーナーの意向に従って行動してきた。起業家が現場にいなくなった時、経営陣は同じ役割を果たし続けているようにみえたが、その権限は大幅に拡大されていた。同時に、その主張は技術的に正しいものであった。会社法は、経営者に会社のオーナーである株主を代表する法的権利——実際には受託者責任——を与えている。最後に、このスローガンは、単に経営者が他人のために行動しているとみなされているという理由だけでも、道徳的には非常に魅力的なものである。専門経営者は、自分たちの利己的な利益を追求するのではなく、その一生をかけて貯めた金を会社に投資した何千人もの匿名の人々への奉仕者である。

しかし、当初から、株主のための受託者としての経営者の正当性は、現実を正確に描写したものとしては欠陥があった。バーリとミーンズが指摘したように、株主はエリート経営者に対して有効なコントロールを行使できなかった。株主は取締役会を通じて所有権を主張することしかできなかった。しかし、取締役会はしばしば経営トップのための機械的な承認機関にすぎなかった。そのため、エリート経営者だけが自分たちの望むことをできたのである。

ＩＴＴを20年近くにわたって経営してきたハロルド・ジェニーンの話を聞こう。この典型的な専門経営者は１９８４年の自伝で次のように書いている。

> 会社組織では常に株主優先の考え方に対して丁寧なリップサービスをしていますが、専門経営者や長い間（プロ的な）取締役会メンバーの側には内的な傲慢さがあり、情報を持たない株主は冷や飯を食わされています。社外取締役はどの程度独立しているのでしょうか。……取締役会メンバーとＣＥＯの間に直接的な対立や対決があった場合、誰が残り、誰が去るのでしょうか。取締役会には「仲良くやっていける」男女だけが指名され、選出されることはよく知られており、受け入れられています。

ジェニーンは、企業の世界の頂点に君臨した生涯の後、「我が大企業では、ＣＥＯの権力に対する真の抑制や均衡は、あったとしてもほとんどない」と結論づけた。

バーリとミーンズはこの不測の事態を予見していた。半世紀前の執筆時に、二人は対抗力の欠如が深刻な問題を引き起こす可能性があると警告した。どのような経営陣も、（１）「有価証券所有者の唯一の利益のために」、（２）「彼ら自身の利益のために」、「収入の道である資産ファンドの一部を自身の使用に流用する」、あるいは、（３）「すべての社会」の利益のために、「公正な賃金、従業員への保障、公衆への合理的なサービス、事業の安定化からなるプログラムを推進する」ことによって行動できる。これらはすべて、「株主から利益の一部を流用する」ことになる。

バーリとミーンズには、経営陣が第3の選択肢を好んだことは明らかであった。実際、二人は、「大企業の『支配』が純粋に中立的な技術主義に発展し、地域社会のさまざまなグループによるさまざまな主張のバランスをとり、民間の清廉さではなく公共政策に基づいてそれぞれの収入の流れの一部を割り当てることが、企業システムが存続するために不可欠」かもしれないと主張した。しかし、二人は、会社法にいくらかの変更がないのに、その結果を疑っていた。結局のところ、歴史は、アクトン卿の「権力は腐敗する傾向がある。絶対的権力は絶対的に腐敗する」（この文の後は「偉人はほとんど常に悪人である」と続く）との、しばしば引用される格言を確認できる事例で充ちている。

無責任に行動できたからといって、エリート経営者が無責任に行動したわけではない。それで、過去半世紀の間に実際に何が起こったかを考えることには価値がある。何年も何十年も、株式会社を経営する専門経営者がそうした会社を所有していなかったという事実は、ほとんど違いをもたらさなかった。経営者が株主のための受託者としていい仕事をしてきたと主張する人もいる。また、多くの会社にとって、経営者は、バーリとミーンズが主張したように、社員に公正な賃金を支払い、福利厚生を提供し、地域社会に積極的に貢献することによって、「すべての社会」のために行動したと主張する人もいる。

企業経営者は低姿勢で、その立場を個人的に利用しないのが一般的であった。それは「組織人」の時代であった。これは、ウィリアム・ホワイトの1956年の著書名で有名になった言葉である。ピーター・ドラッカーたちは専門経営者のためのイデオロギーを展開し始めた。もはや経営理論は、テイラーやメイヨーのような現場の生産性の向上などの専門的な機能だけに関係するものではなくなった。専門経営者は一切を監督し、トム・ピーターズを含む今日までの経営理論家たちはそうした視点から執筆している。

経営者は非常に尊敬される職業となった。1942年にドラッカーがその特性を調査してこう書いている。「今日の偉大なアメリカ企業の専門経営者ほど、効率的で、正直で、有能で、良心的な支配者グループは存在しない」と。

おそらく私たちは、保守的なビジネススクールの教授や経営コンサルタントからそのような発言を期待するであろう。しかし四半世紀後、リベラル派の経済学者ジョン・ケネス・ガルブレイスはドラッカーの意見に同調した。そのベストセラー *The New Industrial State*（邦訳『新しい産業国家』）の中で、彼は「テクノストラクチャー」を説明した。それは経営の枠を超えて、「専門的な知識、才能、経験をグループの意思決定にもたらすすべての人……企業の頭脳」を含んでいた。換言すれば、ガルブレイスは経営トップが自分たちの利益を組織の利益の中にほとんど覆い隠してしまったと感じていた。彼ら経営トップはバーリとミーンズが提唱した「純粋に中立的なテクノクラシー（技術者支配）」になっていた。ガルブレイスはさらに、「経営陣は無慈悲に報いるつもりはない。健全な経営陣は自制することが期待されている」と指摘した。彼はいくつかの研究を引用して、経営トップの給料は特に高くないことを明らかにした。彼らの株式保有は一般的に少ないかゼロに等しいと指摘した。彼はまた、経営トップの「製品や工程、価格の変化、政府との契約、そして現代の専門用語で言えば、技術的なブレイクスルーについての事前の知識」を考えると、この制約はさらに驚くべきものであると指摘した。この情報を利用する有利さもある……。しかし、これらは優れた企業人がすることではない。非常に効果的な慣例は、そのような行動を禁止している」とも指摘している。

今日では、誰も——保守派もリベラル派も——、率直にそのような発言をすることはできない。過去10年間の出来事は、経営者階層が自ら主張する正当性に対して、恒久的ではないにしても、深刻な損害を与えた。バーリとミーンズの、チェックされていない経営者の権力の危険性に対する恐れは、猛然と過ぎ去った。私たちはここで汚職について話している。そしてほとんどの場合、完全に法的な汚職について話している。

役員報酬の問題を取り上げよう。ガルブレイスが20年前に報告した「自制」は、特定するのが極めて困難になってきている。特に、大企業のＣＥＯが平均で年収約１００万ドルで、平均的な労働者の50倍以上の報酬を得ているのを考えるとそうである。これに対して、ヨーロッパや日本の経営トップは、先のCEOの約4分の1、平均的な労働者の約10倍の報酬しか得ていない。この格差を、過去数年間の日本やヨーロッパの企業と比較して、アメリカの企業の素晴らしい業績を引き合いに出すことでは説明できない。それどころか、辛いことではあるが、アメリカの市場シェアが鉄鋼や自動車から繊維やコンピュータチップへと侵食されたことによって引き起こされた莫大な貿易赤字で明らかになったように、真実はその逆のように思われる。

ここで何かが本当に間違っていることは、個々の給料小切手の大きさをみることによって最も生き生きとみてとれる。ビジネス・ウィーク誌の最高報酬企業幹部に対する年次調査によると、1986年に220人のアメリカの企業幹部が100万ドルを超える収入を得ており、わずか6年前の4人から増加している。事実、同誌は、CEOの給料はわずか1年で平均26％も跳ね上がったと指摘している。彼らのうち何人かが家に持ち帰った金額は天文学的なものであった。上位25人の経営幹部は一人当たり300万ドル以上を受け取り、4人は1年間の仕事で1000万ドル以上を得ていた。最大の勝者はクライスラー社のリー・アイアコッカで、2050万ドル以上を得ていた。

全米自動車労組の委員長時代に、（4万人近くの組合員がクライスラーによって解雇された）オーウェン・ビーバーは、予想されるように、「会社には、そんな大金を払う価値のある個人はいないだろう。このような報酬は、そうした考えをもつ余裕のない業界に貪欲と自己満足という誤ったメッセージを送ることになる」と憤慨していた。株主への奉仕に関しては、ビジネス・ウィーク誌が指摘したように、アイアコッカの年間2000万ドルは、2年連続で株主への報酬が最も少なかった10人のCEOリストに載っていたという点で、ビーバーにはうさん臭さを感じさせた（前年の報酬は1150万ドルだった）。アイアコッカはこの批判に腹を立てた。ある記者が「アイアコッカさん、あなたの報酬は法外だとは思いませんか」と尋ねると、彼は「私は社会主義者ではない。アメリカの制度を信じている」と反論した。

これら数百万ドルの給料は本当に「アメリカの制度」を表しているのか。これらは全く新しい展開を表しているといったほうが正確かもしれない。以前は、資本主義における富の創造はリスクと結びついていた。伝統的な起業家精神の物語には、数え切れないほどの例がある。ある人はビジネスのための素晴らしいアイディアを考えている。彼は一生をかけて貯めた金を集めて会社を設立する。起業家は、より多くの資本を得るために投資家を必要とするかもしれない。また、彼らは資金の一部または全部を提供している。ビジネスが成功すれば、起業家と投資家は報酬を受けとる。その報酬は、マクドナルドやアップル・コンピュータのようにアイディアが軌道に乗れば、誰もが夢見るもの以上のものになる。しかし、会社が失敗すれば、起業家と投資家は無一文になる。

大富豪の経営者たちがどのように富を貯め込んでいるかをみてみよう。彼らは企業ピラミッドの底辺から始める（実際にはMBAという武器を持っていて、もっと一般的には管理職の底辺から始める）。何年も会社（またはいくつかの会社）に勤めた後、彼らは役員室に入る。今では彼らは莫大な富を支配する権力の舵取りの座に就いている。機械的な承認機関である取締役会は、彼らの巨額の役員報酬パッケージを承認しており、みてご覧よ、彼らの金持ぶりを。

もちろん、会社の頂点に到達するには、多くの個人的な犠牲が必要である。長時間労働や家族から何度も離れるなどといったことである。経営者の個人的な犠牲は、ビジネスを存続させるために戦っている典型的な起業家たちの伝説的な個人的犠牲と同等のものと考えることができる。しかし、リスクはどこにあるのか。より具体的には、起業家や投資家のように、企業経営者はどうやって無一文になるのか。資本主義が起業家が莫大な富を貯め込むのを正当化するのは、個人的な犠牲のためではない。起業家が資本を危険にさらすことは、資本主義システムが報いるという事実である。本当のところ、企業経営者は自分の1ペニーの資本も危険にさらす必要はない。彼はただトップに到達しなければならないだけである。

リー・アイアコッカを初めとする高給の経営幹部を豊かにしてきた主要な手段であるストック・オプションのことを考えてみよう。最も簡単に言えば、ストック・オプションは、後の日付で株式を購入する権利である。価格は、オプションが付与された時点で決定される。例えば、ある会社の株が現在1株10ドルで売却されているとする。役員は、今後3年間に1000株を10ドルの保証価格で購入する権利を付与される場合がある。株が3年間に1株当たり25ドルになるとする。役員は、その後でオプションを行使することができる。つまり、1株10ドルで1000株を（1万ドルで）購入し、その後は逆に、現在の市場価格である1株25ドルで1000株を（2万5000ドルで）売却し、差額（1万5000ドル）を自分のものとするのである。

会社の株が3年後には5ドルの価値しかなく、オプションは価値がなくなるため、ここにはリスクがあると主張することもできる。しかし、それはリスクではなく、そこにあるのは不確実性だけである。マイナス面はなく、ただの失望の可能性だけがある。役員はストック・オプションで金を失うことはない――ボロ儲けのチャンスがあるだけである。どんな場合でも高額な給料を保証されているから、役員が明らかに無一文になることはない（もし彼が職を失うとしても、トーマス・ワイマンがCBSの会長職から追放された後に得た1100万ドルのように、役員の退職一時金は莫大な額になる）。要するに、役員たちの「素早く金持ちになるための戦術」には、目にみえるリスクはない。それは経営革新の結果である。

例えば、マリオン・ラボラトリーズやアップル・コンピュータが、最高首脳だけでなくすべての従業員にストック・オプションを提供していることは注目に値する。例えば『アメリカで最も働きがいのある会社100選』でいい職場としてあげられた企業の経営トップたちは、ほとんどの場合、役員報酬の範囲ではその下限の給与が支払われている。IBMのように、1984年と85年にビジネス・ウィーク誌のトップ25リストに役員がいた例外もある。アメリカの経営者の中では、「リーダーに続け症候群」以外の理由がなければ、トップ経営者の間に自己増殖への圧力が強いのである。特に、ロバート・B・ライシュが「CEOのカルト」と呼ぶようになったものがある。ビジネス界と一般大衆が、まるでその人物が他の企業の人間とは違うように、トップ経営者を台頭させたのである。

経営者の報酬は、経営者腐敗の氷山の一角にすぎない。その他の例としては、クラウン・ゼラバック社の経営陣の没落を和らげた「ゴールデン・パラシュート」がある。最悪なのは、経営陣によるレバレッジド・バイアウト（LBO）、つまりマネジメント・バイアウト（MBO）であり、これまでの経営陣の富裕化テクニックを矮小化することを約束している。ドナルド・ケリーは、超富裕層の領域に進出した最初の専門経営者かもしれない。フォーブス誌は彼の価値を2億ドルと推定し，彼を400人の最も裕福なアメリカ人の中に位置づけている。ケリーはベアトリーチェ社のMBOを通じてその地位に到達した。私たちは直ぐにMBOの話に戻る。

それは企業経営者の抑制されていない力にその根源があるとしても，経営者の富裕化は比較的最近の現象であることを強調しておくべきである。それは職場に重大な影響を与える。まず第1に，本書で何度も繰り返してきたテーマを思い起こすべきである。経営者も従業員である。最高首脳は，組立ラインの従業員や精算カウンターのレジ係とは異なる職能を担っている。経営者のより大きな責任が報酬に反映されるのは公正なことである。しかし，過去数年間に起こってきたことは，もはや組織へのより大きな貢献に対する単なる報酬とは何の関係もない。それは力――上層部にいる人たちが，それをする立場にいる間にできるだけ多くのものを獲得する力――に基づく報酬である。その意味では，リー・アイアコッカのアメリカの制度についてのコメントは皮肉な響きをもっている。アメリカの制度の中には，まさに自己本位という歪んだ哲学がある。しかしそれは，企業の努力を損なう可能性のある哲学である。

自己本位という倫理は会社の外で，競争の世界で適用されることになっている。競争の世界，そこは本当に弱肉強食の世界である。殺人者の倫理を社内で適用することは，大惨事につながるだけである。経営陣の富裕化は，会社内，特に中間管理職の間で間違いなく問題を増大させる。トップの地位に到達するための報酬が，単に権力と栄光だけでなく，素晴らしい富である場合，社内の権力闘争はますます厄介な性質を帯びることになる。会社内の最高のプレミアム〔報奨〕は，組織のさまざまな部分の間の協力に与えなければならない。これまでみてきたように，協力は信頼によって強化される。経営者の富裕化は，受託者責任の信頼（組織を第一とする）とフェアプレーの信頼の両方を破壊する。それは，経営陣が株主のための受託者としての自己の役割を果たしていないことを示している。自己本位という倫理に心から同意する者は，誰の受託者としてもほぼ信頼されることはない。

さらに悪いことに，経営者の富裕化は，会社には二つの階層の従業員がいるというメッセージを伝える。この哲学は長い間実際にあったが，以前は権力関係にのみ適用されていた。既にみたように，テイラーの時代からの経営理論家たちは，二つの階級の従業員の概念を正当化しようとした。しかし，これらの理論家たちは，テイラーの頭脳と筋肉の区分のように，権力に関してのみ正当化してきた。しかし，二つの階級の従業員を正当化する哲学を一つの領域に限定することは難しいのである。しかしながら，エリート経営者が，究極的には二つの階級の従業員の考えを論理的な結論に導き，それを使って二つの経済階級の従業員を正当化することは，おそらく避けられないことであった。経営トップは以前は経済的に快適な生活を送ることを期待できたが，それでも社会学者が富に関して上流の中流階級と呼ぶものの範囲内であった。もはやそうではない。天文学的な報酬体系は，何世代にもわたって続く家族の財産を生み出している。

最後に，経営者の富裕化は，現代アメリカの実際の「株主」である人々を無視している。過去数十年の間に，大企業の実際の所有権はますます集中してきた。保険会社，投資信託，年金基金などのいわゆる機関投資家は，株式市場の最大のプレーヤーになった。皮肉なことに，すべての中で最大のプレーヤーは従業員年金基金であり，現在ではすべての公開株式の4分の1以上を所有している。ドラッカーはこの異常な発展に最初に注目し、1975年の著書 *Unseen Revolution*（邦訳『見えざる革命』）のサブタイトル（いかにして年金基金社会主義はアメリカに到来したのか）からもわかるように、それに狼狽した。そのため、経営陣が株主のための受託者としての正当性に従って行動しようとしても、それはすでに従業員のための受託者であることを認識する必要がある。

エリート経営者の時代は重大な岐路に立たされており、従業員は意図しない受益者の一人になる可能性がある。彼らは自らの崩壊の種を蒔いたようである。いわゆる投資コミュニティによって経営者の腐敗が見過ごされたことはない。

1980年代初頭に初めて登場したカール・アイカーンやT・ブーン・ピケンズのような企業乗っ取り屋は、紳士クラブの会員ではなかった。彼らはアウトサイダーで、企業の上層部にまで登りつめたわけではない。世界中に散らばった大勢の従業員の代わりに、しばしば優秀な金融アナリストからなる少数のスタッフを雇っていた。彼らは自分たちを投資家として描き、企業経営者ではなく株主の真の利益を代表していると主張した。また、敵対的買収という戦術を採用した。つまり、会社をその意思に反して（少なくとも経営陣の意思に反して）買収するのである。彼らもまた、従業員の友人ではなかった。彼らの戦術は、何千人もの従業員を容赦なく解雇し、工場を閉鎖した。しかし、本書のここでの話に特別な関連性があるのは、彼らが典型的に敵対的買収の資金をどのように調達したかという点である。彼らは大きな投資家から多額の資金を借り、ジャンク債（債務不履行の可能性が高い債権）を発行した。債券の発行にあたっては、彼ら自身の資産を担保として使用した。この手法は金融業界ではレバレッジド・バイアウト（LBO）として知られるようになった。

これに負けないように、多くの企業経営者は、乗っ取り屋を撃退するために、同じ資金調達手法の変種に頼ってきた。経営陣は、会社の全株式を購入するために資金を提供する投資家のグループと提携している。経営陣は、その関与のために、新会社の株式のかなりの数の株式を受け取る。取引を成立させるために、経営陣は、同じ取引で買い手（株主の代表として）と売り手（購買グループの一部として）の両方であるという、（明らかに法的にではあるが）倫理的に希薄な立場にある。取引の一部として、新しい所有者は株式を購入するために多額の融資を受ける。企業乗っ取り屋と同様に、新しい所有者は会社自体の資産を担保として使用する。この経営陣によるLBOは、セーフウェイ、ベアトリーチェ、メーシーズ百貨店を含む多くの会社の経営者に採用されてきた。経営陣によるLBOは、ベアトリーチェのドナルド・ケリーやその他の専門経営者を途方もなく裕福にした。

LBOテクニックの皮肉な点は、それが従業員持ち株制度（ESOP）のバイアウトとまったく同じように機能するということである。1950年代にルイ・ケルソーが考案したように、ESOPは従業員が自分の会社を買える方法を提供している。それは企業乗っ取り屋やセーフウェイやベアトリーチェやメイシーズ百貨店の経営陣がしたのとほとんど同じような方法である。ESOPを通じて自分の会社を100％買うことは、まさにウィアトン製鋼の社員がしてきたことである。8000以上の異なる会社で、ESOPは彼ら自身の会社のさまざまな部分を所有している。

しかし、従業員のLBOが経営陣のLBOよりも優れているのは、資金調達ではない。その主な強みは、ラインハルト・ベンディクスが「より高い正当性」と呼んだものに対して、はるかに強い主張をしていることにある。経営陣のＬＢＯは、最終的には二つの階層の従業員がいるという理由で正当化される。ＥＳＯＰの買収では、経営者も従業員であるとされている。従業員が所有する会社の経営陣は、会社の外部の誰かに対して責任があり、したがって特別な特権を持つべきであると言って、バーリとミーンズが言うように、「収入の資産ファンドの一部を私的に流用すること」で自分たちの莫大な富を得ることを含む行動を従業員に対して正当化することはできない。社員が所有する会社にはアウトサイダーは存在しない。経営陣は、そこで働いている人々に対してのみ法的責任を負うのである。

従業員所有は、企業内のすべての人間の問題に対する万能薬ではない。大々的に報道された3社（ハイアット・クラーク、ラス・パッキング、サウスベンド・レイズ）の事例では、社員オーナーが自社の経営陣に対して仕事のスローダウンやストライキを行ったことが明らかになった。社員所有だけでは、最高の職場環境を創り出すことはできない。これまでみてきたように、最高の職場環境は、最終的には社内のすべての人、経営者やその他の社員の間で展開され維持される関係の質に依存する。これは、人事方針、経営テクニック、または所有権のシステムによって完全に解決されるわけではないのである。

しかし、従業員所有は、所有と支配の分離というますます深刻な問題になっているものに対して、一つの解決策を提供している。敵対的買収やＭＢＯのような代替的な解決策は、敵対的買収やリストラクチャリング（事業の再構築、組織再編）のせいで過去数年間に解雇された50万人の従業員が証言しているように、現在アメリカの企業の職場を引き裂いている。他の解決策は、エリート経営者の富裕化を正当化する二つの階層の従業員が企業ピラミッドの頂点に途方もなく富裕化したエリートを生み出し続けているので、職場の内部構造にさらに大きなダメージを与えている。

何よりも、従業員所有は、いい職場の最も重要な教訓の一つを例証している。それは、経営者がそこで働く人々に対して説明責任を負うという暗黙の（そして通常は明示的な）認識である。その正当性に対する経営者の理論的根拠が、最初の教義として従業員に対する説明責任を列挙していない場合、常に偽物を持つことになる。

もちろん、完全な従業員所有はすべての会社に適用されるわけではない。企業の資本ニーズが多様であるため、その土地にあるすべての企業の従業員所有を即時に１００％にするという包括的な規定は非現実的である。また、従業員所有は教育機関、政府機関および非営利団体の職場には明らかに適用されない。しかし、従業員に対する経営の説明責任の原則はすべての職場に関連している。経営陣の正当性は、組織の外部の人々にサービスを提供することのみに基づいているわけではない。また、経営陣は、起きている時間の大半を組織に注ぎ込んでいる従業員への奉仕者とみなす必要もある。この観点からは、従業員にサービスを提供することを組織の目的そのものに不可欠であるとみる、異なる種類の職場倫理が必要となる。

第17章　いい会社は成功するのか

ボトムライン（最終利益）はどうなのか。これは、より良い労働環境を主張する人が必ず直面する不可避の問題である。ビジネスに携わる者は、いい労働環境が会社の収益性に与える影響を知りたがる。彼らは、最高の職場はそこで働く者にとっては素晴らしいかもしれないが、オーナーたちは過小評価するのではないかと問うている。

　この問題の根底にあるのは、自由奔放な利益追求を損なう可能性のあるものについての懐疑論であり、いい職場はこの懐疑論とは対照的にみられるべきであるということである。最高の職場では、目的だけでなく手段も重視される。目的は両方の観点で同じである場合がある。それは、財務的に実行可能なオペレーションを遂行するためである。しかし、最高の職場では、その目的がどのように達成されるかも重要である。従業員の福利が、これまで以上の高い収益性を達成するために損なわれることはない。この点で、最高の職場は支配的なビジネス精神と衝突する。私たちの企業文化は、ビジネスと道徳が混ざらないことを前提としている。激動のビジネスの世界では、自分の利益を追求する者が勝者であり、そうでない者は敗者であると考えられている。（ドジャーズなどで）監督を務めたレオ・ドローチャーが言うように、「いい奴が最後に成功する」。

　しかし、いい雇用主がその企業の財務的な存続可能性を危うくするという仮定は、どれほど有効であろうか。成功は強欲者にのみ輝くというのは本当であろうか。

いい奴vs.したたかな奴

ビジネスに成功した貪欲な人のよく知られた事例は多数ある。J・ゲティは、１９７６年に亡くなった時に、噂によれば地球上で最も金持ちといわれた。この石油の億万長者の無愛想な精神を明らかにする数々の逸話がある。彼は、イギリスの海辺の素敵な家に、ゲスト用の公衆電話を設置した。彼は、息子たちを悪意のあるゲームで対戦させ、そのうちの一人を麻薬中毒に追い込み、もう一人を自殺させるとは考えていなかった。息子の妻が、「あなたの弁護士が私の夫を殺している」といった時、ゲティは弁護士に、「息子を殺し続けてくれ」と伝えたといわれている。

　アメリカのビジネス史には、J・ゲティ、ジョン・ロックフェラー（自分の兄弟を破産させた）、ジェイ・グールド（同時代人から「アメリカで最も憎まれた男」、「軽蔑に値する虫けら」、「西暦の始まり以降最悪の男」と言われた鉄道王）などの登場人物が多数いる。現代の例も数多い。例えば、アメリカ人富豪４００人の年間リストであるフォーブス４００の一番上近くにはハリー・ヘルムズリーがいる。彼の不動産には、エンパイアステートビルや妻のレオナが経営するホテルチェーンが含まれている。フォーブス400のリストの中で最も有名なのは、ヘルムズリー夫妻が1988年5月号のピープル誌のカバーストーリーで、所得税の脱税で起訴されたのを取りあげられたことである。この雑誌のカバーには、「貪欲、貪欲、貪欲：『王宮の女王』レオナ・ヘルムズリーと億万長者の大物ハリーが服役する。彼の罪状は脱税で、彼女のそれは恐喝であった。しかし、それは夫妻の従業員や家族との専制的で卑屈なやり方とは比べものにならない。ここに、何人かの金持ちが金持ちになった方法がある」との見出しが付けられていた（ヘルムズリーは無罪を主張し、夫妻の訴訟は今年後半に予定されている〔1989年8月にレオナは有罪判決を受けた〕）。

しかし、ヘルムズリーは超富豪の典型ではないかもしれない。アメリカの最高の職場を研究している時、私は、良き雇用主とみなされる会社は、非常に裕福になった人々によって設立されることがいかに多いかに驚かされた。好奇心から、私はフォーブス400のリストを、『アメリカで最も働きがいのある会社100選』に選ばれた会社のリストと一緒に掲載した。フォーブス400には、ベスト100選に選ばれた21社のうちの1社を設立したり経営したりして富を得た個人または家族が65人いる。その会社は、アンハイザー・ブッシュ、トランメル・クロウ、デイトン・ハドソン、デジタル・イクイップメント、ウォルト・ディズニー、デュポン、フェデラル・エクスプレス、ホールマーク、H・J・ハインツ、HP、インテル、ジョンソン・エンド・ジョンソン、ジョンソン・ワックス、ナイト・ライダー、リーバイ・ストラウス、マリオン・ラボラトリーズ、3M、ノードストローム、テクトロニクス、ウォルマート、ウェアハウザーである。

この点を個人名でみてみると、『アメリカで最も働きがいのある会社100選』または本書に向けてインタビューされた以下の7人の男性が、1987年のフォーブス 400リストに掲載されている。

・サム・ウォルトン（純資産85億ドル）、アメリカで最も裕福な人物とされ、ウォルマートのトップ。
・デイビッド・パッカード（純資産28億ドル）、アメリカ第4位の富豪、HPの創業者。
・ユーイング・カウフマン（純資産13億ドル）、製薬会社マリオン・ラボラトリーズの創業者であり、カンザスシティ・ロイヤルズの共同所有者。
・トランメル・クロウ（純資産6億ドル）、国内最大の不動産会社を率いる。
・ドナルド・ホール（純資産4億5000万ドル）、ホールマーク会長。
・フレッド・スミス（純資産2億9500万ドル）、フェデラル・エクスプレスを創業。
・ジョン・ワインバーグ（純資産2億2500万ドル）、ゴールドマン・サックス会長。

これら7人が「いい人たち」として知られることを望むかどうかにかかわらず、彼らの従業員は彼らを素晴らしい雇用主だと考えている。グループとして、これら7人は富を得る唯一の方法は従業員を搾取することだという広く信じられている信念に反論している。これら7人は多くの人を連れて栄達した。従業員は仕事から経済的に恩恵を受けただけでなく、その多くは自分たちが享受してきた労働環境から生活が豊かになったと報告している。例外なく、これら7人の成功は主に彼らの従業員志向の哲学に帰する。

矛盾の解決

私たちは矛盾を抱えている。一方では、金持ちになる唯一の方法は他の人を利用することだという考え方が広まっている。他方では、寛大な雇用主でありながら、超富裕層の仲間入りをした例が多数ある。

この食い違いを説明するにはどうすればいいのだろうか。部分的な答えは、いい雇用主が事業の他の面でどのように行動しているかをより詳細にみることから得られる。最高の雇用主の中には、強欲な競争者もいて、すべての取引から粘り強く利益を得ようとする者もいる。小売店の店員はウォルマートをすばらしいい会社だと思うかもしれないが、Kマートやシアーズの幹部たちはサム・ウォルトンをいい人とは思わないだろう。彼らは彼を今後10年以内にアメリカ最大の小売業者になろうとする際のタフな競争相手とみるだろう。

市場では、企業（または個人）が積極的に取引し、競争することが期待される。これは、各当事者ができるだけ多くの物を手に入れ、諦める物をできるだけ少なくすることを目指すという市場取引の性格から来る。これは、不公正であったり、市場取引ゲームのルールに違反したりすることなく行える。しかし、攻撃的な行動が社内で行われる場合、つまり、雇用主と社員の間で行われる場合は、まったく別の問題である。先に説明したように、最高の職場では、純粋な自己利益ではなく信頼に基づいた関係が必要である。本質的に、信頼の相互作用は非攻撃的で、市場取引とは異なる行動様式が共有され、それを必要とする。

一方、市場取引においては、倫理的配慮が重要な役割を果たしている。企業倫理に対する無頓着な態度ほど、社員の士気を急速に低下させるものはない。私が訪問した何人かのいい雇用主は、他の会社と競争する際の正直さ、誠実さ、公正さの重要性を非常に強調している。

いい雇用主がタフになれるのは市場だけではない。彼らはまた、自分の従業員に対して非常に厳しい要求をすることもある。ホールマークは長い間ノー・レイオフポリシーをとってきたが、業績不良者を解雇している。同社は、自分の体重を減らさない労働者は、経済不況の時代に雇用を保障する会社の体力を危険にさらすと考えている。いい雇用主は、その会社が〔若い女性に金を貢ぐ中高年男性のような〕パトロンではないことを社員に明確に伝える。いい雇用主は、信頼を乱用する者をよく知っている。信頼関係の相互作用には期待が含まれる。いい雇用主はしばしば社員に非常に高い期待を抱く。

同時に、いい雇用主は、どんな関係も双方向であることを理解している。例えば、ＩＢＭは、社員を虐待する上司に対しては厳しい態度をとることを誇っている。あるＩＢＭ幹部が私に言ったように、「この会社で解雇される一番簡単な方法は、上司が部下に対して気まぐれで不公平な態度をとること」である。

一部の会社は、相互主義についてのこの懸念をさらに一歩進めている。それらの会社は、トップを含むすべての管理職が自分たちの行動に対して責任を負うようにしている。ひどい管理は、多くの職場で最も士気の低い側面の一つである。これは、技術的能力の信頼に対する裏切りとみることができる。社員は、会社の経営陣が自分たちが正しい仕事をすると信じているのと同様、会社の経営陣が適切に仕事をすると信じている。

従業員がミスをした時に直面するような制裁の種類はいうまでもなく、問題のある管理者が批判から完全に隔離されていた場合には、ビジネス上のひどい意思決定が士気を低下させる効果はさらに高まる。さらに悪いことに、これら同じ経営者は、些細なミスに対しても従業員を罰する自由な裁量権を有している。いい雇用主はこの問題を認識している。例えば、ピッツニーボウズでは、社員が上級管理職の決定に質問したり、異議を唱えたりする機会がある年次社員会議を開催している。同社のある幹部はこう説明している。「あなたはそこに立ってそれを受け入れることを学ばなければなりません。他の会社の経営者のほとんどは、私たちが自分たち自身で脆弱化しているとは信じないでしょう」。

フォーチュン誌は、「最もタフな10人の上司」のリストを随時発表している。彼らがよく引き合いに出されるのは、従業員を日常的に虐待したり、工場を閉鎖したり、数十人から数百人の従業員を解雇したりするなど、「厳しい」決定を下したりするからである。フォーチュン誌の調査では、タフさはいじめっ子の役割と同一視されている。タフという従来の意味での強さではないが、経営者が「弱い立場に置かれる」ことを許しているため、ピッツニーボウズでの社員会議を主宰するには、さらにタフさが必要になる場合がある。これは、多くのいい雇用主が備えているタフさである。

一連の調査・研究

ここまでは、人々がいい職場の経済的な実現可能性に懐疑的である理由のいくつかを検討してきたが、本章の冒頭で提起した問題、つまり、最終収益についてはどうなのか、いい職場はどれほど儲けているのかといった問題を回避してきた。

ボストンに本社を置く自己資産管理会社、フランクリン・リサーチ＆ディベロップメントの株式アナリストであるパトリック・マクベイは、この問題に困惑した。１９８４年に『アメリカで最も働きがいのある会社１００選』が出版された直後、彼は他の企業の広範な標本（スタンダード＆プア５００）と『会社１００選』（株式公開企業70社）を比較した。マクベイは二つのグループの企業を、二つの伝統的な財務尺度を用いて測定した。それは、時間の経過に伴う利益の増加（1株当たり利益）と株価の上昇である。

その結果は目覚ましいものであった。過去10年間で、『会社１００選』はＳ＆Ｐ ５００を大きく上回っていた。『会社１００選』の収益性は、Ｓ＆Ｐ ５００の平均の2倍以上であった。同じ期間（１９７５年から84年）に、『会社１００選』の株価は他の企業の3倍近く上昇した。

1年半後、株式仲買人のセオドア・A・ブラウンとトーマス・バン・ダイクがディーン・ウィッター・レイノルズに対して同様の調査を行った。ブラウンとバン・ダイクは、『社会的責任投資：金融と社会・経済問題』と題された潜在的投資家向けの小冊子の中で、慎重な投資家になじみのあるテクニカルな基準――平均複合総投資収益率――を用いて、『会社１００選』の財務実績を分析した。１９８１年から１９８５年までの5年間で、『会社１００選』の上場企業は、Ｓ＆Ｐ ５００企業よりも17・69％多くの資金を投資家にもたらした。ブラウンとファン・ダイクは次のように主張した。

> 従業員を大切にしている企業は、最終収益が堅調であるとの確固たる事実がある。賢明な投資家は、もはや職場の質を投資の際に無視す

ることはできない。

これらの二つの調査はユニークなものではなく、それからは程遠い。この問題に関する広範な文献は、最高の職場は典型的にはより生産的であるという考え方を圧倒的に支持している。フランクリン・リサーチとディーン・ウイッターのアナリストは、『会社１００選』のリストを用いて、いい職場の広範な特徴づけを行った。他の研究者は、その基準をより厳密に定義した。彼らは、従業員の株式所有、参加型経営、利益配分制などの慣行が生産性や収益性に及ぼす影響を明らかにしようとした。次の三つの研究は、これらの方針に沿った最近の研究を示している。

- 工業企業１００社を対象とした１９８５年の調査では、参加型経営を採用している企業は、財務力、1株当たり利益、平均年間収益率、純利益などを含むバリューライン・インベスターズ調査の14項目のうち13項目で、他の企業よりも得点が高いことが明らかになった（これらの企業がバリューライン平均を上回らなかった唯一の指標は「利益の予測可能性」であった）。また、パーソネル誌に掲載されたこの調査では、参加型経営を採用している企業は、他の企業よりも従業員の離職率、欠勤率、不満が低いことが示された。さらに、調査を実施した金融研究者でビジネススクール教授のS・アンドリュー・カーソンは、「全体として、この調査は、企業が参加型であるほど、財務面および行動面での成功度が高いことを明確に示している」と結論づけた。
- １９８６年、全国従業員所有センター（ＮＣＥＯ）は、従業員の所有が業績にどのような影響を与えたかを判断するために、ＥＳＯＰ（従業員持株制度）を導入している5社を対象とした調査を発表した。ＥＳＯＰを導入していない業界の企業と比較すると、ＥＳＯＰ導入企業の成長率は売上高で平均7.1％、従業員数で年平均6.5％増加している。また、同調査では、従業員所有を導入した後のＥＳＯＰ導入企業の成長率は、導入前よりも大幅に高いことが明らかになった。ＮＣＥＯの予測によれば、10年間で「ＥＳＯＰ導入企業は従業員所有を導入していない企業よりも46％多くの雇用を創出し、40％多くの売上成長を実現する」とされている。
- １９８２年、ニューヨーク証券取引所は、１００人以上の従業員を抱える企業の代表的なサンプルを調査し、正規の研修、利益配分、ＱＣサークルから、従業員の意識調査、提案システム、フレキシブルな勤務時間に至るまで、種々の人的資源プログラムの効果を明らかにした。ニューヨーク証券取引所のエコノミストであるウィリアム・C・フロインドとユージーン・エプスタインは、これらのプログラムの効果を評価するよう企業に依頼した。１１５８社の回答を基にすると、4分の3以上の企業が生産性の向上とコスト削減に成功したと報告している（プログラムが成功しなかったと報告した企業はなかった。残りの企業の大半は、そのようなプログラムの結果を評価するのは「時期尚早」であると示唆している）。フロインドとエプスタインは、これらの結論が重要であることを発見した。これは、4分の3の企業が「生産性を測定する特定の手段」を持っていると述べているからである。

その他の研究としては、１９７１年から１９８１年にかけて行われた労働者の生産性の実験に関する２００以上の研究のアメリカ仕事研究所による分析や、５９２社の大企業とサービス企業の調査に基づいた最近の本、*The Schuster Report* などがあげられる。証拠は一貫して、革新的な雇用慣行を持つ企業は、同様の方針を持たない競合企業よりも優れている傾向があることを示している。この研究は、いい雇用主が常に優れていることを証明するものではない。また、労働者を搾取する企業が決して利益をあげないことを示すものでもない。しかし、一般的に、いい雇用主は競合他社よりも経済的な成功を享受していることを示している。ひどいもしくは平凡な雇用主がいい雇用主よりも経済的に優れているという反対の視点を主張するために使用できる研究はみつからなかった。

鶏が先か卵が先か

良き職場慣行と経済的成功との間には肯定的な関係があるという決定的な結論を下す前に、私たちは「鶏が先か卵が先か」という明白な問題に取り組むべきである。良き雇用慣行と経済的成功のどちらが最初に来たのかという問題である。おそらく、これらの研究は、成功した企業が従業員に対して寛大な態度をとる余裕があることを示しているだけであろう。より肯定的にいえば、優れた職場慣行は収益性の副産物であると主張する人もいるかもしれない。したがって、雇用主は利益に目を光らせるべきである。会社が十分に成功すれば、社員をより良く扱う贅沢ができる。それは経済学におけるトリクルダウン理論の一種である。

この議論には深刻な問題がある。一つには、先に引用したＮＣＥＯとニューヨーク証券取引所の二つの研究が、特定のテクニック導入の効果を明確に指摘しようとしたことを無視しており、より革新的な慣行が財務実績の改善に先行していることを明確に示している。

また、優れた雇用慣行が最初から会社の明確な目標であったことは、私が『会社１００選』で観察したことでもある（プレストン・トラック輸送はそのルールの数少ない例外の一つであった）。良き労働環境を創るという高い理想を持って設立されることは、もちろんいい職場を区別するものではない。他の多くの会社も同じような理想をもって設立されるかもしれないが、状況が悪化した時にはそれを諦める。いい雇用主を優れたものにするのは、困難な時期に人々を危険にさらすのを避けることである。

同様に、財務面で成功した後にいい雇用主になった企業の例は思いつかない。会社が繁栄するにつれて、従業員と共有することが多くなるかもしれない。しかし、成功の褒美を共有することが、繁栄が訪れる前のパターンでなかったなら、それがその後の方針になる可能性は非常に低い。それに加えて、寛大であることが後知恵のようにみえるなら、従業員にとっては、贈り物を与えるという家父長的な行為にみえることは確かである。違いを生むのは、従業員に与えられる絶対的な金額や福利厚生ではない。重要なのは、企業の報酬が公平に分配されることである。

同時に、成功すること自体が士気を高める素晴らしいものであることは否定できない。成功することはそれ自体が糧になる。誰もが一番であることを好む。これらの目標を達成するために疑わしい手段を使わない限り、最高、最上、または最大の利益を得ようとするのは何も悪いことではない。逆に、高い競争目標――誰もが達成に利害関係を感じている――を持つことは、従来の経営陣と従業員の間の溝をなくす大きな要因となる。しかし、誰もがその結果に真の利害関係を持たなければならない。そうでなければ、チームの精神と士気を高めようとする試みは、さらに別の操作的なテクニックとして間違いなく認識されるため、裏目に出ることになる。

おそらく私たちは、いい職場の明らかな成功を直接的な方法で説明できる。いい職場は、職場の関係に高い信頼を持つことによって定義される。一般に、信頼のレベルが高い職場では、人々は低い職場よりもよく協力し合うと想定できる。したがって、協力は複雑なビジネスにおいて一番肝心なものであることから、いい職場は優位性を持つ。何百人、何千人もの人々が、多くの異なる、しかし相互に関連した仕事をしているので、人々がどれだけうまく活動を調整できるかは非常に重要なことである。

『会社100選』の1社であるエレクトロ・サイエンティフィック・インダストリーズの創業者であるダグラス・ストレインは、信頼がビジネスにおける協力をいかに改善するかについて、次のような例を挙げている。

> 私たち創業者4人は互いに何年も前から知っていて、一緒に学校に通っていたので、私たちは非常に幸運なスタートを切りました。私たちはただ互いに信頼し合っていただけでした。それは、例えば、もしあなたが長旅に出かけたら、戻ってきて誰かがあなたの背中を刺したり、プロジェクトを台無しにしたり、あなたに知らせずに何かをしたことを見つけるのではないかと考えるよりも、仕事に適用するための多くのエネルギーを発散します。そのようなことを見る必要がないことは、仕事に多くのエネルギーを発散することになるのです。
>
> その種のものを進化させるには時間がかかります。つまり、信頼は一夜にして構築できるものではありません。物事を行う動機を確実に説明し、相手の立場に立つようにするために、あなたは常に自分自身を監視する必要があります。しかし、いったん信頼が確立すると、重要なことに対してはるかに多くのエネルギーが発散されているように私には思えます。信頼は組織を運営するための本当の潤滑油だと思います。

言うまでもなく、信頼はすべての組織の疾病を治す万能薬ではない。例えば、20世紀への転換期に馬車メーカーが学んだように、うまく調整された会社でさえ、時代遅れの製品を販売して生き残ることはできない。しかし、ストレインが示唆するように、信頼は非常に良質の潤滑油を提供する。

この説明は、生産性を向上させるための鍵は、より高度に動機づけられた労働力であるという多くの経営理論家の主張とは異なっている。彼らは、必要なのは、従業員をより一生懸命働かせるか、あるいはその反対に考えて、彼らがそれ以上のことをしないようにすることだと言っている。しかし、このアプローチには、信頼を築くのを妨げる微妙な「私たち対彼ら」の偏見がある。さらに悪いことに、彼らは従業員に大きな権限や経済的な報酬を与えずに、より多くの成果を引き出そうとする。言い換えれば、彼らは管理職の実効的な権限を変えることなく、動機づけの謎を解決しようとしたのである。第6〜9章で論じたように、動機づけの問題に対しては、より高い賃金（テイラー）からより人間的な監督テクニック（メイヨー）、より明確に表現された目標（ドラッカー）、一団の感情的な結集（ピーターズ）に至るまで、さまざまな答えがあった。強調されてきたのは実際的なテクニックであり、その各々は最初アメリカの労働力を悩ませる動機づけ上の害悪に対する万能薬として喧伝されている。

最高の職場は生産性に対して少し異なるアプローチを提供できる。そうした職場は、暗黙のうちに、人々は敬意をもって扱われ、彼らが仕事に発言権を与えられ、彼らの努力に対する報酬の公平な配分を与えられる時、より協力的に働く傾向があるといっている。管理者に与えられた従来の役割を妨げる可能性のあるすべてのことを行う。しかし、それは動機づけの謎に対する答え——非操作的な答え——である。それは機能するかもしれない。

ただし、最後の注意事項を挿入する必要がある。いい職場は生産性と収益性が高い傾向があるというだけでは、いい雇用主が収益性を向上させるために、従業員をうまく処遇することを第一義的に動機づけられているということにはならない。言い換えれば、この章のすべてのことをより皮肉にみることができ、最高の職場は究極的には、より高い利益を達成するためのより洗練された操作的なテクニックにすぎないと結論づけることができる。

マリオン・ラボラトリーズの創業者であるユーイング・カウフマンは、この点について興味深い見解を述べている。

> 私たちが利益をあげているといって恥じることはありません。堂々と振る舞い、胸を張って、「私たちは業界で一番であり、アソシエイト〔社員のこと〕一人当たりの売上と利益は他のどの会社よりも多い」と言いなさい。それを誇りに思ってください。それに栄光を。

さらに彼は、もっと重要な問いは「あなたの会社には思いやりがありますか」という問いであると語り続けた。もちろん彼の答えは「ある」であった。同社の製品は人類を助け、その成功を社員と共有し、企業責任という意識を持っている。

この一人のいい雇用主に関する限り、利益をあげることといい雇用主であることとの間に葛藤はない。彼は、企業が判断されるべき基準は、利益が唯一ではなく、それが最も重要な基準でさえもないと言っている。利益にはその立ち位置がある。利益がなければ、民間企業は死んでしまう。しかし、企業の最終収益は、企業をどのように判断すべきかというものではない。生きるためには食事をする必要がある。食べるために生きるというのは、まったく別の問題である。

最高の職場で重要なのは、利益はそれを生む責任のある人たちを犠牲にして達成されるものではないという点である。最高の職場は、そこで働く人々の生活を豊かにしながら、その成功を達成することが可能なことを示唆している。彼らがより信頼できる関係を通じて達成する成長は、企業の成長と繁栄にも役立つ。さらに、公平性は最高の職場の基本的な特徴であるため、高収益の高い職場は文字通り従業員を豊かにする。これもまた、単なるユートピア的なビジョンではない。それはすでに世界中の最高の職場で実現されているものである。

第18章　新たな職場倫理の実現に向けて

仕事は私たちの生活の中心にあるので、それは私たちが一般的に自分自身を識別する方法でもある（「私はエンジニアです」、「私はレジ係です」といったように）。仕事は社会における私たちの役割を定義する。それは私たちの所得水準、ひいては生活水準を決定する。これらのことはすべて明らかであるが、それ以上に私たちの社会的アイデンティティは仕事によって決定される。仕事の方法、職場の質は、私たちの個人生活にも影響を与える。

例えば、私たち個々人の健康状態は、仕事によって影響を受ける可能性がある。この問題を否定的にみると、労働関連疾患による死亡者は年間10万人、障害者は34万人にのぼる。ある政府機関は、鉱業、鋳造業、窯業、プラスチック製造業などの産業で働く230万人の労働者が、珪肺症と呼ばれる肺疾患にかかる危険があると推定している。

同様に、仕事は私たちのメンタルヘルスにも影響を与える。労働安全衛生研究所の最近の報告書からの抜粋を以下に示す。

不十分な労働環境が心理的障害に寄与する可能性があるという証拠が増加している。不十分な労働環境に寄与する要因には、仕事の過負荷、自分の仕事に対するコントロールの欠如、非支援的な監督者や同僚、限られた雇用機会、役割の曖昧さや対立、交替制下のシフト労働、機械のペースに合わせた労働などがあることが研究によって示されている。

本書を通じて繰り返しみてきたように、いい職場とは、政府の報告書が「不十分な労働環境」と呼んでいるこれらの病的な問題のほとんどに本気で取り組んでいる。例えば、従業員が自分の仕事に対するコントロールを高めることは、いい職場において重要な関心事であり、彼または彼女の仕事とのより良い関係を構築する上で重要な問題である。

経営者のストレスの問題が心理学者や他の人たちの間で長年にわたって人気のある問題であったことは注目に値する。多くの本や記事に描かれているイメージは、仕事のすさまじい圧力によって健康を蝕まれた勤勉な経営者のもので、多くの個人に影響を与えた現実の問題である。しかし、経営者のストレスに焦点を当てることでほとんど例外なく無視されてきたのは、職場のストレスが勤勉な経営者の下で働く人々に与えたひどい代償であった。スウェーデン人とアメリカ人の男性5000人以上を対象に実施された4件の研究によると、労働者の職場階層下位10分の1は、自分の仕事を最大限コントロールできる上位10分の1よりも心臓疾患を発症する可能性が5倍高いことが明らかになった。研究者の一人であるコロンビア大学のロバート・カラセク博士によると、仕事のコントロールが低い者の健康リスクは「喫煙または血清コレステロール上昇とほぼ同じ程度の大きさである」。同博士は、組織の物理的または日常的な仕事に従事するだけの人たちを監督する中間管理職の階層を作る際のフレデリック・テイラーと科学的管理の影響を直接的に指摘した。同博士によれば、「一度権力が特定の階層または集団に与えられると、それは固定される。物事をコントロールするのは楽しいからである」。

職場の悪しき慣行から生じる身体的・精神的な健康問題は、個々人の個人的な問題だけではなく、社会全体にも大きな影響を与える。問題は、これらの病気の結果として失われる文字通り数十億ドル以上のものにある。私たちの個人的な生活が仕事のやり方によって影響されるのと同じように、社会の身体的・精神的な健康も人々の仕事のやり方によって影響されるのである。仕事がどのように遂行されるかという問題は、根本的には社会の理想と優先順位の問題である。職場は単にそれらの理想の現実的な意味合いを反映しているにすぎない。

したがって、職場に関連した病気は、職場で働く人や社会に対するひどい職場の影響の症状と考えるべきである。この本を通して、ひどい職場は、従業員にサービスを提供することは企業の主要な目的ではないという、社会全体が抱いている概念に同意していることをみてきた。せいぜいのところ、人は目的のための手段とみなされ、目的は生産性の向上や収益性の増大である。これとは対照的に、いい職場の根底にあるメッセージは、会社はその利益のために社員を犠牲にする必要はないということである。深い意味で、いい職場は、会社のために働く人々は会社そのものであり、そのニーズは必ずしも組織の他の目標に従属するべきではないと宣言している。

AT&Tの元マネジメント研修担当者であるロバート・グリーンリーフは、10年前に出版された*Servant Leadership*（邦訳『サーバントリーダーシップ』）という少し注目された本の中で、新しい職場倫理を雄弁に訴えた。彼は、「仕事、すべての仕事は、それに代価を払う人のサービスと同様、労働者の生活を豊かにするために存在する」と書いた。もしこの仮定が企業全体で真剣に受け入れられれば、グリーンリーフはこう言う。

> この倫理に完全にコミットしている経営者に、「あなたは何のためにビジネスをしているのか」と尋ねると、答えは次のようになるかもしれない。「私は人を成長させる――より強く、より健康で、より自主的で、より自立的で、より有能な人にする――ためにビジネスをしています。ちなみに、私たちは人々が購入したいと思うものを利益を目的に製造販売しています。そのため、私たちはすべての費用を支払うことができます。私たちはそうしたゲームを熱心かつ巧妙に行い、通常の基準では成功していますが、それは本当に偶発的なことなのです……」と。

これはばかげているように聞こえるか。非現実的か。絶対にそうではない。数年前、ミルトン・モスコウィッツとマイケル・カッツと私は、*The Computer Entrepreneurs*（邦訳『コンピュータ・ウォリアーズ』）と題する本を共同執筆した。この本は、当時はまだ未成熟であったパソコン産業の一部である会社を設立した65人の男女のプロフィールで構成されている。彼らのほとんどは最近会社を設立したので、起業家になるための動機を探るのは簡単であった。私たちが聞いた話は、起業家たちと話した人たちには驚きではない。彼らは以前の仕事に不満を抱いて会社を始めたのであった。以前の雇用主に同調できないという考えがあったか、以前の雇用主の労働環境に単に我慢できなかったかのどちらかであった。彼らはほぼ全員が全員、成長して彼らにとって意味のある仕事ができる新しい会社を創りたいと思っていた。彼らの多くは社員にも同じことを心から望んでいた。もちろん、彼らは金持ちになることも望んでいた。彼らはそれが可能であると信じるのに十分なアメリカンドリームを支持していた。しかし、それは彼らが会社を設立した根本的な理由ではなかった。彼らはやりがいのある有意義な仕事をする場所を望んでいたのである。

アメリカの職場の悲劇は、会社が個人の成長とやりがいの場であるという創業者のビジョンが時間の経過とともに失われることにある。その目標は通常、万能の金力の追求に従属する。特に憂慮すべきは、「より有意義な仕事」そのものが、それ自体が目的ではなく、生産性を高めるために課せられたテクニックになるということである。いい職場は、企業の本質的な目標を明確にするという本来のビジョンを失う必要がないことを示している。

私たちの社会はさまざまな意味で経済の岐路に立たされている。最近の株価暴落、合併・乗っ取りの大騒ぎ、日本やドイツなどとの巨額の貿易赤字など。これらの出来事は、アメリカの新しい時代の到来を示している。第2次世界大戦後の世界最大の経済大国としてのアメリカの時代は終わりを告げつつある。この現実に対峙するのを拒み、生産性を向上させることさえできれば、競争力を取り戻せると主張する人たちが出てくる。残念なことに、生産性の向上を求める声は、通常、職場の人々を悩ませる処方箋に変換されてきた。こうした声は、重要なのはより多く、より速く、より大きくすることだけだという考えを強固なものにする。

この危機のために旧来の習慣的行動に頼るのではなく、私たちはこの機会を利用して、私たちがどこに行くのかだけでなく、どのようにそこに到達することを期待するのかについて、大きな再考を行うべきである。いい職場の最強のメッセージの1つは、最大であることは最高であることほど重要ではないということである。世界最大の生産者である代わりに、世界に対する私たちの顔は最高の生産者であることかもしれない。最高であることは、最高の品質を生みだすことではない。私たちは物を生産する方法において最高の生産者になれる。仕事はそれ自体が目的とみなされているので、私たちはあらゆるレベルのすべての人々が公平に扱われる場所として知られるようになる。このビジョンでは、職場は人がロボットのように感じる場所ではなく、人と感じる場所となる。

訳者あとがき

私たちは、本書を就活中の皆さんと管理職（およびその候補生）の皆さんに捧げたいと思っています。この思いは、著者のレベリング氏も抱いておられたようで、原著装丁カバーには、「本書は、仕事とは何かというビジョンを提供するだけでなく、求職者が採用してもらえそうな会社にどのような質問をするべきか、また、どういった会社は避けるべきかを判断するのを助け、従業員が仕事での日々の経験を自分なりに解釈し、仕事に何が期待できるかを判断するのを支援し、そして、善意の会社に職場環境の質を改善する方法を教える最初で唯一のガイドブックである」という一節があります。

就活中の皆さんが、エントリーシートの送付から数次の面接を通して行う会社の選別。管理職（およびその候補生）の皆さんが、日々の仕事経験とその反省から、自身の期待を込めてどのような会社に自社を創りあげたいと願われるのか。こうしたことは、本書の「序文」の冒頭にある、「誰もが快適でない職場環境よりも快適な職場環境のもとで働く方を選ぶ。ほとんどの人は起きている時間の大半を仕事に費やしているのであるから、快適な職場環境が重要な問題となる」との一節を引くまでもなく、最も重要な問題です。

本書の「ガイドブック」としての第1番目の使命は、先のレベリング氏の言葉にもあるように、新人であろうと転職者であろうと、求職者が自分にとっての「いい会社」（これが「いい職場・働きがいのある職場」の集合体であることは言うまでもない）を選別する、あるいは「避けるべき会社」を判別する際に、採用担当者に投げかける質問に関するアイディアを提示することにあります。近年は、インターンシップを通して職場を実体験し、職場の内実をある程度知った上で会社を選別できる機会も増えています。ですが、その場合でも、どういった視点で職場を評価すれば良いのかという問題は残ります。

採用担当者に投げかける質問として、まず念頭に浮かぶのが給与や福利厚生、週休制度や有給休暇などです。これは、本書にも登場するハーツバーグの言う「衛生要因」、つまり人間の持つ動物的欲求（＝痛み・苦痛の回避）で、仕事に関して不満をもたらす要因です。こうした要因に関する情報は、ネット上にある各社のホームページを閲覧すれば簡単に入手できますから、取り立てて採用担当者に聞くものではないでしょう。ただし、簡単に入手できるからといってなおざりにすべきものではありません。私たちは、自身の労働力を商品化することで生活の糧を得ています。できる限り高く買って貰いたいものです。ですが、こうした情報よりも「動機づけ要因」、つまり人間の持つ人間的欲求（成長や自己実現などを求める欲求）で、仕事に関して満足をもたらすこちらの要因に関する情報の方が重要なのです。なぜなら、それらはモチベーションや働きがいと直結しているからです。ハーツバーグが具体的に指摘にしているのが、本文でも触れた、達成、承認、仕事そのもの、責任、昇進の五つの要因です。

本書は、求職者が選別すべき会社の要件を五つのフレーズで示しています（本文8～16ページ）。こうした要件が欠如している会社は「避けるべき会社」ということになります。

一つ目は、「親しみやすい会社」です。これに関する質問としては、「職場の人たちとの交流を図る仕組みが提供されていますか」が考えられます。具体的には、社員食堂や職場の懇親行事――社内旅行や運動会、誕生日会など各種パーティー――の有無ということになります。かつて日本の企業は、大企業を中心に福利厚生の一環としてこうした行事を提供してきました。バブル崩壊後の苦難の時期に一時影を潜めた時代もありましたが、最近復活してきています（コロナ禍のテレワークの影響で少し気勢は削がれましたが）。こうした「仕組み」の有無を問うことで、会社が主体となって職場内の交流を図ろうとする意図があるのかないのかは感知できます。ただし、個人のプライバシーとも大きく関係しますから、そうした行事への参加が強制か否かは必ず問うべきです。特に、オールド・ボーイズ・クラブと称される、お酒の入る場は、緩和されたとはいえ女性からすれば差別の温床と捉えられても仕方ないものですから、そうした場への参加は相当な覚悟を要します。

二つ目は、「政治的駆引きがない会社」です。職場は、出世や評価を巡って人々が競争する場でもあります。競争は、公平さが保たれている限り職場の健全性を一定担保します。えこひいきを黙認すれば公平さは担保できません。一方、公平さが担保されていたとしても、他者を妨害してでも出世しようという輩はいつの時代にも、どの組織にも存在します。上司のご機嫌をとったり、忖度して昇進を手にしようとする者もいます。こうした「社内政治」は組織全体に損失をもたらします。「政治活動」は、共通の利害のために全員が一丸となって取り組むという集団帰属意識を破壊します。こうした悪弊を防止するのは、公平性、透明性、公開性です。一つの対処法として、社内の昇進ルートの開示、上司による部下の評価に加えて多面的評価の導入、査定プロセスへの第三者の関与（組合があればその場に同席する）といった「オープン化」、さらには査定結果への異議申し立てが考えられます。昇進制度や評価制度がこうした側面をもっているのかどうかを質問してみましょう。この点に関しては、本書で取りあげられているピッツニーボウズの「社員会議」と「全社人事関係協議会（ＣＰＲ）」といった制度・施策が参考になります。

三つ目は、「公平な扱いが受けられる会社」です。これに関する質問としては、「社内に性別、年齢、性的指向、国籍、宗教などによる差別がありますか」が考えられます。男女間の年収格差や昇進格差の存在を質問しても良いでしょう。年収格差の実額は分からなくとも、女性の総合職採用が地域限定であればある程度の類推は可能です。昇進格差については管理職や役員に占める女性の割合を聞くのが良いでしょう。最近大きな問題になっているＬＧＢＴＱ＋や同性婚、夫婦別姓に対する会社の考えや福利厚生上の扱いを聞いてみるのも一計かもしれません。差別は、セクハラ、パワハラ、マタハラなどで表面化します。残念ながら、「職場のいじめ」は依然蔓延しています。別の角度からは、「差別を感じた時に、それを是正する仕組みがありますか」といった質問も考えられます。さらに、「職場の不平・不満を解消する仕組みの有無」を直接質問しても良いでしょう。労働組合がある会社では、苦情処理制度が一定備わっているとみなせますが、そうした会社は今や少数派です。本書に頻出する、「オープンドア・ポリシーの有無」を質問するのも一つの方法です。この点に関しては、本書で取りあげられているフェデックスの「公平処遇保証（GFT）」やテクトロニクスの「社内報」や「職域代表活動」といった制度・施策、全社員の最低・最高賃金と平均賃金を記したピッツニーボウズの「年次社員レポート」、プレストン・トラック輸送の社是・社訓が参考になります。

四つ目は、「仕事を超えた価値を感じられる会社」です。仕事を通して社会に価値ある貢献をしていると感じる、これこそが本来の仕事の持つ意味でしょう。それが働く際の「誇り」、同僚に対する「敬意」に繋がり、働きがいとも関係してきます。大きくは、企業の社会的責任やSDGs関連の質問がこれに該当します。また、仕事に限定すれば、ノースウェスタン・ミューチュアルの事例に登場する職務充実や職務拡大プログラムを介した「仕事の再設計」、ジョブ・ローテーション、社内公募（社内FA）制度、キャリア・カウンセリング制度、海外留学制度、自己研鑽の費用補助などの有無に関する質問が該当します。この点に関しては、本書で取りあげられているピープル・エキスプレス航空の社員を「オーナー＝マネジャー」とみなす企業文化、ノースウェスタン・ミューチュアルやパブリックス・スーパーマーケッツの取り組みが参考になります。

五つ目は、「家族のような会社」です。会社は、家族以外で帰属意識を体験できる場を提供してくれます。多くの人は、隣人よりも会社の同僚とともに過ごす時間の方が長いのです。会社は「社交場」であると同時に、「思いやりある、人を育てる環境」、「長期的コミットメント」、「全員が団結する」といったことを意味する場です。いい会社は、こうした側面を助長する制度や機構を備えています。それを一言で示せば、「パートナーシップ」ということになるでしょう。プレストン・トラック輸送は、組合員であったとしてもパートナーとして遇しています。パブリックス・スーパーマーケッツの社員は、「パブリックス・ファミリー」の一員であると語ります。その背後には、ノーレイオフ・ポリシーや社員とその家族の歴史を記載した隔週刊行の「会報」がありました。社員が互いに「アソシエイト」と呼び合うマリオン・ラボラトリーズは、提案報奨制度、ストックオプション、利益分配制度を提供しています。こうした制度が、誰（男女、ならびに正社員かどうか）にどういった条件（勤務地や勤続年数など）で提供されているのかを質問し、どのレベルのどういった社員を「家族」としてみてくれるのかを明らかにするのが良いでしょう。

以上の選ぶべき会社に必須の五つの要件は、ハーツバーグが先に成長と自己実現をもたらす「動機づけ要因」として指摘した要因が出現するための前提条件とでも捉えられるものです。つまり、こうした要件を満たす会社のもとでしか「動機づけ要因」は出現しないのです。

本書の「ガイドブック」としての第2番目の使命は、管理職（およびその候補生）の皆さんに、「職場環境の質を改善する方法」を教示することです。その方法とは、上記五つのフレーズで示した会社像に自社を近づけることしかありません。具体的に提示されている制度・施策がなければそれを導入し、すでに導入されている場合は、その運用方法に変更を加える必要があるかないかを検討することです。

この点に関して詳しくは、私たちの中の二人（斎藤と私）が翻訳にかかわった、『最高の職場――いかに創り、いかに保つか、そして何が大切か』（ミネルヴァ書房、2012年）に譲りたいと思います。要点は、本書の「日本語版の発行に寄せて」のなかで、斎藤智文教授が「働きがい理論」の中核をなすものとして提示されている「GPTWモデル」と「五つのディメンション」にあります。最後に、『最高の職場』についてレベリング氏が語っておられる言葉（『最高の職場』、xvページ）でもって、この「訳者あとがき」を閉じたいと思います。

「この本（もちろん『最高の職場』のこと）の原稿を最初に手にしたとき、なぜ20年前に同じような本を書かなかったのか、と自問してしまいました。同書は、自身が率いる職場風土を変革したいと思っておられるリーダーの皆さんに、実務面でのアドバイスを提供しようとするものです。事実、同書は部下の職業人生に良い影響を与えつつ、リーダーである皆さんが組織目標を達成されるのに手を貸すことを約束しています。

20年前にどうして同じテーマに取り組まなかったかと言うと、ちょうど *A Great Place To Work*（もちろん本書のこと）を執筆していたからです。*A Great Place To Work*では、最高の職場とそうでない職場とを区別するのは何かを、１９８４年のベストセラー『アメリカで最も働きがいのある会社１００選』の調査途上でミルトン・モスコーウィッツと私が目にしたことに基づき説明しています。私の《最高の職場》の定義は、ＧＰＴＷモデルの基礎となっています。このモデルは、ＧＰＴＷＩの調査活動やコンサルティング事業で活用され、この本でも詳細に説明・議論されています。……」

２０２２年８月吉日

訳者を代表して　伊藤健市

著者紹介

ロバート・レベリング（Robert Levering）

ロバート・レベリングは，1970年代にビジネスジャーナリストとしてキャリアをスタートさせた．彼の記事の主なテーマは，ひどい職場と労使の対立であった．1980年，レベリングは共著者であるミルトン・モスコウィッツと共に最初の著書*Everybody's Business: An almanac*を出版し，1983年，*Everybody's Business Scoreboard*を出版した．

The 100 Best Companies to Work for in America（邦訳『アメリカン・ベスト・カンパニー100』光文社，1986年）が1984年に出版されると45万部を超えるベストセラーになった．

同年，*The Computer Entrepreneurs: Who's Making It Big and How in America's Upstart Industry*（邦訳『コンピュータ・ウォリアーズ』アスキー，1986年）も出版された．

その後，レベリングはソロライターとして，ベストとワーストの20社を再訪し，多くの経営者並びに創業者，現場第一線の従業員にインタビューし，1988年に本著 *A Great Place to Work*（邦訳『働きがいのある会社とは何か』）を出版した．

1991年に，エイミー・ライマンと共同でGreat Place to Work Institute（GPTWI）を設立して以降，「働きがいのある会社」「最高の職場」の研究および職場の生産性向上に焦点を当てた戦略開発に取り組んできた．

1993年には*The 100 Best Companies to Work for in America*の改訂版を出版，1998年からはフォーチュン誌で“100ベストカンパニー・ツー・ワーク・フォー”を発表し，その解説をミルトン・モスコウィッツと共に書き続けた．

現在，フォーチュン誌の100社に選ばれることを願って調査に参加する企業は4000社に上っている．このリスティングと言われる「働きがいのある会社」の調査と評価，発表のシステムは，世界的に展開され，現在では75カ国で活動が行われている．今後も増え続け，世界最大の従業員サーベイとなることは確実視されている．

ロバート・レベリングは，2015年にGPTWIの経営権を譲渡し，多様な活動を後進に譲ったが，働く人視点の企業調査の草分け，世界の第一人者であり，「働きがいのある会社」サーベイの創始者であり，従業員エンゲージメント調査の分野におけるパイオニアの一人であるとの評価は確固たるものとなっている．

訳者紹介（翻訳担当順）

斎藤智文（さいとう　ともふみ）**（日本語版のための序文，第1，2，14章）**
㈱組織と働きがい研究所代表取締役．

伊藤健市（いとう　けんいち）**（序文，序章，第3～5，10～12，15～18章）**
関西大学名誉教授．

岡田寛史（おかだ　ひろふみ）**（第6，8章）**
岩手県立大学名誉教授．

佐藤健司（さとう　けんじ）**（第7，9章）**
京都経済短期大学教授．

楠奥繁則（くすおく　しげのり）**（第13章）**
青森中央学院大学経営法学部准教授．

働きがいのある会社とは何か
──「働きがい理論」の発見──

2022年10月30日　初版第１刷発行
2024年４月15日　初版第２刷発行

＊定価はカバーに
表示してあります

著　者　ロバート・レベリング
　　　　斎藤智文
　　　　伊藤健市
訳　者　岡田寛史
　　　　佐藤健司
　　　　楠奥繁則
発行者　萩原淳平
印刷者　河野俊一郎

発行所　株式会社　晃洋書房
〒615-0026　京都市右京区西院北矢掛町７番地
電話　075(312)0788番(代)
振替口座　01040-6-32280

装丁　野田和浩
印刷・製本　西濃印刷㈱
ISBN 978-4-7710-3666-6